项目评估——原理与案例

张志朋◎著

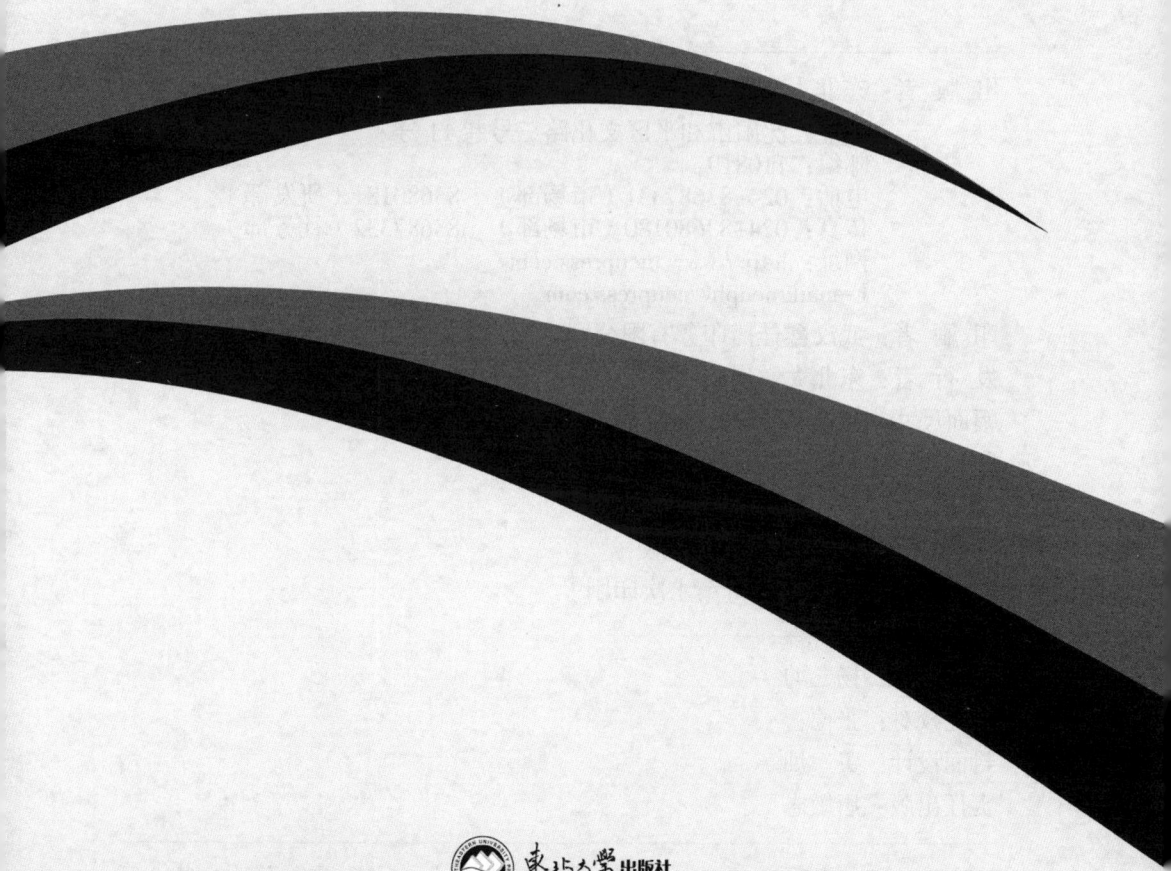

东北大学出版社
Northeastern University Press

·沈 阳·

ⓒ　张志朋

图书在版编目（CIP）数据

项目评估：原理与案例 / 张志朋著. -- 沈阳：东
北大学出版社，2021.6
ISBN 978-7-5517-2653-5

Ⅰ．①项… Ⅱ．①张… Ⅲ．①项目评价—研究 Ⅳ.
① F224.5

中国版本图书馆 CIP 数据核字（2021）第 131485 号

出 版 者：东北大学出版社
　　　　　地址：沈阳市和平区文化路三号巷 11 号
　　　　　邮编：110819
　　　　　电话：024-83687331（市场部）　　83680181（研发部）
　　　　　传真：024-83680180（市场部）　　83687332（社务部）
　　　　　网址：http://www.neupress.com
　　　　　E-mail: neuph@neupress.com
印 刷 者：武汉鑫佳捷印务有限公司
发 行 者：东北大学出版社
幅面尺寸：170 mm × 240 mm
印　　张：20
字　　数：266 千字
出版时间：2021 年 6 月第 1 版
印刷时间：2021 年 6 月第 1 次印刷
策划编辑：罗　鑫
责任编辑：杨　坤
责任校对：张德喜
封面设计：黄　灿
责任出版：唐敏志

ISBN 978-7-5517-2653-5　　　　　　　　　　　定　价：160.00 元

前　言

时下，数字技术方兴未艾，企业面临的外部环境不确定性增强。随着新经济、新业态、新技术等的发展，项目评估所面临的内外部环境发生变化，组织变革频发，人才管理出现新趋势，这种新模式、新变化致使项目评估的复杂性提高。为此，站在时代变化的新起点上，需要以整合、系统的视角来重新审视项目评估的方法论。本书提出的项目整合评估概念包括两个方面内涵：其一，从评估的内容角度来讲，项目整合评估涵盖了与项目有关的环境、财务、技术、社会效应等方方面面因素的评估；其二，从项目的生命周期视角来讲，项目整合评估涵盖了项目实施前的可行性评估、项目实施中的跟踪评估以及项目完成以后一段时间里对项目进行的后评估。

本书按照项目前评估、项目中评估以及项目后评估的思路组织编写。

第一，项目前评估指在项目前期决策阶段对项目所作的各种评估与论证工作，是整个项目评估中最为重要的部分。项目前评估的主要内容包括项目实施与运行的环境（包括宏观环境与微观环境等）评估；项目财务评估，主要对项目实施的资金情况以及未来的现金流情况等进行评估；项目技术

评估，主要对项目实施所依赖的工艺技术、实施技术等进行评估；项目风险评估，主要对项目未来的不确定性以及可能带来的风险进行评估；项目社会效益评估，即评估项目实施可能带来的社会影响。

第二，随着项目实施的不断推进，项目本身及其环境条件都会有发展和变化，这些发展和变化可能会使项目的必要性和可行性发生改变，所以必须对项目及其环境条件作不断的跟踪评估。项目跟踪评估的主要内容包括项目实施绩效评估以及项目变更实施评估等。总体而言，项目跟踪评估包括两个方面，即监督与评价。监督是指对项目的实施情况、资源以及项目实施过程中的各种环境变化等方面的信息收集。评价是指对照项目目标对项目实施情况以及随着项目实施而造成的各种变化的全面评估。监督可以为项目业主等及时地提供项目实施的反馈信息，以便及早发现和解决出现的问题。评价是为了及早发现问题和尽早对项目实施进行调整，确保项目实施能够实现预期目标。

第三，项目后评估是对已经完成项目的目标、执行过程、效益、作用和影响以及项目前评估和项目决策所进行的系统客观分析与评价。项目后评估的主要内容包括项目实际情况的评估和未来预测、项目实施绩效以及可能变更情况评估等。通过项目后评估去总结项目工作和预期目标的实现情况，并分析项目成败的原因，为项目后续运营提出改进建议和检验项目前期决策是否合理和正确，以改进未来项目决策。项目后评估还是一个学习过程，因为它是在项目实施完成并投入运营一段时间以后开展的，对于学习和吸取经验与教训，为未来的项目管理改进是十分有意义的。

本书着眼于培养复合型、应用型人才的实践要求，尽量做到理论与实践相结合。本书将自行开发设计的"项目整合评估沙盘模拟"板块嵌入课程中，通过真实场景的项目评估实战演练，让学生知行合一、边实践边学习，在体验中有所收获。现代企业对经管类人才的需求不仅是某一行的行家里手，而是既要具备基本的人力资源管理、财务管理等某方面技能，又要有相对开阔的视野、相对宽口径的专业积累。比如做财务相关工作，也得需要了解人力、营销、战略等方面的知识，切实具备"大经管"的多学科积累的职业素养。本书作为一门涵盖财务管理、战略管理、人力资源管理、工程管理等多个学科的交叉性、整合性教材，希望有益于提高学生认知视野、拓宽思维空间。当然，由于时间精力有限，本书内容还有很多不足之处，望大家不吝提出建议，以便后续更新完善。

张志朋

2020 年 8 月

目　录

第 1 章　概论

1.1　项目与项目整合评估

1.1.1　项目及其特点

关于项目（project）的定义有很多，比如项目是一个组织为实现自己既定的目标，在一定的时间、人员和资源约束条件下，所开展的一种具有一定独特性的一次性工作（戚安邦，2012）[1]。但也有人认为，项目是人类社会特有的一种为创造特定的产品或服务而开展的一次性努力（PMI，2004）。综上，本书将项目定义为，项目是人们通过努力，运用新的方法，将人力、材料和财务资源组织起来，在给定的费用和时间约束规范内，完成一项独立的、一次性的工作任务，以期达到由数量和质量指标所限定的目标。

项目的主要特点如下。

---

[1]　戚安邦.项目管理学［M］.北京：科学出版社，2012.

（1）目的性

任何项目都是服务于某种既定目标的，比如经济的、技术的、财务的、竞争方面的目标等。因此，项目具有较强的目标导向性。

（2）独特性

项目是为创建某一独特的产品、服务或成果而临时进行的一次性努力，因而具有独特性。具体来说，项目因受不同用户、不同需求、不同目标、不同时间、不同成本、不同质量标准、不同施工单位等因素制约，造就了没有完全一样的两个项目。

（3）一次性

项目从始至终的过程只有一次且无法重复。正如"人不可能两次踏进同一条河流"，项目也不可能具有重复性。因为项目在实施过程中，所面临的内外部环境条件等不可能重现。

（4）制约性

任何项目的开展实施都会受到某些特定资源或条件的制约。正因如此，就有了开展项目评估的必要性。

（5）不确定性

项目的独特性和一次性导致项目具有一定的不确定性，而这种不确定性会导致项目未来的风险或收益具有不确定性。

1.1.2 项目整合评估及其特点

狭义的项目评估是指对于一个项目经济特性的评估和审定，即按照给定的项目目标去权衡项目的经济得失并给出相应结论的一种工作。广义的项目评估是指在项目决策与实施活动过程中所开展的一系列分析与评估活动。

本书认为项目评估应当更符合广义的定义，并提出项目整合评估的概念。可以从两个方面来把握项目整合评估的内涵：其一，从评估的内容角度来讲，项目整合评估涵盖了与项目有关的环境、财务、技术、社会效应等方方面面因素的评估；其二，从项目的生命周期视角来讲，项目整合评估涵盖了项目实施前的可行性评估、项目实施中的跟踪评估以及项目完成以后一段时间里对项目进行的后评估。

项目整合评估具有以下特点。

（1）决策支持特性

无论是项目前评估、项目中评估还是项目后评估，所有项目论证和评估都是为项目决策提供支持和服务的。

（2）比较分析特性

需要对项目各备选方案在各种可能情况下的技术经济投入和结果，做出比较分析，并找出其中相对最优的项目方案。

（3）假设前提特性

评估时，人们必须对尚未确定的各种情况做出必要的假设，然后确定出相应的预测数据，并据此做出项目论证和评估。

（4）整合系统特性

对项目的评估需要综合考虑环境、技术、风险、人力资源、财务、不确定性等方方面面的因素，要以整合的视角对项目的可行性进行考量。

项目评估——原理与案例

链接：　　　　　　港珠澳大桥——世界工程项目的奇迹 ①

　　港珠澳大桥是"一国两制"框架下、粤港澳三地首次合作共建的超大型跨海通道，全长 55 千米，设计使用寿命 120 年，总投资约 1200 亿元人民币。大桥于 2003 年 8 月启动前期工作，2009 年 12 月开工建设，筹备和建设前后历时达 15 年，于 2018 年 10 月开通营运。

　　大桥主体工程由粤、港、澳三方共同组建的港珠澳大桥管理局负责建设、运营、管理和维护，三地口岸及连接线由各自政府分别建设和运营。主体工程实行桥、岛、隧组合，总长约 29.6 千米，穿越伶仃航道和铜鼓西航道段约 6.7 千米为隧道，东、西两端各设置一个海中人工岛（蓝海豚岛和白海豚岛），犹如"伶仃双贝"熠熠生辉；其余路段约 22.9 千米为桥梁，分别设有寓意三地同心的"中国结"青州桥、人与自然和谐相处的"海豚塔"江海桥，以及扬帆起航的"风帆塔"九洲桥三座通航斜拉桥。

　　港珠澳口岸人工岛总面积 208.87 公顷，分为三个区域，分别为珠海公路口岸管理区 107.33 公顷、澳门口岸管理区 71.61 公顷、大桥管理区 29.93 公顷，口岸由各地区独立管辖。13.4 千米的珠海连接线衔接珠海公路口岸与西部沿海高速公路月环至南屏支线延长线，将大桥纳入国家高速公路网络；澳门连接线从澳门口岸以桥梁方式接入澳门填海新区。

　　港珠澳大桥创造了"三最"奇迹：世界最长跨海大桥，全长 55 千米，跨海逾 35 千米；世界最难大桥，大桥建约 6.7 千米的海底隧道，其施工技术难度在目前世界上是首屈一指；内地最长寿大桥，120 年设计使用寿命，可以抵抗八级地震。

---

① 孟凡超.港珠澳大桥主体工程总体设计［C］.中国土木工程学会桥梁及结构工程分会，上海市城乡建设和交通委员会，2010.

图 1-1　港珠澳大桥东人工岛

资料来源：港珠澳大桥官方网站（https：//www.hzmb.org）

作为一个重大工程项目，港珠澳大桥的规划、立项、实施等都经过严格的评估。

从项目实施的必要性来看，长久以来，珠三角的东西两岸一直发展不平衡，这限制了珠三角的继续发展，原因就在于珠西岸的交通，没有天然良港，没有快速通道通往西岸腹地，以至西岸，乃至中国大西南，东盟和东岸的物流、人流联系不方便。这对于珠三角内部流动是一种阻碍，更阻碍了珠三角一体化，所以珠江口上建桥，是珠三角成为国际化都市圈的必要条件。

从项目实施的主要困难来看，作为世界最长的跨海大桥，港珠澳大桥面临着许多问题：

自然条件方面。工程涉及台风、航道、水文、工程地质、航空限高、防洪等多方面要求，囊括跨海桥梁、海底隧道、深水人工岛填筑等多个专业。

资金需求方面。大桥在运营期间成本支出巨大，主要包括运营管理项目实施者的管理费用、大桥日常护理费及大修费。预计每年费用增长 2%，

年均运营成本高达 4.6 亿～5.8 亿元人民币。鉴于大桥规模较大、投资费用较高及相比公路护理更为复杂，大桥的日常护理费囊括机电系统、桥梁及海底隧道等庞大支出，其中仅桥隧主体工程全线用电量高达 2 万千瓦时／天，按机电设备日常只开启七成计算，每年需电费约达 9500 万元；而预计桥梁护理费用单价较香港快速道路每千米 56 万港元还昂贵，每千米达 60 万港元；而海底隧道运营维护费则要按照隧道设施总投资的一成考虑。因此，仅大桥桥梁及隧道的每年日常护理费共超过 5000 万元。

海洋生态保护方面。 港珠澳大桥将穿越白海豚保护区约 9 千米，施工用海宽度约 2 千米。在大桥的建设预算中，将有 2.7 亿元专门用于环保，白海豚专项研究和保护费达 1.2 亿元。所有现场作业人员上岗还需要一个证，就是都要经过白海豚保护培训。打桩和挖掘作业施工前，施工人员要在周围 500 米范围内连续检测 5 分钟以上，确保没有白海豚活动后，方可施工。每年 3—8 月是白海豚繁殖的高峰季节，尽量避免如爆破和打桩等敏感的施工活动。

重点工程

外海造岛。 港珠澳大桥海底隧道所在区域没有现成的自然岛屿，需要人工造岛。受 800 万吨海床淤泥的影响，施工团队采用了"钢筒围岛"方案：在陆地上预先制造 120 个直径 22.5 米、高 55 米、重量达 550 吨的巨型圆形钢筒，通过船只将其直接固定在海床上，然后在钢筒合围的中间填土造岛。这种施工方法既能避免过度开挖淤泥，又能避免抛石沉箱在淤泥中滑动。岛上建筑采用表面平整光滑、色泽均匀、棱角分明、无碰损和污染的新型清水混凝土，施工时一次浇注成型，无任何外装饰，有效应对外海高风压、高盐和高湿度的不利环境。

沉管对接。 港珠澳大桥沉管隧道及其技术是整个工程的核心，既减少大桥和人工岛的长度，降低建筑阻水率，从而保持航道畅通，又避免与附近航线产生冲突。沉管技术，就是在海床上浅挖出沟槽，然后将预制好的隧道沉放置沟槽，再进行水下对接。沉管隧道安置采用集数字化集成控制、数控拉合、精准声呐测控、遥感压载等为一体的无人对接沉管系统；沉管对接采用多艘大型巨轮、多种技术手段和人工水下作业方式相结合。在水下沉管对接期间，设计师们提出"复合地基"方案，即保留碎石垫层设置，并将岛壁下已使用的挤密砂桩方案移至隧道，形成"复合地基"，避免原基槽基础构造方案可能出现的隧道大面积沉降风险。建设者们在海底铺设了 2～3 米的块石并夯平，将原本沉管要穿越不同特性的多种地层可能出现的沉降值控制在 10 厘米内，避免整条隧道发生不均匀沉降而漏水。

港珠澳大桥沉管隧道采用中国自主研制的半刚性结构沉管隧道，具有低水化热低收缩的沉管施工混凝土配合比，提高了混凝土的抗裂性能，从而使沉管混凝土不出现裂缝，并满足隧道 120 年内不漏水要求。沉管隧道柔性接头主要由端钢壳、GINA 止水带、Ω 止水带、连接预应力钢索、剪切键等组成。

沉管隧道安放和对接的精准要求极高，沉降控制范围在 10 厘米之内，基槽开挖误差范围在 0～0.5 米。沉管隧道最终接头是一个巨大楔形钢筋混凝土结构，重 6000 吨，为中国首个钢壳与混凝土浇筑，由外墙、中墙、内墙和隔板等组成的"三明治"梯形结构沉管，入水后会受洋流、浮力等影响而变化姿态；为了保证吊装完成后顺利止水，高低差需控制在 15 毫米内。最终接头安放目标是 29 米深的海底、水下隧道 E29 和 E30 沉管间最后 12 米的位置，由世界上最大起重船"振华 30"进行吊装；吊装所用的 4 根吊带，每根长 120 米，直径 40 厘米，由 14 万多根高强纤维丝组成，长度误差控制在 5 厘米内，全部经过额定荷载检测试验。

索塔吊装。港珠澳大桥的斜拉桥距离机场很近，受密集航班影响，海上作业建筑限高严格，传统的架设临时塔式起重机吊装方法无法施展。为此，施工团队采用预制索塔牵引吊装的方案，即在陆地上造桥塔，然后通过桥梁底座上的连接轴进行连接，由巨大的钢缆将原水平置放的桥塔牵引旋转90度角垂直于桥面后再固定。

隧道开挖。港珠澳大桥拱北隧道是全球最大断面双层公路隧道，隧道顶部距离拱北口岸地表不足5米，隧道洞口上方是广珠城际高速铁路及其珠海站，施工范围极为有限；为避开星罗棋布的管线、桩基，降低对口岸建筑及通关的影响，施工如"针尖上跳舞，麦芒上绣花"。拱北隧道采用上下并行的双层隧道方案，隧道开挖断面达336.8平方米；同时采用"大断面曲线管幕顶管施工""长距离水平环向冻结""分台阶多步开挖"相结合的施工方法，即先将36根直径1.62米、平均长度约257.9米的顶管，从隧道一侧工作井顶入、另一侧工作井穿出，再通过冻结管道和低温盐水，让土层中水结冰，形成2米厚的冻土层，以此隔绝地下水。

新型材料。为满足港珠澳大桥高标准的抗震、抗腐蚀等要求，中国科学家们研制了多种高性能材料，并应用于桥隧建设。其中，港珠澳大桥斜拉桥锚具材料采用经热处理与表面改性超高强韧化技术的碳低合金钢，力学性能大大提高。

1.2 项目整合评估的主体与客体

1.2.1 项目整合评估的主体

不同的项目评估主体会有不同的项目评估目的和要求，所以项目评估就会有不同的内容与方法。项目决策者或项目评估主体主要有项目业主、项目实施者、资金供应者和政府主管部门等（如图 1-2 所示），他们分别从所有者、承包商、银行和国民经济管理者的角度对项目做出不同的论证和评估。本书将这些不同项目评估主体所做的项目评估内容和所使用的项目评估方法分述如下。

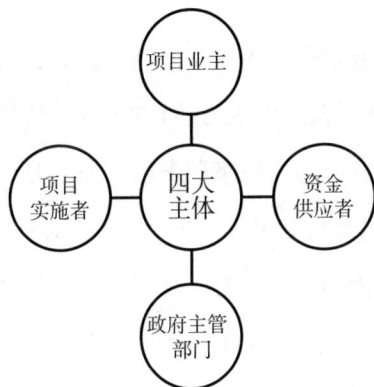

图 1-2　项目整合评估的主体

（1）项目业主或发起人

项目业主或发起人进行项目评估的主要目的是要保证项目能够实现组织和战略目标服务。所以这种评估主要是从项目业主或发起人自身的利益出发，根据国家现行财税制度、价格情况和经济状况对项目财务、技术、运行和风险等方面开展的项目评估。这些项目评估主体最关心的是项目能否盈利和项目风险是否在可接受范围之内。所使用的指标和方法都偏重于确保自己的利益不受损失和努力实现项目利益的最大化。通常，项目业主或发起人的项目评估是比较全面的。

（2）项目实施者或承包商

项目实施者或承包商是承担整个项目工作的组织，他们开展项目评估的根本目的是确认项目实施的可行性和他们能否通过项目实施而获得

最大的经济利益和规避相应的项目风险。这种项目评估的主要目标是在给定资源和环境的条件下完成项目实施的可行性以及相应的实施风险和成本效益情况。

（3）贷款银行或融资者

项目的贷款银行或融资者主要是从项目贷款银行和融资者自身利益的角度出发，对项目的经济、技术、运行和风险等所做的全面性评估。这一项目评估是为支持贷款或融资决策服务的，所以是以项目的资金贷放和回收为中心，以现金流量分析和风险分析为主的，对贷款项目所进行的评估。这种项目评估的主要内容包括：对于项目机会的评估、市场和运行环境的评估、财务评估与社会效益评估以及项目不确定性和贷款风险的评估等。

（4）政府或主管部门

政府或主管部门主要是从发展国民经济和保障全社会利益的角度出发，对项目的国民经济可行性和项目对社会与自然环境的影响进行全面的论证和评估。这种项目评估主要是一种宏观性的评估，需要从保证项目是否符合国家和社会发展的要求，考虑是否会对国家或地方的自然生态环境和社会文化环境造成危害和不利影响。

1.2.2 项目评估的客体

所谓项目评估的客体就是项目到底要评估什么？项目评估的客体有三个方面：第一，与项目有关的计划、变更等方案，即项目方案；第二，项目所需的实施资源、条件等；第三，项目所处的宏观环境、中观环境（产业环境）以及微观环境等。

1.3　项目生命周期与评估内容

1.3.1　项目生命周期

在项目生命周期中，项目的管理者或相关利益主体会对项目不断地进行相应的评价，其中在项目定义与决策阶段的评估属于项目前评估的范畴，在项目组织与实施阶段的项目评估属于项目中评估的范畴，而在项目完工与交付阶段之后开展的项目评估就属于项目后评估的范畴了。

美国项目管理协会将项目生命周期定义为：项目是分阶段完成的一项独特性的任务，一个组织在完成一个项目时会将项目划分成一系列的项目阶段，以便更好地管理和控制项目，更好地将组织的日常运作与项目管理结合在一起。项目的各个阶段放在一起就构成了一个项目的生命周期。完整的项目生命周期如图 1–3 所示。

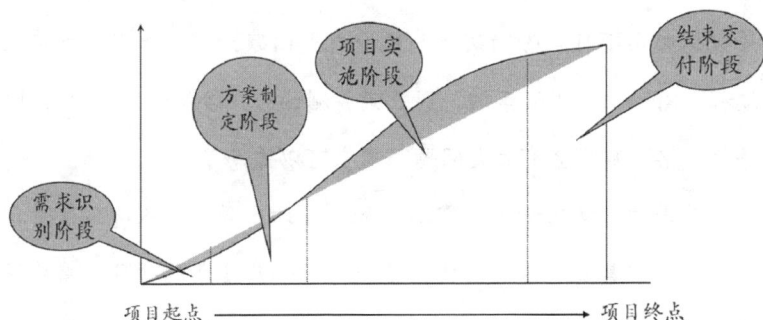

图 1–3　项目生命周期

项目生命周期中有三个与时间相关的重要概念，它们描述了在什么时候对项目进行什么检查。

（1）检查点

检查点是指在规定的时间间隔内对项目进行检查，比较实际与计划之

间的差异，并根据差异进行调整。可将检查点看作一个固定"采样"时点，而时间间隔根据项目周期长短不同而不同，频度过小会失去意义，频度过大会增加管理成本。常见的间隔是每周一次，项目经理需要召开例会并上交周报。

（2）里程碑

里程碑是指完成阶段性工作的标志，不同类型的项目里程碑不同。里程碑在项目管理中具有重要意义，举例说明：

现象：领导让一个程序员一周内编写一个模块，前3天程序员可能都挺悠闲，可后2天就得拼命加班编程序了，而到周末时又发现系统有错误和遗漏，必须修改和返工，于是周末又得加班了。

改进：实际上可以有另一种选择，即周一与程序员一起列出所有需求，并请业务人员评审，这时就可能发现遗漏并及时修改；周二要求程序员完成模块设计并由项目主管确认，如果没有大问题，周三、周四就可以让程序员编程。同时准备测试案例，周五完成测试；一般经过需求、设计确认，若程序员合格，则不会有太大问题，周末可以休息了。

这种改进的方案增加了"需求"和"设计"两个里程碑，这看似增加了额外工作，但其实有很大意义：首先，对一些复杂的项目，需要逐步逼近目标，里程碑产出的中间"交付物"是每一步逼近的结果，也是控制的对象。如果没有里程碑，中间想知道"他们做得怎么样了"是很困难的。其次，可以降低项目风险。通过早期评审可以提前发现需求和设计中的问题，降低后期修改和返工的可能性。另外，还可根据每个阶段产出结果分期确认收入，避免血本无归。最后，一般人在工作时都有"前松后紧"的习惯，而里程碑强制规定在某段时间做什么，从而合理分配工作，细化管理"颗粒度"。

（3）基线

基线是指一个（或一组）配置项，在生命周期的不同时间点上，通过正式评审而进入正式受控的一种状态。基线其实是一些重要的里程碑，但相关交付物要通过正式评审并作为后续工作的基准和出发点。基线一旦建立后，项目变化需要受控制。重要的检查点是里程碑，重要的需要客户确认的里程碑，就是基线。在我们实际的项目中，周例会是检查点的表现形式，高层的阶段汇报会是基线的表现形式。

比如三峡工程的施工工期分三期，从 1994 年开工到 2009 年竣工，总工期 16 年。

一期工程 4 年（1994—1997 年），主要工程除准备工程外，主要进行一期围堰填筑，导流明渠开挖。修筑混凝土纵向围堰，以及修建左岸临时船闸（120 米高），并开始左岸永久船闸修建、升爬机及左岸部分石坝段的施工。

二期工程 6 年（1998—2003 年），工程主要任务是修筑二期围堰，左岸大坝的电站设施建设及机组安装，同时继续进行并完成永久特级船闸及升船机的施工。

三期工程 6 年（2004—2009 年），本期进行右岸大坝和电站的施工，并继续完成全部机组安装。完成后，三峡水库成为一座长约 600 千米、最宽处达 2000 米、面积达 10000 平方千米，水面平静的峡谷型水库。

1.3.2 项目评估内容

（1）项目前评估的主要内容

项目前评估指在项目前期决策阶段对项目所做的各种评估与论证工

作，是整个项目评估中最为重要的部分。项目前评估的作用主要体现在：第一，它是项目投资决策的保障。项目前评估的一系列调查研究、收集数据、比较分析等工作是能够做出正确的项目投资决策的保证。第二，它是项目融资的必要条件。项目因为所需资金较多，此时往往需要采用项目融资或其他的融资方法融资，此时需要项目评估的结果做保障。第三，它是确保国家利益的一种手段。它要从国民经济和整个社会的角度出发，去评估一个项目的经济和社会成本与效益以及项目对社会环境和自然环境的影响。第四，它是项目管理的出发点和重要依据。项目前评估中分析和确定的项目经济技术指标和项目分析等结果都是项目实施管理和项目运行管理的基础。

项目前评估的主要内容包括项目实施与运行的环境评估，包括宏观环境与微观环境等；项目财务评估，主要对项目实施的资金情况以及未来的现金流情况等进行评估；项目技术评估，主要对项目实施所依赖的工艺技术、实施技术等进行评估；项目风险评估，主要对项目未来的不确定性以及可能带来的风险进行评估；项目社会效益评估，即评估项目实施可能带来的社会影响。

（2）项目跟踪评估的主要内容

随着项目实施的不断推进，项目本身及其环境条件都会有发展和变化，这些发展和变化可能会使项目的必要性和可行性发生改变，所以必须对项目及其环境条件做不断的跟踪评估。项目跟踪评估的意义体现在：第一，它是项目实施工作的保障。其根本目的是为项目实施中的控制决策提供支持和保障。第二，它是项目变更的前提条件。在项目实施过程中的任何变更决策都必须以相应的项目跟踪评估工作做支持。第三，它是项目绩效度量的手段。需要注意的是，一般的项目绩效度量工作并不等于项目跟踪评估工作，因为二者在内容、作用和范围上有所不同。第四，它是项目跟踪决策的依据。在项目实施过程中有很多情况需要对项目进行变更，此时需要进行项目的跟踪决策，项目跟踪决策中就必须使用项目跟踪评估作为其决策的根本依据。

项目跟踪评估的主要内容包括项目实施绩效评估以及项目变更实施评估等。总体而言，项目跟踪评估包括两个方面，即监督与评价。监督是指对项目的实施情况、资源以及项目实施中的各种环境变化等方面的信息收集。评价是指对照项目目标对项目实施情况以及随着项目实施而造成的各种变化的全面评估。监督可以为项目业主等及时地提供项目实施的反馈信息，以便及早发现和解决出现的问题。评价是为了及早发现问题和尽早对项目实施进行调整，确保项目实施能够实现预期目标。

（3）项目后评估的主要内容

项目后评估是对已经完成项目的目标、执行过程、效益、作用和影响以及以项目前评估和项目决策所进行的系统客观分析与评价。项目后评估的意义体现在：第一，它是总结项目经验教训的基本手段。它主要用于总结项目实施过程中的各种经验和教训，反映整个项目实施过程中所存在的问题和失误。第二，它是提高组织项目决策水平的工具。项目后评估是为提高组织的项目决策水平服务的，吃一堑长一智，可以提高组织决策水平和能力。第三，它是实现项目可持续发展的需要。它包括对于项目未来的可持续性发展的评估，从而给出项目后续健康发展的方法与出路。第四，它是减少项目负面影响工作的出发点。第五，它的另一个重要内容是对项目给社会与环境所造成的实际影响给出必要的评价，然后采取必要的应对措施去减少项目对社会和环境的不利影响。

项目后评估的主要内容包括项目实际情况的评估和未来预测、项目实施绩效以及可能变更情况评估等。通过项目后评估去总结项目工作和预期目标的实现情况并分析项目成败的原因，为项目后续运营提出改进建议和检验项目前期决策是否合理和正确，以改进未来项目决策。它还是一个学习过程，因为它是在项目实施完成并投入运营一段时间以后开展的，它对于学习和吸取经验与教训，对未来的项目管理改进是十分有意义的。

1.4 项目评估学的发展历程

1.4.1 国外项目评估学的发展历程

（1）初创阶段

20 世纪 30 年代，世界范围的经济大萧条使西方国家的经济和政策发生了重大变化，自由放任的经济体系崩溃而一些国家的政府开始实行新经济管理政策，其中，在加大公共投资和兴办基础设施与公共工程项目中出现了最初的项目可行性分析，从而产生了项目评估学最初的原理和方法。例如，1936 年美国为了有效控制洪水而大兴水利工程并颁布了全国洪水控制法案，正式规定需要运用成本效益分析方法去评价洪水控制和水域资源开发项目。该法的主要原则是，只有当一个项目产生的效益大于成本时项目才能被认为是可行的。此后，美国又公布了一系列相应法规对项目评估原则与程序做了规定。同时，英国和加拿大等国家政府也相继就项目评估做出了自己的一些规定。

（2）形成阶段

20 世纪 60 年代末期，一些西方发展经济学家致力于研究对于发展中国家的投资项目的评估理论和方法。像英国牛津大学的里特尔教授和米尔里斯教授于 1968 年合作出版了《发展中国家工业项目分析手册》。1975年世界银行的经济专家恩夸尔等编著出版了《项目经济分析》。这些著作的出版标志着项目评估的原理与方法在不断地成熟和发展并被广泛地应用，现代项目评估的系统方法形成。

（3）推广阶段

进入 20 世纪 80 年代之后，人类社会进入了知识经济和信息时代，整个社会创造精神和物质财富的手段越来越倚重于各种以项目形式出现的开发与创新活动，结果使得项目评估工作越来越受到各国政府和企业，尤其是发展中国家政府和企业的重视，从而使项目评估学在全世界获得了极大的应用和推广。

1.4.2 我国项目评估学的发展历程

我国现代意义上的项目评估学理论与应用是从 20 世纪 50 年代开始的，历经几十年发展，共有三个发展阶段。

（1）学习苏联阶段

从 20 世纪 50 年代末开始的引进阶段，主要是学习苏联各种计划经济体制下的项目论证方法。事实上，到现在，我国的项目评估理论仍然具有社会主义计划经济的色彩。

（2）学习西方阶段

20 世纪 70 年代末，随着我国改革开放开启，项目评估又重新受到国家的重视，并开始全面介绍和引进西方国家和世界银行等国际金融组织以

及联合国工业发展组织的项目评估的原理和方法。在这个阶段，一些高校、科研单位等开始引进项目评估的相关理论，极大地推进了我国项目评估学的发展。

（3）改进和提升阶段

20 世纪 80 年代以后，国家管理部门对投资项目论证和评估的研究和推广给予了高度重视，这大大推进了我国这方面工作的发展。比如，1993年国家组织出版了《建设项目经济评价方法与参数》，为项目建设提供统一的方法和标准。2002 年中国国际工程咨询项目实施者编制了《投资项目可行性研究指南》，为投资项目的实施提供了参数基础。

案例及思考题

中国古代有一个非常成功的项目，即唐僧带领的取经团队。唐僧的取经项目之所以能够成功，与其成功的项目管理分不开。

项目背景

按《西游记》中记载，如来佛祖有经书三藏，共计一万五千一百四十四卷，欲永传东土，任命观音菩萨为"项目总监"。如来的要求是，去东土寻一个"善信"让他到我处求取真经。观音菩萨找到了一个"善信"，谁？就是唐太宗。观音菩萨对唐太宗说道："陛下到阳间，千万做个水陆大会，超度那无主的冤魂，切勿忘了。若是阴司里无报怨之声，阳世间方得享太平之庆。凡百不善之处，俱可一一改过，普谕世人为善，管教你后代绵长，江山永固。"于是就有了"唐太宗地府还魂、菩萨劝水陆法会"这一导火索。

项目实施

柳传志曾有言管理有三要素，即搭班子、定战略、带队伍；其中，搭班子是排在第一位的。项目管理亦是如此。为了完成西天取经项目，项目具体执行者有唐僧、孙悟空、猪八戒、沙和尚、白龙马。如来是发起人，菩萨是"项目总监"，唐太宗是"赞助商"，唐僧是"项目经理"，孙悟空是技术核心，猪八戒和沙和尚是普通成员。

为何选唐僧为项目经理？原著里有言，此人出身好，"根正苗红"。唐太宗办水陆法会，要选举一名有大德行的人来作为主持人，众人选出了陈玄奘法师。玄奘法师的父亲陈光蕊中状元，官拜文渊殿大学士，母亲则是开国原勋殷开山丞相的女儿，标准的"高干子弟"，太宗皇帝查得他"根源又好，德行又高"。"这个人自幼为僧，出娘胎，就持斋受戒。"可以看出来的是，陈玄奘这个人有慧根，且非常笃定，认准的事就会干。

项目组中非常关键的人物是孙悟空。他是这个取经团队的核心，但是他的性格极为顽劣不羁，以他大闹天宫的壮举，恐怕在现在的项目中没有哪个领导能容忍这种人待在团队里。然而，取经项目要想成功实在不能没有这个人才，所以就要考虑如何获取他。具体操作方法如下：首先，把他压在五指山下500年，已经临近绝望的孙悟空被唐僧救出来，这时孙悟空必定对唐僧心存感激；然而光收买人心是不够的，要让孙悟空长期稳定地留在团队中，还要给他许诺美好的愿景，例如取完经之后，便可得道成仙，并且是正牌仙人；最后，为了让项目经理能够直接、有效地控制孙悟空，还要给他戴上个紧箍，不听话就念咒惩罚他。当然，这每一步都要有观世音的提前安排作为铺垫。

猪八戒这个项目组成员，看起来好吃懒做，贪财好色，又不肯干活，最多牵牵马，好像在团队里根本没有什么用处。其实他的存在对整个项目团队还是有很大意义的，因为他性格开朗，能够接受任何批评而毫无负担，在项目组中起了润滑剂的作用。孙悟空毕竟是个难于管束的主儿，不能仅仅用强制手段来约束他。这时猪八戒的作用就显现出来了，在孙悟空不爽

的时候，上司唐僧不能得罪；否则，轻则被唐僧唠叨得如苍蝇罩头，重则要受金刚圈之苦。沙和尚没招过谁，也没惹过谁，伤害老实人是不对的，所以只好通过戏弄有点儿讨人嫌的猪八戒来排除心中的郁闷，反正猪八戒是个乐天派，任何的指责都不会放在心上。他们的追逐打闹，还会改善一下团队的气氛。

沙和尚言语不多，任劳任怨，承担了项目中挑担这种粗笨无聊的工作。很好地完成了项目中看似简单，却很重要的基本工作。

项目组成员确定之后，项目经理唐僧十分重视团队的建设。首先，他随时对成员进行培训，包括如何与组内其他成员沟通，如何与外部人员沟通等。其次，他随时对表现好的成员给予口头表扬，对其取得的阶段性成绩给予认可，用以激励各位成员继续努力。最后，他一直坚持四人同行、集中办公，这非常有利于团队的沟通交流。

项目后评估

一个项目的完成是否满足了要求，一般来说，可以从四个维度（范围、时间、成本、质量）来评估。范围是指为了实现项目目标所需要做的所有工作，时间是指为完成项目所预计消耗的时间，成本是指为完成项目所预计花费的资金，质量是指需要将所有的工作按照一个什么样的标准来完成。

（1）范围

从东土大唐西行十万八千里到大雷音寺佛祖处取经，期间必须经历各种磨难。这个项目的范围被唐僧和他的徒弟们老老实实、没有折扣地完成了。我们小时候读《西游记》时都会忍不住问同一个问题：为什么唐僧那么傻，要一步一步地走到西天去，还要受那么多苦，让孙悟空背着直接飞去不就可以了吗？实际上，取经项目团队想要取得真经就必须依照项目范围要求来完成工作。这个项目范围的要求是佛祖定下的："去东土寻一个善信，教他苦历千山，远经万水，到我处求取真经。"也就是说，如果取经团队采取了偷懒方式去往西天，没有走完该走的路，没有受过该受的苦，就算最后到了西天，佛祖也不会把真经给他们的。所以，为了取得真经，就必须把该走的路都走了，把该吃的苦都吃了才行。在小说的第九十九回，为了帮助项目团队达成"九九归真"的范围要求，观音菩萨甚至还传令八大金刚再给项目团队制造了一难。因此，项目目标是否实现，要看看它是不是完成了所有必须完成的工作。

（2）时间

取经项目预计的完成时间是三年。在小说的第十二回中，唐太宗给三藏法师送行时，问道："御弟呵，这一去，到西天，几时可回？"三藏道："只在三年，径回上国。"取经项目完成的预计时间是三年，但实际来回经历了十四年才完成。那是不是说，这个项目没有达成进度的要求就一定不成功了呢？很显然，这个取经项目仍然被认为是成功的。否则，佛祖也不会嘉奖团队，大唐也不会为其歌功颂德了。

所以需要认识到，虽然范围、时间、成本、质量是衡量项目目标是否实现的四个基本维度，但并非绝对标准。例如，有的项目可能更关注它是否能够被实现，而对成本的要求并不是非常严格。像很多国家都争着举办奥运会，而且常常是超出预算甚至亏本的，但仍被认为令人满意的。原因在于，主办国可能更注重这个项目能给国家带来的国际地位的提升，以及项目所产生的巨大社会效益。有的项目可能更关注的是，它是否能在既定的时限内完成，而次要关注其他因素，像铁定截止时间前必须交付的献礼工程就属于这种情况。

（3）成本

取经项目没有什么预算，是一路化缘而行的，所以这个维度我们先放下不谈。

（4）质量

项目结果要求不是假经，也不是无字真经（是真经，但凡人愚钝，看不懂），是有字真经。取经团队只有取到凡人能看得懂的有字真经才算符合质量标准。因此，即使在取得有字真经之前，项目团队取到过的一次无字真经，也被认为是不符合质量标准的，所以会要求佛祖更换成有字真经。

除了以上四个维度外，还要强调两个考量因素：相关利益人满意度和团队成长。

（5）相关利益人满意度

我们也会遇到这样的情况，虽然项目并没有满足范围、时间、成本和质量等方面的所有要求，但由于关键利益相关人，如客户、发起人，对结果感到满意，那么在这种情况下，项目可能仍然会被视为成功的。因此，项目的成败也与项目利益相关人对于项目的感知有关，且是正相关。

（6）团队成长

团队是否能够通过一个项目的实施获得成长，也可以视为项目是否成功的一个参考因素。

项目是由人来完成的。如果项目目标的达成是以牺牲团队成员的利益来实现的，或是团队成员参与了项目但并没有通过此项目获得成长，那么长此以往，就没有人再愿意加入这种没有收益的项目工作中。因此，成功的项目也应该同时实现团队成长的要求。

项目收尾

《西游记》第一百回"径回东土 五圣成真"描述的是取经项目收尾的

过程。

（1）总结项目工作和移交项目成果

在项目收尾环节中，总结项目工作和移交项目成果是一项重要的工作内容。《西游记》中取经项目完成时，唐僧作为项目经理第一时间向取经项目的赞助商——唐太宗汇报了项目工作（历时十四载，历经十万八千里，途经数十个国家和地区，方取得真经东归），并移交了项目成果——有字真经五千零四十八卷。同时提交了取经路上一直由沙和尚做专人管理的项目文档——通关文牒。

原文：太宗又问："多少经数？怎生取来？"三藏道："臣僧到了灵山，参见佛祖，蒙差阿傩、伽叶二尊者先引至珍楼内赐斋，次到宝阁内传经。……我等知二尊者需索人事，佛祖明知，只得将钦赐紫金钵盂送他，方传了有字真经。此经有三十五部，各部中检了几卷传来，共计五千零四十八卷，此数盖合一藏也。"

太宗又问："远涉西方，端的路程多少？"三藏道："总记菩萨之言，有十万八千里之远。途中未曾记数，只知经过了一十四遍寒暑。……徒弟，将通关文牒取上来，对主公缴纳。"当时递上。太宗看了，乃贞观一十三年（公元639）九月望前三日给。太宗笑道："久劳远涉，今已贞观二十七年（公元653）矣。"[1]牒文上有宝象国印，乌鸡国印，车迟国印，西梁女国印，祭赛国印，朱紫国印，狮驼国印，比丘国印，灭法国印；又有凤仙郡印，玉华州印，金平府印。太宗览毕，收了。

（2）评估项目成员绩效

在项目收尾时，项目经理需要对项目团队成员的工作进行评估。在大

---

[1] 此处乃《西游记》原著中的一处错误，因为贞观总共23年，不可能有贞观二十七年。

唐皇帝为项目团队举办的庆功宴上，唐僧当着皇帝的面，对各位徒弟取经路上的表现进行了——点评。

原文：长老俯伏道："大徒弟姓孙，法名悟空，臣又呼他为孙行者。……蒙观音菩萨劝善，情愿皈依，是臣到彼救出，甚亏此徒保护。二徒弟姓猪，法名悟能，臣又呼他为猪八戒。……即蒙菩萨劝善，亏行者收之，一路上挑担有力，涉水有功。三徒弟姓沙，法名悟净，臣又呼他为沙和尚。……也蒙菩萨劝善，秉教沙门。那匹马不是主公所赐者。……原是西海龙王之子，因有罪，也蒙菩萨救解，教他与臣作脚力。幸亏他登山越岭，跋涉崎岖，去时骑坐，来时驮经，亦甚赖其力也。"

（3）论功行赏

项目收尾时，还应该考虑按照贡献对项目团队成员进行表彰和激励。《西游记》中，在项目团队取得真经后，被项目发起人佛祖召回灵山，对项目团队成员论功行赏，加封受职。

原文：遂叫唐僧等近前受职。如来道："圣僧，……。今喜皈依，秉我迦持，又乘吾教，取去真经，甚有功果，加升大职正果，汝为旃檀功德佛。孙悟空，……，幸天灾满足，归于释教，且喜汝隐恶扬善，在途中炼魔降怪有功，全终全始，加升大职正果，汝为斗战胜佛。

猪悟能，……，喜归大教，入吾沙门，保圣僧在路，却又有顽心，色情未泯，因汝挑担有功，加升汝职正果，做净坛使者。沙悟净，……，幸皈吾教，诚敬迦持、保护圣僧，登山牵马有功，加升大职正果，为金身罗汉。又叫那白马：汝，……，幸得皈身皈法，皈我沙门，每日家亏你驮负圣僧来西，又亏你驮负圣经去东，亦有功者，加升汝职正果，为八部天龙马。"

此时旃檀佛、斗战佛、净坛使者、金身罗汉，俱正果了本位，天龙马亦自归真。

参考资料：

［1］张冬.浅谈项目管理中的人员配备：以《西游记》中取经团队为例［J］.科技经济导刊，2017（25）：206.

［2］唐征武.从神化小说《西游记》中学项目管理［J］.东西南北，2019（13）：116，110.

［3］吴闲云.煮酒探西游［M］.长沙：湖南人民出版社，2009.

思考题：

1.唐僧取经项目能够成功的关键要素有哪些？

2.唐僧取经项目有哪些值得改进的地方？

第 2 章　项目运行环境评估

传统的项目评估十分注重对项目的经济和技术等方面的评估，但是对于项目运行环境的评估重视不够。项目成败和是否具有发展前景直接与资源条件、市场条件、竞争条件、宏观经济条件、政治与法律条件和自然与社会文化条件等有着紧密的联系。即使一个项目在经济和技术方面是可行的，但如果项目运行条件存在问题，项目仍然无法成功或很好地实现预期的效果。因此必须对每个项目的运行环境与条件进行全面科学的评估，以确保项目的可行性。

2.1　项目运行环境评估概述

2.1.1　项目运行环境评估的概念

项目运行环境评估是指对项目所必须依赖且项目本身对其无法控制和改变的环境因素所进行的评估。为此，人们只能通过研究这些因素对项目运行所产生的影响，并据此分析项目可能带来的影响以及收益情况。

按照层次性可以把项目运行环境区分为项目的宏观运行环境、项目的中观运行环境和项目的微观运行环境。

2.1.2　项目运行环境评估的原则

（1）客观性原则

在评估过程中必须以客观实际为依据和出发点，结合项目自身的具体情况进行科学而中肯的分析和论证。

（2）系统性原则

在对项目运行环境进行论证和评估的过程中要把握各环境要素之间的关系对整个环境系统进行全面的分析研究。

（3）动态性原则

项目评估过程中还要遵循动态性的原则，对项目现有环境情况和未来的情况做出科学的预测和分析。

2.2　项目运行宏观环境评估

可以按照 PEST 分析模型对项目运行的宏观环境进行评估。其中，P 是政治（politics），E 是经济（economy），S 是社会（society），T 是技术（technology）。如图 2-1 所示。

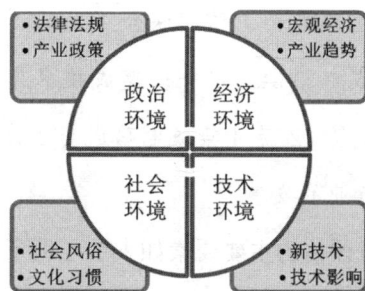

图 2-1　PEST 分析模型

2.2.1 政治环境分析

政治环境涵盖了项目所在国家或地区的政治体系情况、法律环境以及相关产业政策情况等。项目法律环境评估的主要内容包括有关项目的基本法律制度的评估、有关项目运行的法律制度的评估、有关经济活动监督管理的法律制度的评估、有关劳动和社会保障方面的法律制度的评估、有关国家和地方经济司法制度和实践的评估等。项目政策环境评估的主要内容包括国家和地方的财政政策、国家和地方的货币政策、国家和地方的产业政策、国家和地方的区域经济发展政策等。

以芯片行业为例，工信部是该行业的主管部门，其主要职责包括：提出新型工业化发展战略和政策，协调解决新型工业化进程中的重大问题，推进产业结构战略性调整和优化升级；制定并组织实施工业、通信业的行业规划、计划和产业政策；监测分析工业、通信业运行态势，统计并发布相关信息，进行预测预警和信息引导；指导行业技术创新和技术进步，以先进适用技术改造提升传统产业等。国家先后出台相关产业政策支持芯片行业的发展，比如 2016 年 12 月，由国务院制定并颁布的《"十三五"国家信息化规划》中提到，大力推进集成电路创新突破，加大面向新型计算、5G、智能制造、工业互联网、物联网的芯片设计研发部署，推动 32/28 nm、15/14 nm 工艺生产线建设，加快 10/7 nm 工艺技术研发。同时，由发改委和工信部联合下发的《信息产业发展指南》中提到，着力提升集成电路设计水平；建成技术先进、安全可靠的集成电路产业体系；重点发展 12 英寸集成电路成套生产线设备。这些产业政策极大地促进了芯片行业的发展。

项目运行政治环境评估的主要要素如表 2-1 所示。

表 2-1　项目宏观政治环境评估的主要因素

维度	要素	主要内容
宏观政治局势	国家政局稳定情况	执政党、国体和政体的稳定情况
	国内社会矛盾情况	社会阶层和社会群体间的冲突情况
	国内政治秩序情况	政治秩序的稳定和有序程度
宏观政治体制	国家体制情况	社会主义国家或资本主义国家
	政治体制情况	共和国、王国、合众国、酋长国等
	治理和管理体制	政府、市场、社会组织职能和责任安排等
宏观政治制度	宏观立法制度	君主制或民主立宪制
	宏观行政制度	总统或总理行政负责制
	宏观司法制度	三权分立、五权分立等体系
宏观政治政策	政府的管制政策	如投资、贸易、资源等方面的管制政策
	预算采购政策	政府预算制度、采购政策
	文化体育政策	文化、教育、体育、卫生政策
	民族宗教政策	少数民族、宗教信仰政策等
宏观国际环境	国际政治局势	全球的政治斗争与结盟情况
	地缘政治情况	地理要素、政治格局
	国际性政府组织情况	联合国、北约、上海合作组织等影响情况

资料来源：戚安邦主编，《项目评估学》，科学出版社，2012.

2.2.2　经济环境分析

主要指的是项目所处国家或地区的经济制度、经济发展水平、经济状况、产业结构、消费水平、税率、通货膨胀情况等。

上海财经大学高等研究院所发布的《2020 中国宏观经济形势分析与预测年中报告》指出，2020 年上半年，新冠肺炎疫情对我国经济发展和世界政经格局造成重大冲击。一季度国内生产总值大幅下滑，消费、投资增速出现断崖式下跌。随着我国对疫情的有效防控，二季度实现大部分复工复产，消费、投资、工业项目利润等的降幅均出现不同程度收窄，经济呈修复企稳态势，但仍受国内部分地区疫情反复拖累。同时，受全球疫情蔓延及世界变局的影响，疫情不仅对中国对外贸易增速形成拖累，也导致全球产业链和供应链重新调整及贸易保护主义叠加，加上全球性、地域性政经摩擦和冲突导致的不确定性急剧上升，进一步加剧了经济下行压力，我国

经济复苏的前景仍不明朗。报告建议，中国在应对外部挑战的同时，应立足于形成以国内大循环为主，构建国内国际双循环相互促进的新发展格局。

2020 年 7 月 16 日，统计局公布了 2020 年上半年国民经济运行情况。初步核算，上半年国内生产总值 456614 亿元，按可比价格计算，同比下降 1.6%。分季度看，一季度同比下降 6.8%，二季度增长 3.2%。分产业看，第一产业增加值 26053 亿元，同比增长 0.9%；第二产业增加值 172759 亿元，下降 1.9%；第三产业增加值 257802 亿元，下降 1.6%。从环比看，二季度国内生产总值增长 11.5%。同时，基于上海财经大学高等研究院中国宏观经济预测模型（IAR-CMM）的情景分析和政策模拟结果，课题组测算，在基准情景下，2020 年全年实际 GDP 增速约为 1.2%，CPI 增长 2.9%，PPI 增长 -2.2%，GDP 平减指数增长 1.0%，消费增长 -0.7%，投资增长 1.7%，出口增长 -4.3%，进口增长 -9.0%，人民币兑美元汇率（CNY/USD）将在 7.05 附近双向波动。总之宏观经济的下行压力会给项目实施带来较大压力。

项目运行的宏观经济环境评估要素如表 2-2 所示。

表 2-2 项目宏观经济环境评估的主要因素

维度	要素	主要内容
宏观经济政策	宏观财政政策	多收少支或少收多支
	宏观货币政策	从松或从紧的货币政策
	宏观产业政策	禁止、限制、一般或鼓励、优惠等
宏观经济发展水平	国家或地区的 GDP 水平	国家或地区的经济规模大小
	产业结构和市场容量	国家或地区能容纳项目规模
	居民消费和储蓄倾向	人们购买多少项目产品
	进出口的规模和水平	进出口资源和替代产品情况
	通货膨胀和失业水平	国家或地区经济好坏现状
维度	要素	主要内容
宏观经济发展速度	国家或地区的 GDP 增速	国家或地区的经济发展速度
	居民可支配收入增长率	居民可支配收入增长速度
	利率和汇率变化情况	国民经济和财务成本变化情况
	市场容量增长情况	国家或地区能容纳项目规模

资料来源：戚安邦主编，《项目评估学》，科学出版社，2012.

2.2.3　社会环境分析

社会环境分析，主要是指对项目所处国家或地区的社会文化、社会风俗、价值观念，以及人们的生活方式、道德规范、宗教信仰等进行评估。尤其是对于跨国项目而言，要注意合理评估不同国家或地区的社会环境差异。总体上来说，项目社会环境评估主要包括四个方面：第一，对项目所处的宏观社会制度、社会体制等进行综合评估；第二，对项目所处社会结构及其关系等进行评估；第三，对项目所处环境的社会文化、价值观念等进行评估；第四，对项目所处环境的风俗习惯、社会信仰、生活方式等进行评估。

第六次人口普查的统计数据显示，与上一次人口普查相比，每十万人中具有大学文化程度的由 3611 人上升为 8930 人，具有高中文化程度的由 11146 人上升为 14032 人，具有初中文化程度的由 33961 人上升为 38788 人，具有小学文化程度的由 35701 人下降为 26779 人。大陆 31 个省、自治区、直辖市和现役军人的人口中，文盲人口（15 岁及以上不识字的人）为 54656573 人，同第五次全国人口普查相比，文盲人口减少 30413049 人，文盲率（15 岁及以上不识字的人口占总人口的比重）由 6.72% 下降为 4.08%，下降 2.64 个百分点。中国人口科学文化素质的总体水平还不高，主要表现在：一是人口粗文盲率（文盲人口占总人口的比重）大大低于发达国家水平（2% 以下）；二是大学粗入学率大大低于发达国家水平（80% 左右）；三是平均受教育年限不仅低于发达国家的人均受教育水平，而且低于世界平均水平（11 年左右）。2004 年，城镇人均受教育年限为 9 年，乡村为 7 年；城镇文盲率为 9%，乡村文盲率为 10%。

另外，不容忽视的是人口老龄化问题。第六次人口普查的统计数据

显示，全国人口中，0—14 岁人口为 222459737 人，占 16.60%；15—59 岁人口为 939616410 人，占 70.14%；60 岁及以上人口为 177648705 人，占 13.26%，其中 65 岁及以上人口为 118831709 人，占 8.87%。同第五次全国人口普查相比，0—14 岁人口的比重下降 6.29 个百分点，15—59 岁人口的比重上升 3.36 个百分点。

项目运行的宏观社会环境评估要素如表 2-3 所示。

表 2-3 项目宏观社会环境评估的主要因素

维度	要素	主要内容
社会制度和社会体制	国家或地方的社会制度	在特定国家或地区内总体社会制度，社会各个不同领域中的制度，各种具体工作的制度等
	国家或地方的社会体制	政府、市场与社会组织在社会管理、公共服务、解决社会纠纷等方面的机制与体系等
社会结构和社会关系	国家和地方的社会结构	包括人口与群体结构、社会人群组织结构、社会阶层结构、人群地域结构、社会生活方式结构等
	国家和地方的社会关系	个人之间、个人与集体和国家之间的关系，集体与集体和国家之间的经济、政治、法律、宗教关系等
社会文化和社会价值	国家和地方的社会文化	包括哲学、艺术、宗教、教育、文学、民族文化、政治思想和法律思想等
	国家和地方的社会价值	社会不同阶层、民族、宗教等群体在社会经济和政治生活中对各种事物的态度、价值观等
社会风俗和社会信仰	国家和地方的社会风俗	特定社会中人民所具有的传统风尚、礼节、习性以及人们共同遵守的行为模式或习惯与规范等
	国家和地方的社会信仰	社会中人民对某种理论、学说、主义的信服和尊崇，并将其作为自己的行为准则
社会道德和社会生活方式	国家和地方的社会道德	人们在社会实践活动中积淀下来的道德准则、文化理念、思想传统和行为准则等
	国家和地方的社会生活方式	人们在一定历史与社会条件下衣、食、住、行、劳动、工作、休息、娱乐、社会交往、待人接物的主导模式

资料来源：戚安邦主编，《项目评估学》，科学出版社，2012.

2.2.4 技术环境分析

主要是指对项目所处环境的技术发展水平、发展方向、发展速度等方面进行综合评估。时下，以人工智能、区块链、云计算以及大数据（即 artificial intelligence，block chain，cloud computing，big data，合称为"ABCD 技术"）等为代表的新技术正在改变着人们的生产生活方式。人类从农业文明走到工业文明再到互联网时代，互联网技术正在开创人类的一个全新的时代，重塑互联网思维，才能找到新的生存方式。以电子商务为例，这是新产生的一种交易，为项目、消费和政府建立了一种网络经济环境，人们不再受地理区域的限制，能够以快捷的方式完成复杂的商务活动。它以自己规范的工作流程，来最大限度地提高人、财、物的利用率，它的出现打破了传统的商务交易方式，也改变了人类相互交往的习惯，并影响着各行各业的组织结构与业务流程。电子商务是互联网时代的一大创新，随着互联网的进步，电子商务的发展也在不断的进步当中，现在电子商务已经渗透到人们生活中的各个部分，成为人们生活中密不可分的一个重要部分。

项目运行的宏观技术环境评估要素如表 2-4 所示。

表 2-4 项目宏观技术环境评估的主要因素

维度	要素	主要内容
宏观技术政策	宏观科学技术政策	鼓励、支持、限制或禁止
	宏观科学技术规划	科技发展的目标和计划
	宏观产业技术政策	不同产业的科技鼓励和限制
宏观技术 发展水平	基础和应用科学研究水平	国家认识和改造世界的技术能力
	实用技术和专利的水平	国家创造物质和知识财富的技术能力
	技术引进和进步的水平	国家科技引进和进步的支持情况
	研究开发投入总体水平	国家对科技的支持水平
宏观技术 发展速度	国家科技投入增长率	国家或地区经济扩张速度
	国家科技进步增长率	国民可支配收入增长速度
	项目研发投资增长率	经济和财务成本变化情况
	专利与科技成果增长	进出口资源/替代产品变化

资料来源：戚安邦主编，《项目评估学》，科学出版社，2012.

链接： 未来 10 项最值得关注的科技发展趋势

物联网

到 2045 年，最保守的预测也认为将会有超过 1000 亿的设备连接在互

联网上。这些设备包括移动设备、可穿戴设备、家用电器、医疗设备、工业探测器、监控摄像头、汽车、服装等。它们所创造并分享的数据将会给我们的工作和生活带来一场新的信息革命。人们可以利用来自物联网的信息来加深对世界以及自己生活的了解，并且做出更加合适的决定。与此同时，联网设备也将把目前许多工作，比如监视、管理，以及维修等需要人力的工作自动化。物联网、数据分析，以及人工智能这三大技术之间的合作将会在世界上创造出一个巨大的智能机器网络，在不需人力介入的情况下实现巨量的商业交易。但是，虽然物联网会提高经济效率、公共安全，以及个人生活，它也会加重对于网络安全和个人隐私的担忧。而物联网中所包含的大量数据也会诱惑政府去实施针对人民的监控，从而进一步引发隐私和安全之间的对抗。

机器人与自动化系统

在 2045 年的地球上，机器人和自动化系统将无处不在。自动驾驶汽车会使交通更加安全与高效，或许还会给共享经济带来新的动力。机器人则会承担日常生活中大量的任务，比如照顾老人与买菜，以及应用于工业领域，比如收获农作物、维护公共设施等。而随着机器人的机动性、灵敏度以及智能的提高，它们将成为强大的战士，在战场上辅助，甚至替代人类士兵作战。人工智能软件则会被使用到商业上，例如从数百太字节的数据里面提取有意义的信息，使商业服务自动化，以及替代诸如客服、教师等传统意义上"以人为本"的职业。

但是，机器人与自动化也会带来许多危机。数百万工作被机器取代的下岗职工将会给社会造成极大的冲击，导致经济与社会的不稳定。自动化网络系统则会成为各个敌对势力相互攻击的主要突破口。在冲突中使用机器人和自动化系统则有可能造成极大的伦理和文化挑战。

智能手机与云计算

智能手机与云计算正在改变人类与数据相处的方式。比如目前的美国，大约有 30% 的网页浏览和 40% 的社交媒体是通过手机进行的，人们具有各种可以测量天气、位置、光度、声音，以及生物特征的探测器的智能手机。随着手机的威力越来越大，功能也越来越全面，移动网络的铺展也将加速。在 2030 年，全球 75% 的人口将会拥有移动网络连接，60% 的人口将会拥有高速有线网络连接。移动终端的发展以及移动网络的扩散，也会进一步推进云端计算的进展。云端计算可以在零投入的情况下给用户带来大量的计算能力。在未来的 30 年里，基于云的移动计算端将会改变从医疗到教育的各行各业。比如，人们可以通过手机来进行体检并与云端的诊断软件直接沟通，人们也可以在手机上使用教育软件来学习新的技能，农民们甚至可以通过手机连接到实时气象数据，通过云端软件计算最优化的收割时间。但是，这一切都需要极高的网络安全性、可靠性，以及流量。商业用户以及个人用户也都需要习惯地把数据上传到云端中。

智能城市

在 2045 年，全世界 65% ~ 70% 的人口将会居住在城市里。随着城市人口的增加，全球人口超过 1 千万的超级都市将会从 2016 年的 28 座增加至 2030 年的 41 座。大量的人口向城市流动将会给这些城市的基础建设，比如城际交通、食物和水源、电力能源、污水处理，以及公共安全系统等带来极大的压力。未来的智能城市将利用信息和通讯技术，通过大数据以及自动化来提高城市的效率和可持续性。比如使用分散探测系统实时监视城市用水用电数据；通过智能电网自动调整配电设置；通过联网的交通信号系统以及自动驾驶系统来减缓车辆堵塞的程度；利用由新材料和新设计技巧所建的智能建筑来提高空调和照明系统的效率，减少能源浪费；使用

屋顶太阳能板、小型风力发电机、地热发电，以及其他可再生资源提供干净的电力。但是，科技投入不足的城市，将会变得极其拥挤和肮脏，成为暴动和冲突的爆发点。

量子计算

量子计算是通过叠加原理和量子纠缠[①]等次原子粒子的特性来实现对数据的编码和操纵。虽然在过去的几十年里，量子计算只存在于理论上，但是，近些年的研究已经开始出现有意义的结果。在未来的 5~15 年里，我们很有可能制造出一款有实用意义的量子计算机。量子计算机的出现将会给其他的研究方向，比如气候模拟、药物研究，以及材料科学带来巨大的进步。不过，最令人期待的还是量子密码学。一台量子计算机将可以破解世上所有的加密方式，而量子加密也将真正无懈可击。如今，量子计算机的许多技术堡垒已经开始被逐一攻克，虽然我们也许在 21 世纪 40 年代才会看到真正实用的量子计算机，但来自政府和业界的大量投资意味着量子计算已经迈过了转折点。

混合现实

虚拟现实和增强现实（VR 和 AR）技术已经在为消费电子市场激发了极大的热情，各科技项目的实施者也迅速地开始进入这个市场。在 2014 年收购 Oculus VR 之后，Facebook 已经推出他们的首款 VR 眼镜。三星、索尼、宏达等也推出自己的 VR 产品。资本的涌进代表了 VR 将成为新一代的主流娱乐技术。当然，VR 也有在娱乐之外的应用。美国第二大家居装饰用品项目实施者 Lowe's（劳氏项目实施者）正在开发名为 Holoroom

---

① 在量子力学里，当几个粒子彼此相互作用后，由于各个粒子所拥有的特性已综合成为整体性质，无法单独描述各个粒子的性质，只能描述整体系统的性质，称这种现象为量子缠结或量子纠缠（quantum entanglement）。

的一款 3D 增强现实科技。Lowe's 的客户将可以设计一个空间，然后使用 Holoroom 进入一个 3D 模型，体验他们设计的空间感觉如何。虽然在历史上，市场对 VR 和 AR 曾有些过于膨胀的预期，如今的超高清显示，低价的姿势与位置探测器以及高清视频内容给混合现实科技打下了雄厚的基础。在未来的 30 年里，这些技术将成为主流科技。AR 眼镜将把实时相关的信息给用户投放在现实中，而 VR 眼镜则可以通过融合视觉、听觉、嗅觉和触觉来实现深度沉浸的体验。

数据分析

在 2015 年，人类总共创造了 4.4 ZB（44 亿 TB）的数据，而这个数字大约每两年就会翻倍。在这些数据中隐藏了各种关于消费习惯、公共健康、全球气候变化以及其他经济、社会还有政治等方面的深刻信息。可惜的是，虽然"大数据"成为一个热点，但每年只有不到 10% 的数据会被分析。在接下来的 30 年里，我们处理巨量动态数据的能力将会逐渐提高。自动人工智能软件将可以从散乱的数据中识别并提取有关联的信息。而这种数据分析的能力将会从商业应用扩散到普通人手里。人们将获得在生活中使用大数据的能力，并且通过这种能力来迫使政府以及各种机构对它们的政策负责。而这很有可能引起关于数据限制的冲突。超级个性化营销、政府对人民数据的监视，以及各大数据被盗案件的曝光则会引起数据所有权的讨论。

人类自我改进

在接下来的 30 年里，科技将带领人类突破人类潜力的极限甚至生物的极限。由物联网连接的可穿戴设备将会把与实时有关的信息直接打入我们的感官中。外骨骼和与大脑连接的假肢将会使我们变得更加强大，为老弱病残恢复移动力带来可能。装有探测器和嵌入式计算机的隐形眼镜或者

被永久植入在体内的装备将给我们带来可以穿墙的听力、天然夜视，以及可以嵌入虚拟和增强现实系统的能力。益智药将会扩大我们的思维能力，改变工作和学习的方式。当然，人类增强科技也会带来新的挑战，那些负担不起"升级肉体"价格的人群很有可能发现他们在增强经济里毫无竞争力，而增强科技的联网则会让我们的身体甚至大脑成为黑客的目标。

网络安全

网络安全不是一个崭新的话题。事实上，早在1991年就有人提出了"网络上的珍珠港"这一警告。但是在未来的30年里，随着物联网的发展以及日常生活中越来越多的连接，网络安全将会成为网络行业首要的话题。目前，虽然世界上的网络攻击越来越多，但是它们大多数的目标都只是个人或者项目，而且这些攻击所造成的损失虽然很大，但是这些损失并不会扩散。而未来的世界将不会是如此简单。随着汽车、家电、电厂、路灯，以及数百万个其他的事物相互连接，网络攻击的后果也会越来越严重。国家、项目，以及个人的数据将会面临越来越隐蔽的攻击，有些甚至在数年后才会被发现。

社交网络

如今，大约有65%的美国人使用社交网络，而在2005年，这个数量只有7%。社交网络已经开始展现出改变人类行为的能力。但是在未来的30年里，社交科技将会给人们带来可以创造出各自微型文化圈的力量。人们将会使用科技形成社会契约和基于网络社区的社交结构，从而颠覆许多传统的权力结构。比如政治舆论，由于目击者们可以直接在网络上揭露腐败和压迫而不用通过媒体的过滤，政府将会发现舆论越来越难被直接控制。或者项目责任，虽然项目可以通过社交网络直接接触到消费者，这些消费者也可以利用社交网络来突破营销的噪音，使项目对他们的产品和行为负责。众筹和直播将会使内容创作进一步民主化，从而模糊媒体人与观众之间的区别。而比特币以及其他加密货币也许会把货币和交易的控制从政府手中剥离，从此基于社会共识而不是政府的规定。

资料来源：未来侦察战略与分析公司（Future Scout，LLC.）.2016—2045 年新兴科技趋势——领先预测综合报告［EB/OL］.2016.4.

2.3　项目运行竞争环境评估

迈克尔·波特教授的竞争理论认为，项目的获利能力在很大程度上取决于项目所在行业的竞争强度，而竞争强度取决于市场上存在的五种基本力量（见图 2-2）。正是这些基本力量的综合强度决定了项目所在行业的竞争态势及强度，进而影响和决定了项目未来的获利能力，产品的价格、成本与投资水平。因此，需要对打算进入某行业的项目按五种基本竞争力量进行分析，明确欲进入行业的竞争态势及竞争强度，并通过分析的结果来判断自身所处的境地，进而做出正确的行业选择、战略规划包括项目竞争策略[①]。

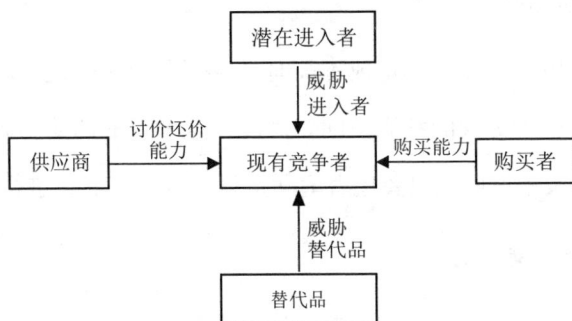

图 2-2　五力模型

---

① 迈克尔·波特 . 竞争优势［M］. 北京：中信出版社，2014.

2.3.1 现有竞争威胁分析

一般来说，如果某个行业已经有了众多的竞争者或竞争者不多但存在竞争意识强烈的潜在竞争者，那么新进入这个行业的项目就要慎重。行业内现有竞争者之间的竞争激烈程度由以下几个因素决定。

（1）项目的多少和竞争实力

如果行业内有较多的项目，尤其是有较多具有竞争实力的项目，在总的市场需求基本一定的条件下，各项目为扩大自身市场份额就必然会产生激烈的竞争。

（2）需求增长速度

在行业需求增长迅速时期，各参与者忙着收获，因此，竞争强度弱一些；如果该行业需求增长趋缓，如处在产品生命周期的成熟阶段，意味着行业内各个参与者之间要在有限的市场份额内争夺地盘，因此竞争就会更加激烈或者残酷。

（3）固定成本

如果生产单位产品的固定成本高时，各个参与者会通过降低成本，不断增加产量来追求更大的利润空间。因此，这种行业的参与者之间容易采用低价竞争的策略，而且只要还有边际贡献，竞争依然会进行下去。

（4）产品的差异性

如果该行业所生产的产品差异性较大，那么竞争策略的差异化程度会较高，此时，每一个参与者服务于一个差别化的细分市场时，竞争程度不会太激烈；如果产品的差异化程度较低，那么，竞争策略的差异化程度也是有限的，这时，竞争程度要激烈些，主要通过降低价格、提高品牌知名度和服务质量开展竞争。

（5）进入及退出障碍

如果进入行业在固定资产、基地等方面投入较大，或者退出行业需要付出很高的代价时，即使产销项目盈利很小，也得继续经营，这样会使行业竞争更激烈。

2.3.2 供应商的威胁

为项目参与者的生产或销售活动提供各种资源要素和服务的供应商的讨价还价能力是影响行业竞争及其格局演变的重要因素之一。供应商讨价还价的能力主要表现在提高供应价格或者降低产品质量和服务，甚至控制所供产品的总量等方面，从而形成对项目参与者的威胁。如在出口货源紧张的情况下，提供出口项目实施者货源的相关厂商可能对出口项目实施者造成威胁。因此，项目参与者在制定竞争策略之前，需要分析供应商讨价还价的能力，供应商的讨价还价能力取决于以下几个方面。

（1）供应商集中或组织程度

如果供应商集中度较高，或为了提高议价能力，供应商自发地组织在一起，集中定价并控制产量，以维持利于自己的价格和应有的利润。在这两种情况下，供应商的讨价还价能力较大，从而会改变行业的竞争格局，对项目参与者形成威胁。因此，与供应商建立良好的合作关系并开拓多种供应渠道是项目参与者争取主动、摆脱威胁的上策。

（2）供应商与其替代品的力量对比

如果供应商提供的产品独特且没有替代品，或替代品的供应商没有足

够的供应能力，致使项目参与者的选择余地很小，其生产和发展会受到供应能力强的供应商的制约。

（3）项目参与者对供应商的重要性

如果一个供应商的生产能力很大，而购买者很多，每一个购买者所购产品的数量只是供应商总量的一小部分，即项目参与者所需货源占据供应商业务的比重较小，供应商的权力就较大。

（4）供应品对于项目参与者的重要程度

如果供应商所生产的产品或者服务对项目参与者来说是非常关键的——是重要的投入要素，或者转换成本高，那么供应商的威胁相对就大。

（5）行业与供应商的供求关系

当行业的需求大于供应商的供给时，供应商讨价还价的能力就会因此上升。

（6）供应商的前向一体化

供应商对于购买的项目参与者来说，容易产生成前向一体化的威胁。比如，生产基地准备自己加工销售，那么这对于加工项目参与者就会构成威胁。此时购买原料的项目参与者想在购买时讨价还价肯定会很困难。

2.3.3　购买者的压力

如果一个行业购买者讨价还价的能力越强，经营者的盈利空间越小，对经营者的压力越大，这个行业的吸引力就会越小。对行业产生的这种压力主要源于购买者的讨价还价能力，就行业来说，影响和决定项目参与者、购买者讨价还价能力强弱的因素主要有以下几个方面。

（1）购买者的购买量或组织程度

如果一个厂的客户，如大量进货的进出口项目实施者、大型超市其购买量在该厂购买量中占很大比例，那么这样的大客户的讨价还价能力就强，反之就弱；同样，如果购买者自发地组织起来，统一购买，讨价还价能力也会大大增强。

（2）产品差异性

如果同一行业中各项目参与者之间所提供的产品的差异小，则产品之间的竞争性强，如果这样，购买者往往确信自己能找到更有利的供应者，他们的讨价还价能力就强。

（3）购买者的转换成本

如果购买者转购其他供货项目参与者的货品，或转购替代品不需付出太大代价，比较容易买到替代品，这样，购买者的讨价还价能力就较强。

（4）购买者对需求强弱或质量的需求

如果是购买者迫切需要的、不可缺少的，或购买者追求的是质量，往往这种情况下，购买者对价格就不会特别关注，或者会被动地接受价格；反之，购买者会对价格非常敏感，讨价还价的能力就会上升。

除此，所购在购买者的成本中占有较大的比重；购买者的购买能力强，包括掌握了市场需求、实际市场价格、供应商的成本等方面的信息、评价和鉴赏的能力强，等等，购买者的讨价还价能力就会增强。

2.3.4　潜在的项目进入者的威胁

指未来可能进入行业的新的项目参与者对现有项目参与者形成的竞争

威胁。对项目参与者现实的竞争对手很容易判断，但预测潜在的竞争对手并非容易。他们通常是：

第一，不在行业但因完成了资本积累被行业的发展潜力吸引，可以不费气力便可克服障碍进入的项目参与者；

第二，进入行业可产生明显协同效应的项目参与者；

第三，可能向前或向后实施一体化的项目参与者；

第四，可能对项目参与者实施收购或兼并的项目参与者。

这些可能的新进入者对现有相应的项目参与者产生的威胁取决于行业进退的难易程度及该行业的利润吸引力。受行业利润的驱使，新的项目参与者会采取措施跨越障碍，最终打入该行业，一方面，使行业增加了新的生产销售能力；另一方面，争得一定的市场份额，因而加剧行业的竞争，使行业的成本上升、产品价格被迫下降、利润降低。尤其是那些具有竞争实力的大型项目参与者为了控制某一行业，往往从战略角度考虑，不计短期成本和经济损失，迅速地抢占市场。他们一旦发动行业攻势，会彻底改变该行业的竞争格局。即便他们不是在行业内新建项目参与者，而是采取对行业内项目参与者并购的措施，这虽然没有增加行业内项目参与者的数量，但事实上增加了被并购项目参与者的竞争能力，因此，也间接地加剧了行业内部的竞争。

如果某行业进入的障碍高、退出的障碍低，在这样的行业里新的项目参与者很难打入，经营不善的项目参与者可以安然撤退，这样的行业竞争强度不高；如果进退的障碍都高，虽然利润潜量可能较大，但往往伴随较大的风险，这样的行业竞争强度也不会高；如果进退障碍都低，项目参与者可进退自如，获得的利润稳定，但不高，竞争强度一般；最坏的情况是进入的障碍低，而退出的障碍高，会导致激烈的竞争。

2.3.5　替代品的威胁

因为行业存在替代品以及潜在的替代品，因此，行业就会存在着替代品的威胁。项目参与者在决定进入一个新的行业之前或者制定竞争策略决策时，必须考虑这个行业有没有替代产品或替代品出现的可能性、替代品的盈利能力、生产者的经营战略和发展趋势等因素，以判断分析替代产品威胁的可能性以及威胁的程度。

2.4　项目运行微观环境评估

项目实施者的内部环境指微观的物质、文化环境的总和，也称项目内部条件。其中的物质环境可称为硬环境，主要包括项目实施者的物质资源条件如园、厂、楼及机械设备等；文化环境可称为软环境，主要包括项目实施者的能力、经营理念和制度等因素，即组织内部的一种共享价值体系。相对于外部环境而言，这些项目实施者自身所具备的资源条件是项目实施者可以支配控制的，并以各种有形或无形的形式体现，其中有的是需要在经营过程中积淀而成的。

项目实施者的内部环境或条件分析即对项目实施者所具有的各种有形的和无形的资源、物质的和文化的资源与能力的分析，目的在于掌握项目实施者所具有的资源和能力，明确其所具有的竞争优势和劣势，发现可培植的核心竞争力，以便在此基础上制定能够适应外部环境，形成持续竞争力的项目运行策略。

2.4.1 项目运行的资源类型

（1）按是否可见分类

①有形资源。有形资源是看得见、摸得着、可以数量化的资产，它们通常可以通过财务报表反映出来。有形资源主要分为实物资源、财务资源。实物资源包括项目实施者所拥有的厂房、店面、土地、机械设备、生产线装备等固定资产。往往是项目实施者生产经营的基础，通常决定项目实施者生产经营成本、产品质量、产销的能力和水平，甚至决定项目实施者的竞争优势。财务资源包括项目实施者直接或间接获取的现有资金和可融通的资金，往往以货币形式表现。但是应当注意到，在评估有形资源的战略价值时，不仅要看会计科目上的数目，而且要注意评价其产生竞争优势的潜力。

在评估有形资源的战略价值时，必须注意以下两个关键问题。第一，是否有机会更经济地利用财务资源、库存和固定资产，即能否用较少的有形资源获得同样的产品或用同样的资源获得更大的产出。第二，怎样才能使现有的各种资源更有效地发挥作用。比如原产地资源价值的发挥，或者先进的工艺价值的发挥。也就是说，同样的有形资产在不同能力的项目实施者中表现出不同的战略价值。

②无形资源。无形资源是根植于项目实施者、历史长期积累的、不容易辨识或量化的资产。无形资源包括组织资源、人力资源、技术资源和声誉资源等。

组织资源。项目实施者历史、文化等，包括经营宗旨、价值观、经营理念、组织结构、内部管理制度、组织计划、执行、控制的机制。它决定着项目实施者的运行模式和绩效，对项目实施者的发展产生深远的影响。

人力资源。项目管理者与员工的资源结构（如年龄、性别等）、文化结构（如受教育程度、敬业精神、职业习惯、态度、学习与创新能力）、专业技能结构（如技能、知识、员工工作时间）等是基本的人力资源组成要素。管理者素质包括管理者的价值观、知识结构、决策能力、创新能力、指挥能力、灵活应变能力、组织协调能力等。人力资源是推动项目实施者发展的能动性因素，决定着项目实施者生产经营的基本能力、维持竞争优势的能力。项目实施者管理的重点是要调动员工的生产经营积极性，改进工作效率，进而实现预期目标。

技术资源。技术储备资源如专利、商标、品牌、生产经营诀窍、成功所必需的知识等，工艺水平、产品质量、竞争能力、创新能力等。

声誉资源。品牌知名度、美誉度、顾客忠诚度，项目实施者的形象、产品形象，利益攸关者对项目实施者的认同度、支持性等。

这些项目实施者的无形资源通常并不在（或不能在）项目实施者财务报表上反映出来，由于不可见性和隐蔽性，所以其价值常常被忽略。但是无形资产是项目实施者在长期经营实践中逐步积累起来的，虽然不能直接转化为货币，但是同有形资产一样能给项目实施者带来效益，因此同样具有战略价值。不仅如此，与有形资产相比，项目实施者的成功更多地取决于无形资源，即品牌、声誉、创新能力等，无形资源更难被竞争对手了解、购买、模仿或替代，因此往往是项目实施者核心竞争力的基础。

（2）按周期分类

按维持竞争优势的持续性，项目实施者的资源可分为如下三类。

①短周期资源。一般指项目实施者自身那些易被模仿的生产管理技术、项目实施者或产品具备的一定程度的市场知名度。项目实施者可以在较短

的时间内积累起这些资源，但这些资源很脆弱，容易被竞争对手模仿，或在环境变化下很快失去这些资源给项目实施者带来的竞争优势。

②标准周期资源。指项目实施者大规模标准化生产以及可有效生产的过程。很显然，这些资源需要项目实施者有一定的有形或无形资产的投入或经过不断积累而形成。对于标准周期资源，一般的项目实施者在短时间内难以达到或形成，所以，可以保证项目实施者在一定时间内具有竞争优势。

③长周期资源。指项目实施者所拥有的悠久的历史、生产技术专利、诀窍、名牌、声誉、强有力的保护屏障。一方面，这些资源需要相当长的时间积累和资金投入，另一方面，给项目实施者带来的价值也是极大的。因为是竞争者在短时间内难以模仿或达到的，所以可以给项目实施者带来持续的竞争优势。

从以上三种资源特点来看，资源的价值往往与资源形成的难度、项目实施者不断积累形成该资源的过程中的投入以及资源积累所需要的时间长短密切相关。一般而言，越是容易形成、项目实施者投入越少的资源，其价值越低，且持久性越差。因此，从战略的角度，真正能帮助项目实施者在较长时间内确立竞争优势的资源，往往是长周期的资源和标准周期的资源。项目实施的领导者应尽力设法使短周期的资源转化为标准周期的资源和长周期的资源。

2.4.2 项目运行的能力类型

项目实施者能力指整合项目实施资源，使资源价值不断增加，维持项目实施者生存并不断发展的技能。一般而言，资源本身并不能产生竞争能力和竞争优势，竞争能力和竞争优势源于项目实施者对多种资源的有效利用和特殊整合，即项目实施者的竞争优势源于项目实施者的能力，而项目实施者的能力源于项目实施者的资源。同理，项目实施者可持续竞争优势是由项目实施者在长期的产销经营管理中，将具有战略价值的资源和能力进行特殊整合、升华而培植的核心竞争力所产生的。这样的整合过程正是项目实施者素质提升的过程，也是以资源为基础的分析、战略制定和战略实施的过程。

项目实施者能力从宏观方面来说，包括项目实施者战略规划能力、品牌运作及项目实施者定位能力、资源获取能力、资源整合能力、价值链管理能力、关键核心竞争优势和能力等；从微观角度来看，它包括项目实施者组织运作能力、指挥控制能力、战略分解与执行能力、综合管理能力等；从项目实施者职能分配来看，它包括项目实施者产品开发与设计能力、产品与服务提供能力、生产与品质保障能力、供应与物流管理能力、人力资源开发与利用能力、成本管控能力、品牌策划与运作能力、市场与客户服务能力、后勤保障支撑能力等基础能力。以下主要从项目生产经营所必需的基本能力加以分析。

（1）研发能力

研发能力，即科研和开发能力。项目实施者的研发能力主要从研发组织及其管理（如项目实施者是否有专门的研发部门、研发战略、研发制度与政策、与外部科研力量合作意识及机制等）、研发人员（如研发人员的数量、专业背景及其结构、技术水平）、研发资源保障（包括科研、设计、工艺、开发所需要的物资、设备、资金）和研发效果（如生产技术工艺改造、生产新技术、新产品、专利以及商品化的程度，给项目实施者带来的经济效益等）几个方面进行衡量。

（2）生产管理能力

生产管理能力主要涉及四个方面，即生产组织及其管理能力（如项目实施者是否有专门的生产部门、有效的生产、库存、质量控制体系、生产计划、生产制度与工作绩效及激励措施等）、生产人员能力（如生产人员的数量、专业背景及其结构、技术水平）、生产能力（包括厂房、仓库、销售点位置的合理性、数量、规模、生产实施和设备的先进性、生产加工技术水平、工艺流程效率等）和生产管理效果（主要表现在生产的数量、种类、质量、成本及时间等方面，给项目实施者带来的社会与经济效益等）。

（3）营销能力

从战略角度进行的营销能力分析，可以分解为以下三种能力一个效果：市场掌控能力（包括市场分析预测能力、市场选择与定位决策能力、占据和维持市场地位能力等）、品牌和产品竞争能力（如品牌设计与运作能力、品牌价值、产品的市场定位能力及价值、服务顾客的能力和水平等）、销售能力（渠道网点的设计与管理控制力、销售点位置与数量、渠道成员的合作态度及其关系的紧密程度、渠道成员奖惩政策、促销手段策划及其资金、运作能力等）和营销效果（品牌知名度、美誉度、忠诚度、产品销售量及其增长率、市场占有率及其增长率、利润率及其增长率等）。

（4）财务能力

项目实施者的财务能力主要涉及两方面：一是筹集资金的能力（包括筹资决策能力及获得资金的能力、获得资金的结构）；二是使用和管理所筹资金的能力（包括资金使用的决策能力、资金的分配、投资决策、资金管理政策和制度等）。这些能力最终可以通过分析资金增值水平、资金利润率、资金周转率、清偿比率、债务与资产比率反映出来。

（5）组织管理能力

无论项目实施者的可利用资源多么丰富、多么具有优势，还是上述研发、生产、营销、财务等能力多么强，但如果组织管理能力水平低，这些优势资源作用或能力都将难以得到充分的发挥。对项目实施者的组织管理能力主要可以从以下各方面进行衡量：管理人员素质、职能管理体系的任务分工；岗位责任；集权和分权的情况；组织结构（直线职能、事业部等）；管理层次和管理范围的匹配。很多项目实施者都选择采用加盟的模式来扩张自己的规模，这就需要项目实施者有很强的组织管理能力。

2.4.3　项目运行的核心竞争力

进入 20 世纪 90 年代中期，随着改革开放的不断深入和市场经济的逐渐成熟，项目实施者竞争已经超越"机会竞争"而进入到"实力竞争"和"持久竞争能力"的竞争。在此形势下，能否发现机会、抓住机会固然重要，但更重要的是能否在项目实施者竞争力的基础上培植核心竞争力，从而建立持久的竞争优势。

（1）核心竞争力的概念

核心竞争力又称核心能力，是指能够为组织带来比较竞争优势，即相对于竞争对手的优势资源和能力，以及资源和能力的配置与整合方式。对项目实施者来说，这种竞争能力是本项目实施者独创的，也是项目实施者最根本、最关键的经营能力，核心竞争力对项目实施者的影响巨大[①]。项目实施者可能凭借着核心竞争力产生的动力在激烈的市场竞争中脱颖

---

① PRAHALAD C K，HAMEL G.The core competence of the corporation［J］.Knowledge and strategy，1999，68（3）：41-59.

而出。

①核心竞争力是竞争优势的源泉。项目实施者核心竞争力是具有异质性资源和能力的整合，要么是本项目实施者独有的技术和资源，或相对其他项目实施者具有更高的效率，因此能更好地为顾客创造价值，为项目实施者带来竞争优势。需要注意的是，核心竞争力虽是项目实施者竞争优势的源泉，但他仍需要项目实施者努力开发并维持，如果没有相应的机制和条件加以支持，核心竞争力便难以体现出它的价值。同时，核心竞争力又是项目实施者持续竞争优势的源泉。对项目实施者来说，持续竞争优势是竞争优势中最为关键和重要的部分。为了获得持续竞争优势，项目实施者必须寻找到新的其他项目实施者所不具有的资源和能力，即不可替代性。

②核心竞争力是多种资源的组合体。核心竞争力的本质是作为项目实施者竞争优势的知识集合，其内容蕴含于员工的知识与技能、技术系统、管理系统、价值与规范之中。而核心竞争力就是这些元素的集合。特别是当这些资源被组合在业务流程之中，并且组合得难以模仿。从这个意义上讲，尽管有些项目实施者凭借单项技术也可以在一定时期内形成自己持有的优势，但单项技术不能被称为核心竞争力。例如，一个项目实施者引进了一种新的设备，它可能使品质领先于竞争对手，但这种技术并不能构成核心竞争力。只有形成了其他项目实施者不可模仿的能力，将多种资源有机地组合在一起，这才是核心竞争力的根本特征。

③核心竞争力与竞争力关系。核心竞争力处于项目实施者竞争力的核心地位，是影响项目实施者全局的竞争力。但核心竞争力和竞争力两者不能混为一谈。有核心竞争力的项目实施者，一般都有较强的竞争力；但有竞争力的项目实施者不一定具有核心竞争力；竞争力只能在一定时期，或一定领域给项目实施者带来竞争优势，而项目实施者的核心竞争力是长期

积累、不断演化的，可以给项目实施者带来持续的竞争优势，凭着这种由核心竞争力建立的项目实施者竞争优势，可以利用项目实施者外部环境发展中出现的机遇，制定或实施项目实施者战略，可获得高于行业平均利润的利润（见图2-3）；核心竞争力并不是项目实施者某一种资源优势，而是以项目实施者诸多优势资源为基础，在市场竞争中所获得的一种资源整合能力。

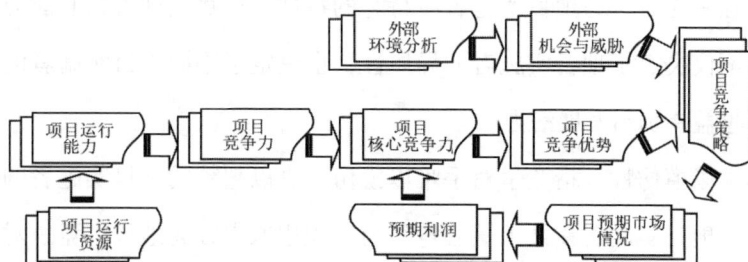

图 2-3　项目核心竞争力分析

（2）项目核心竞争力的特点和识别

核心竞争力是项目实施者获取持续竞争优势的基础，因此并不是项目实施者的所有资源、知识和能力都能形成核心竞争力，只有当资源、知识和能力同时符合以下特性时，这些资源、知识和能力才有可能成为项目实施者的核心竞争力。

①价值性。即项目实施者的某些资源、知识和能力必须特别有助于实现购买者所看重的核心价值，具有为购买者提供超过其他项目实施者更多使用价值的能力，从而使项目实施者比竞争对手有更高且长期的经济效益，实现项目实施者价值最大化时，才有可能成为项目实施者的核心竞争力。购买者价值除了体现在购买者所看重的核心价值上外，还包括项目实施者对购买者价值的维护和增值，它包括价值保障、价值提升、价值创新三个

方面。价值保障要求在不断降低成本的同时，保证价值的有效传递，保证产品价值和顾客可接受的价值不受影响。价值增值是对现有产品和服务进行不断改进以提高产品和服务的价值含量。价值创新是项目实施者运用核心竞争力开发研制全新的产品和服务，以满足购买者新的需求，这就需要研发部门做出技术性突破。

②独特性。独特性又称异质性、稀有性，即项目实施者的核心竞争力必须是独一无二、为项目实施者所特有的特性。项目实施者核心能力的异质性，不仅决定了项目实施者的异质性，也决定了不同项目实施者的效率差异、收益差别与发展潜力。

③难以模仿性。指竞争对手难以模仿、难以超越的项目实施者的竞争力。一旦项目实施者在某项核心竞争力上积累取得领先地位，竞争对手很难在短时间内赶上来。如果竞争力容易被模仿，则意味着这种竞争能力很弱，无法给项目实施者创造较大的和持续的竞争优势。核心竞争力是项目实施者在其长期经营活动中以特定的方式、沿着特定的技术轨迹逐步积累起来的，它不仅与项目实施者独特的技能与诀窍等技术特性高度相关，还深深印上了项目实施者组织管理、营销方式以及项目实施者文化等诸多方面的特殊烙印。作为特定项目实施者个性化发展过程的产物，项目实施者核心竞争力既具有技术特性又有组织特性，项目实施者的运作模式、营销方式、规章制度，项目实施者员工的素质、能力、观念以及行为方式等因素共同支撑着项目实施者的核心竞争力，因此核心竞争力很难被竞争对手完全掌握而轻易复制，更难进行市场交易。

④不可替代性。指不具备战略对等资源的能力。当项目实施者具有的独特稀有、竞争对手难以模仿、能够给购买者带来看重的价值的资源的同时，还必须从战略角度来看，这种资源还必须是别的项目实施者难以用其他资源

或能力所替代的。一般来说，一种项目实施者的能力越是难被替代，所产生的战略价值就越高；能力越是不可见，竞争对手就越难找到它的替代能力，就越难使竞争者产生战略性价值。如一个项目实施者的专有知识以及建立在经理和员工之间信任基础上的工作关系就是难以被了解和替代的能力。

2.5　项目运行环境综合分析

可以用SWOT分析工具来对项目运行环境进行综合评估。

2.5.1　SWOT概念

SWOT是由英文优势（strengths）、劣势（weaknesses）、机会（opportunities）、威胁（threats）4个词的第1个英文字母构成[①]。优劣势分析主要是着眼于项目实施者自身的实力及其与竞争对手的比较，而机会和威胁主要体现在分析外部环境的变化及其可能对项目实施者带来的影响。SWOT分析的主要思想就是：抓住机遇，强化优势，避免威胁，克服劣势。

在用SWOT对项目实施者的经营环境进行分析时，有以下特点：第一，它是定性和定量相结合的方法；第二，它能将项目实施者内外因素有效地结合，增强分析的系统性和战略制定的针对性；第三，SWOT分析法可为项目实施者分析评估其竞争性战略地位提供一个简单而有效的工具。

还需注意，在实际应用SWOT分析法进行分析时，应找出有关项目实施者的优势与劣势、外部机会与威胁这四个方面中与本项目实施者战略性发展密切相关的主要因素，而不是把所有关于这四个方面中的因素逐项列出和汇集。

---

① 迈克尔·希特，杜安·爱尔兰，罗伯特·霍斯基森.战略管理：概念与案例［M］.北京：中国人民大学出版社，2009.

2.5.2 SWOT 分析步骤

（1）对项目实施者内部条件进行分析，列出项目实施者的优势和劣势（SW）

所谓项目实施者的优势，指的是一个项目实施者比其竞争对手有较强的综合优势。项目实施者的优势具体是指，在消费者眼中一个项目实施者或它的产品有别于其竞争对手的任何优越的东西，它可以是产品线的长度、产品的风格、包装、大小、质量、可靠性、适用性及风格和形象等。

如果一个项目实施者在某一方面或几个方面的优势能成为其核心竞争力，那么该项目实施者的综合竞争能力也许就更强一些。项目实施者的劣势，指的是和其他项目实施者相比较而言该项目实施者欠缺的资源能力，或者指某种会使项目实施者处于劣势的条件。

（2）识别影响项目实施者经营的外部环境因素，评价机会与威胁（OT）

项目实施者的市场机会指外部环境中利于项目实施者发展的因素或条件，市场机会是影响项目实施者战略的重大因素。一般说来，项目实施者的管理层应该首先确认项目实施者面临的每一个机会，评价每一个机会出现的可能性和可能带来的利润。项目实施者所面临的机会往往取决于项目实施者所处的行业的环境，有时可能遍地都是，有时则极为罕见，有时可能很有吸引力（即通常所说的那种必须追逐的机会），有时也可能不会引起多大的兴趣（这时往往处于项目实施者战略优先秩序的低端）。但在评价项目实施者所面临的各种机会并对这些市场机会进行排序时，项目实施者的管理者必须注意，市场机会不等于项目实施者的机会。项目实施者最贴切最相关的市场机会是能够同项目实施者已经拥有或能够设法获得竞争能力尤其是核心竞争力相匹配、且能够为项目实施者创造重要的利润和成长之路。

项目实施者的外部威胁指的是环境中当前或未来不利于经营发展的因素或条件，如果不采取果断的战略行为，将导致项目实施者的竞争地位被削弱。一般说来，在项目实施者的外部环境中总存在着某些对项目实施者的盈利能力和市场地位构成威胁的因素。如市场上出现了更好的制作工艺；竞争对手推出了新品，并且市场反响很好；成本更低的外资竞争厂商进入了项目实施者的市场根据地等。管理层的任务就是，确认危及项目实施者未来利益的威胁并做出评价，以便确定采取什么样的战略行动可以抵消或减轻它们所产生的影响。

（3）构建 SWOT 分析矩阵

表 2-5　某项目实施者 SWOT 分析矩阵

项目实施者外部环境		项目实施者内部环境	
		优势（S）	劣势（W）
项目实施者外部环境		1. 产品创新能力 2. 规模经济 3. 成本优势 4. 驰名品牌	1. 设备老化 2. 资金紧张
机会（O）	1. 纵向一体化 2. 进入新市场 3. 没有强大的竞争者 4. 顾客收入持续增长	SO 战略	WO 战略
威胁（T）	1. 竞争加剧 2. 不利的政府政策 3. 顾客需求与爱好逐步转变 4. 市场增长缓慢	ST 战略	WT 战略

通过上述分析之后，即可建立 SWOT 分析矩阵。表 2-5 是项目实施者进行战略选择的模型。该表表明了 SWOT 分析在战略规划中的基础性作用。

即 SWOT 分析还可以作为选择和制定竞争策略的一种方法或工具，它提供了四种战略：SO 战略、WO 战略、ST 战略和 WT 战略。项目实施者可依据前面环境机会与威胁分析，以及各种优劣势的分析，选择或制定相应的竞争策略。

（4）确定竞争策略

项目实施者战略规划的目的就是使自己的资源和能力同外部经营环境相适应，以加强自身的应变能力和竞争能力而持续发展。一般而言，任何一个项目实施者既可能有某些资源、能力优势，也可能存在一些资源能力的欠缺；同时，都会面临外部环境发展中的各种机遇和威胁。因此，不同的项目实施者就存在着不同的战略选择。"物竞天择，适者生存"这句话告诉我们，项目实施者进行战略选择的基本思路就是通过 SWOT 方法理清项目实施者内部的竞争优势和劣势，看清外部的机会和威胁，再按照扬长避短、趋利避害原则进行战略选择。要做到：追逐那些能够同项目实施者的资源能力很好地适应的市场机会，建立相关的资源能力，防御那些危及项目实施者经营的外部威胁。如此，项目实施者战略选择制定的原则就十分简单了：通过审时度势，基于机遇和威胁评价，一个项目实施者的战略应该适合它的资源能力——既要考虑项目实施者的强势，又要考虑项目实施者的弱势。如果项目实施者所追逐的战略被项目实施者的弱势所破坏，或者该战略不可能得到很好的执行，那么，项目实施者非要这样做就不免显得有些固执了。一般来说，项目实施者的管理者应该将其战略建立在充分挖掘和利用项目实施者的能力之上——最具有价值独特的资源，而要避免将项目实施者的战略建立在那些很弱或没有确切能力之上。如果项目实施者有幸拥有某种核心能力或全部具有出色竞争价值的资源，那么它也应该明智地意识到这种资源和能力的价值会随着时间的推移而发生变化。因为项目实施者这种资源和能力在相对的特定的外部环境下才有价值，一旦外部环境发生变化，这种价值就会因此而失去。（如图2-4所示）

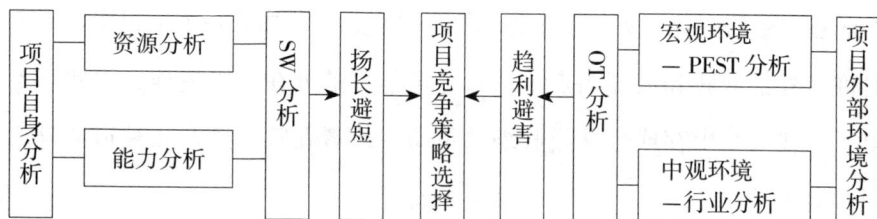

图2-4 项目竞争策略分析逻辑

依据前面环境机会与威胁分析，以及各种优劣势的分析，按照扬长避短、趋利避害原则选择或制定相应的竞争策略。

① SO策略：利用项目实施者内部的优势抓住外部机会的策略。当项目实施者具有特定方面的优势，而外部环境又为发挥这种优势提供有利机会时，可以采取该策略。

② WO策略：利用外部机会来改进项目实施者内部弱点的策略。存在外部机会，但由于项目实施者存在一些内部弱点而妨碍其利用机会，可采取措施先克服这些弱点。例如，某项目实施者发现某市场对本项目实施者的某种能力有极大的潜在需求，而本项目实施者缺乏开发该潜在市场能力的营销专家，则可以通过招聘方式引进人才，最终抢占市场先机建立竞争优势。

③ ST策略：利用项目实施者优势去避免或减轻外来的威胁策略。如欧盟国家大大提高进口的农残检测指标，消费者要求大幅度提高安全卫生质量，等等，这些都会导致农业项目成本增加，使之在竞争中处于非常不利的地位，但若项目实施者拥有充足的现金改善生态条件和加工设施的卫生安全性，便可利用这些优势生产有机产品，同时它可提高产品质量，从

而回避外部威胁影响。

④ WT 策略：指项目实施者克服内部弱点，回避或减轻外部威胁所造成的影响的策略。直接克服内部弱点和避免外部威胁的策略，目的是将弱点和威胁弱化。WT 策略是一种防御性策略，如果一个项目实施者面对许多外部威胁和内部弱点，那么它可能真的处在危险境地，因此它不得不寻找一个生存或合并或收缩的策略，或者在宣布破产和被迫清盘之间做出选择。

案例及思考题

中芯国际：芯片研发的峥嵘之路

2020 年上半年，台湾积体电路制造股份有限公司（以下简称台积电）因无法取得美国政府许可，120 天后无法完成对华为海思出货，所以不得不取消华为第四季度的订单。其最直接的影响就是台积电将无法再为华为代工芯片，这无疑会严重阻碍华为在 5G 时代的发展，下一代的 5 nm 芯片"麒麟1020"也可能无法量产。美方 5 月份的禁令计划 9 月份生效，禁止在全球范围内使用美国制造的机器或提供的软件来为华为及其关联公司设计或制造芯片。

由于台积电空出了之前给华为的产能，所以苹果、高通、联发科、超微等纷纷向台积电追加产能。苹果 2020 年下半年 iPhone12 相关芯片已在台积电投片，A14 应用处理器第四季度将使用台积电 5 nm 芯片，产能为 12 万～13 万片，并有意再取得原本华为海思预订的 5 nm 芯片产能。除了取得了华为 5 nm 芯片的产能，苹果野心更大，还想要抢占华为的手机市场占有率，所以第四季度追加了 A13/A12 应用处理器产能 7 万～8 万片，第四季度对台积电 7 nm 芯片总投片量共计 17 万～18 万片规模。高通也没有闲着，第四季度向台积电追加了 3.5 万～4 万片 7 nm 芯片订单。联发科则在第四季度追加了 2 万 ~ 2.5 万片 7 nm 芯片订单。

中芯国际：中国的民族"芯"

2020 年是华为最困难的一年，也是华为最纠结的一年。华为虽然拥有先进芯片的设计能力，但是都是台积电代工生产的，华为主要进口两种芯片，一种是 7 nm 芯片，另一种是 14 nm 芯片。就在此时，中芯国际突然宣布，中芯国际南方厂首条 14 nm Fin FET 工艺芯片生产线建成投产，这是迄今为止国内芯片产业界最先进的 14 nm 生产线，在如此短时间内成品率达到 95%，可以说开创了中国芯片制造的先河。目前，中芯国际已建成两条月产能 3.5 万片的 14 nm 先进芯片生产线，这意味着中芯国际将成为国内芯片代工的霸主，中芯南方厂也将成为国内首屈一指的、最先进的芯片生产基地。

要知道，台积电在 2015 年左右就能生产 14 nm 芯片了，中芯国际的技术代差整整落后了 4 年。为了追赶台积电、三星等芯片巨头的技术，突破先进芯片制造技术，中芯国际持续投入大量资金，导致 2017、2018 年度业绩持续下滑。中芯国际为了加速追赶台积电、三星的技术进度，2018 年向荷兰 ASML（阿斯麦公司）订购了一台 7 nmEUV 光刻机，由于受到美国的干扰，光刻机迟迟不能到货。但之后，ASML 突然对外宣布，无论是否有美国发放的销售许可证，ASML 都决定加强和中国的合作力度，并继续向中国提供光刻机。毫无疑问，这是对中芯国际最大的支持，也是对中国半导体行业的支持，值得国人点赞。因为一旦有了最先进的光刻机，中芯国际就可以进入 7 nm 芯片技术的研发，当初台积电就是直接从 14 nm 跳到了 7 nm 制程工艺，假以时日，中芯国际的芯片技术进入 7 nm 制程工艺指日可待。

不得不说，中国芯片制造太难了，台积电、三星都在向 3 nm 进军了，

而我国的芯片制造还没摆脱 14 nm 芯片制造技术。究其原因，一是美国的限制，二是中国没有先进的 7 nmEUV 光刻机，在芯片制程工艺上无法向前推进。一旦中芯国际的 7 nmEUV 光刻机安装到位，更先进的 7 nm 芯片制程工艺将水到渠成，中芯国际也必将进入世界先进芯片制造巨头的行列。

集成电路产业链

集成电路是指采用一定的工艺，将数以亿计的晶体管、三极管、二极管等半导体器件与电阻、电容、电感等基础电子元件连接并集成在小块基板上，然后封装在一个管壳内，成为具备复杂电路功能的一种微型电子器件或部件。封装后的集成电路通常称为芯片。

集成电路作为全球信息产业的基础与核心，被誉为"现代工业的粮食"，其应用领域广泛，在电子设备（如智能手机、电视机、计算机等）、通信、军事等方面得到广泛应用，对经济建设、社会发展和国家安全具有重要战略意义和核心关键作用，是衡量一个国家或地区现代化程度和综合实力的重要标志。

根据中国半导体行业协会统计，2018 年中国集成电路产业中最大的三类应用市场为网络通信领域、计算机领域及消费电子领域，合计占比79%。未来随着汽车智能化、电子化、自动化的不断发展，人工智能、物联网、5G 等新兴领域的不断扩展，集成电路的市场规模将不断扩大，应用领域将不断延伸。近年来，随着人工智能、智能驾驶、5G 等新兴市场的不断发展，全球集成电路行业市场规模整体呈现增长趋势。根据世界半导体贸易统计协会统计，全球集成电路行业销售额由 2012 年的 2382 亿美元增长至 2018 年的 3933 亿美元，年均复合增长率达 8.72%。集成电路产业链包括核心产业链、支撑产业链以及需求产业链（如图 2-5 所示）。

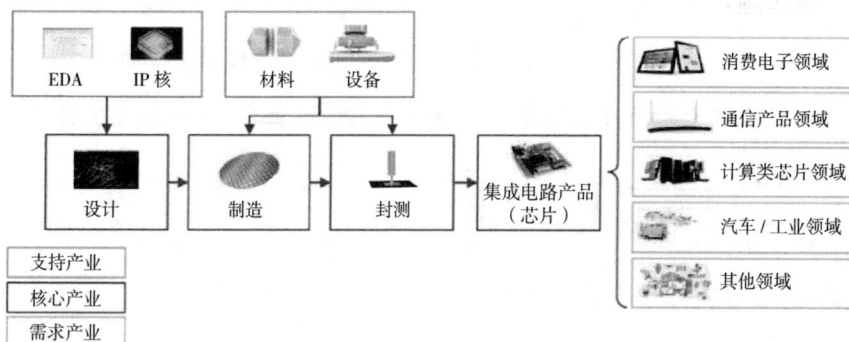

图 2-5　集成电路产业链

集成电路核心产业链包括集成电路设计、制造和封装测试，支撑产业链包括集成电路材料、设备、EDA、IP核等，需求产业链包括通信产品领域、消费电子领域、计算类芯片领域、汽车 / 工业领域及其他领域。其中，集成电路核心产业链的主要环节如下：

集成电路设计。集成电路设计是集成电路的开发过程，即通过系统设计和电路设计，将设定的规格形成设计版图的过程。集成电路完成设计环节后进入集成电路制造环节。

集成电路制造。集成电路制造是指将光掩模上的电路图形信息大批量复制到晶圆上，并在晶圆上大批量形成特定集成电路结构的过程，其技术含量高、工艺复杂，在芯片生产过程中处于至关重要的地位。集成电路制造完毕后进入封装测试环节。

封装测试。封装是指将生产加工后的晶圆进行切割、焊线塑封，使电路与外部器件实现连接，并为集成电路提供机械保护，使其免受物理、化学等环境因素损伤的工艺。测试是指利用专业设备，对封装完毕的集成电路进行功能和性能测试。测试合格后，即形成可供使用的集成电路产品。

资料来源：本文参考《中芯国际招股说明书》等资料整理。

思考题：

1. 试结合材料，分析华为芯片供应是如何被"卡住脖子"的？

2. 结合项目综合分析框架，试分析中芯国际上马 3 nm 芯片项目的内外部环境。

第 3 章 项目财务评估

所谓"巧妇难为无米之炊"，项目要顺利实施必须要以足够的资金作为前提和基础，因此，要对项目的筹资情况、现金流情况等进行评估。同时，一个项目的根本目的就在于通过项目去获得一定的效益，项目效益如何，主要通过对项目的未来现金流入情况等进行评估。

3.1 项目筹资分析

3.1.1 项目筹资方式

一般来讲，项目筹集资金的方式有三种，即自有资金、接受捐赠以及借入资金。如图 3-1 所示。

```
                          ┌──────────────────┐
              ┌───────────┤ 资本金（注册资金） │
        ┌─────────┐       │  └──────────────────┘
        │ 自有资金 ├───────┤
        └─────────┘       │ ┌──────────┐
                          └─┤ 资本注册 ├──────┐
                            └──────────┘      │ ┌──────────┐
┌─────────┐                                   └─┤ 资本公积金 │
│ 资金总额 ├──── ┌─────────┐                     └──────────┘
└─────────┘     │ 接受捐赠 ├──────────────────────┘
                └─────────┘
                          ┌──────────┐
                      ┌───┤ 长期借款  │
        ┌─────────┐   │   └──────────┘
        │ 借入资金 ├───┤   ┌────────────┐
        └─────────┘   ├───┤ 流动资金借款 │
                      │   └────────────┘
                      │   ┌────────────┐
                      └───┤ 其他短期借款 │
                          └────────────┘
```

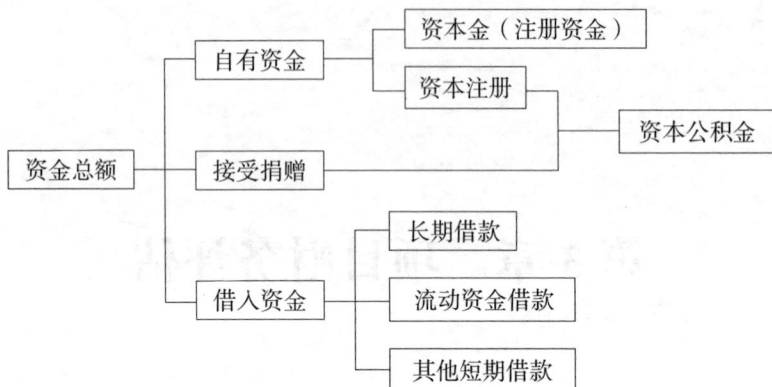

图 3-1　项目资金筹集方式

（1）自有资金

自有资金，即在项目投资总额中由投资者认缴的出资额，是项目的非债务性资金。项目资本金可以用货币出资，也可用实物、工业产权、非专利技术、土地使用权作价出资，但必须经过有资格的资产评估机构依照法律、法规评估作价。

（2）接受捐赠

接受捐赠，是指项目实施者接受的来自其他企业、组织和个人自愿和无偿给予的货币性或非货币性资产。

（3）借入资金

借入资金，是指项目实施者向银行、其他金融机构、其他企业单位以及个人等吸收的资金（贷款、债券等）。它反映债权人的权益，又称为债务资金，是项目实施者全部资本的重要组成部分。借入资金的出资人是项目实施者的债权人，有权要求项目实施者按期还本付息。项目实施者借入资金的筹资方式，又称债权性筹资。

链接：　　　　　　　　基础设施建设项目资金筹集方式

BOT 方式

BOT 是英文 build-operate-transfer 的缩写，通常直译为"建设—经营—转让"，以政府和私人机构之间达成协议为前提，由政府向私人机构颁布特许，允许其在一定时期内筹集资金建设某一基础设施，并管理和经营该设施及其相应的产品与服务。政府对该机构提供的公共产品或服务的数量和价格可以有所限制，但保证私人资本具有获取利润的机会。整个过程中的风险由政府和私人机构分担。当特许期限结束时，私人机构按约定将该设施移交给政府部门，转由政府指定部门经营和管理。

PPP 方式

广义 PPP（public-private partnership）就是公共部门和私人部门为提供公共产品或服务而建立的一种合作关系，包括 BT、BOT、PFI（民间主动融资）等都属于 PPP 范畴。

财政部政府和社会资本合作中心将 PPP 定义为：PPP 是政府和社会资本在基础设施和公共服务领域的一种长期合作关系。通常模式是由社会资本承担设计、建设、运营、维护基础设施的大部分工作，并通过"使用者付费"及必要的"政府付费"获得合理投资回报；政府部门负责基础设施及公共服务价格和质量监管，以保证公共利益最大化。狭义 PPP 融资模式是指政府与私人部门组成特殊目的机构（SPV），引入社会资本，共同设计开发，共同承担风险，全过程合作，期满后再移交给政府的公共服务开发运营方式。其原理与 BOT 相同，都是"使用者付费"，不过其更加强调公私部门的全过程合作，典型做法是政府与私人部门共同组成 SPV 去运作项目，实质为政府通过给予私营企业长期的特许经营权和收益权来换取基础设施建设。

比如北京地铁 4 号线就是以 PPP 方式建设的。项目于 2004 年开工，

2009 年通车运行，总投资 153 亿元。工程分 A、B 两部分，A 为洞体车站等土建工程，投资额约为 107 亿元，约占项目总投资的 70%；B 为车辆、信号等设备部分，投资额约为 46 亿元，约占项目总投资的 30%。

A 部分由北京市政府国有独资企业京投公司成立的全资子公司（4 号线公司）负责，B 部分由该 PPP 模式下的 SPV 公司（京港地铁）负责。京港地铁是由京投公司、香港地铁公司和首创集团按 2：49：49 的出资比例组建。4 号线项目竣工验收后，京港地铁通过租赁取得 4 号线公司的 A 部分资产的使用权。

通过与北京市政府签订特许经营权协议，京港地铁取得 4 号线 30 年的运营管理，并负责全部设施（包括 A 和 B 两部分）的维护和除洞体外的资产更新，以及站内的商业经营，通过地铁票款收入及内商业经营收入回收投资并获得合理投资收益。特许经营期结束后，京港地铁将 B 部分项目设施完好、无偿地移交给市政府指定部门，将 A 部分项目设施归还，4 号线公司。

3.1.2　项目筹资成本

项目筹资成本就是取得和使用资金所需支付的费用，包括资金占用费用和资金筹集费用。其中，资金占用费用包括股息、利息、资金占用税等；资金筹集费用是指资金筹集过程中所发生的费用，包括注册费、代办费、手续费、承诺费等。

（1）短期借贷的筹资成本

如果不考虑资金的筹集费用，只考虑资金占用费用，那么短期借贷的筹资成本是缴纳所得税后的实际年借款利息。因支付贷款利息可以减少税前利润而少缴所得税，实际支付的贷款利息只是：

$$I_{付} = 贷款利息 \times （1- 所得税率）$$

$$借款资金成本率 = 借款利息率 \times （1- 所得税率）$$

如果借款利息支付周期比利率周期（一般为年）短，就必须根据名义利率计算实际利率。求借款的税后年实际利率的公式如下

$$k_1 = \left[（1+r/m）^m-1 \right] \times （1-T） / （1-f）$$

其中，r 为年名义利率，m 为一年内的还款次数，T 为所得税率，f 为筹资费率。

例 1：按年利率 6% 借入的资金总额为 20000 元，在借款期内每年支付利息 4 次，假设实际所得税率为 33%，若 $f=0$，这项借款的实际利率是多少？

由计算公式得：$k_1= \left[（1+0.06/4）^4-1 \right] \times （1-0.33）=4.1\%$

（2）债券的资金成本

需要注意的是，债券的面值并不一定等于发行价。假如投资者认购面额 200 元的新发债券，实际付出的价格可以是 200 元，也可以是 199 元或 198 元，还可以是 201 元或 202 元。第一种情况称作平价发行（或等价发行）；第二种情况称为低价发行（或折价发行）；第三种情况称为高价发行（或溢价发行）。但三种情况偿还额均为票面额 200 元。由于债券的面额与发行价格可能有差异，所以债券的实际投资价值或投资收益就不仅取决于利率和偿还期限，还取决于发行价格。

债券资金成本率＝[（债券面值 × 票面利率）＋债券面值与发行价格差 / 债券期限]×（1- 所得税率）/ [债券的发行价格 ×（1- 债券筹资费率）]

例 2：某项目实施者发行了一期债券，每张债券的票面值为 1000 元，年利率 8%，债券 10 年期满。发行时每张债券的最高售价为 910 元，若 $f=0$，设所得税率为 33%，求该项目实施者这笔新借入资金税后实际成本及

其资金成本率是多少。

由计算公式得：

$C_总 = \left[1000 \times 8\% + (1000-910)/10\right] \times (1-33\%) = 59.63$ 元

$k = \left[1000 \times 8\% + (1000-910)/10\right] \times (1-33\%) / (910-0) = 6.55\%$

（3）权益资金成本

权益资金成本，是指项目实施方通过发行普通股票获得资金而付出的代价，它等于股利收益率加资本利得收益率，也就是股东的必要收益率。

按股利增长模型法，权益资金成本的计算公式为

$$K = D/P + G$$

式中，K 为权益资金成本；D 为预期年股利；P 为普通股市价；G 为普通股年股利增长率。

若普通股发行时还有筹资费用，在计算时则需扣除筹资费用，计算公式变为：

$$K = D/P \times (1-f) + G$$

式中，f 为筹资费用率。

例3：如果某项目实施者有可能出售一种股息为9%的优先股（票面值为100元），扣除集资费每张股票的净所得为96元，即 $f=0$，求该笔资金的成本。

由计算公式可得，发行优先股股票的资本成本率为：

$$K = (0.09 \times 100) / 96 = 9.38\%$$

（4）综合资金成本的计算

项目实施者可能从不同来源筹集资金，其成本各不相同。由于种种条件的制约，不可能只从某种资金成本较低的来源筹集资金，而且相反地从

多种来源取得资金，以形成各种筹资方式的组合可能更为有利。这样，为了进行筹资决策和投资决策，就需要计算全部资金来源的综合资金成本率，即加权平均的资金成本率。

例4：根据一个投资项目的资金来源渠道，列出其资本结构，并假设已求出各种资本的税后货币支付资金成本，用公式最后求得该项目的加权平均资本成本。

结果表3-1所示。

表3-1 综合资金成本计算

序号	资金来源（1）	数量（2）	比例（3）	税后资金成本（4）	加权成本（5）=（3）×（4）
1	短期借款	5	5%	6.08%	0.304%
2	债券	10	10%	5.56%	0.556%
3	优先股票	15	15%	10.00%	1.500%
4	普通股票	60	60%	11.56%	6.936%
5	保留盈余	10	10%	11.56%	1.156%
	合计	100	100%	——	10.452%

3.2 项目现金流量分析

3.2.1 资金的时间价值

资金的时间价值是指一定量资金在不同时点上价值量的差额，也称为货币的时间价值。资金在周转过程中会随着时间的推移而发生增值，使资金在投入、收回的不同时点上价值不同，形成价值差额。

资金时间价值的计算，涉及两个重要的概念：现值和终值。现值又称本金，是指未来某一时点上的一定量现金折算到现在的价值。终值又称将来值或本利和，是指现在一定量的现金在将来某一时点上的价值。由于终值与现值的计算与利息的计算方法有关，而利息的计算有复利和单利两种，

因此终值与现值的计算也有复利和单利之分。在财务管理中，一般按复利来计算。

（1）单利的现值和终值

单利是指只对本金计算利息，利息部分不再计息，通常用 P 表示现值，F 表示终值，i 表示利率（贴现率、折现率），n 表示计算利息的期数，I 表示利息。

单利的利息：$I=P \times i \times n$

单利的终值：$F=P \times (1+i \times n)$

单利的现值：$P=F/(1+i \times n)$

（2）复利的现值和终值

复利是指不仅对本金要计息，而且对本金所生的利息也要计息，即"利滚利"。复利的终值是指一定量的本金按复利计算的若干年后的本利和。

复利终值的计算公式为：$F=P \times (1+i)^n$

复利现值是指在将来某一特定时间取得或支出一定数额的资金，按复利折算到现在的价值。复利现值的计算公式为：$P=F/(1+i)^n=F \times (1+i)^{-n}$

（3）年金的终值和现值

年金是指一定时期内，每隔相同的时间，收入或支出相同金额的系列款项。在项目财务评估中，讲到年金，一般是指普通年金。普通年金是指在每期的期末，间隔相等时间，收入或支出相等金额的系列款项。每一间隔期，有期初和期末两个时点，由于普通年金是在期末这个时点上发生收付，故又称后付年金。

①普通年金的终值。指每期期末收入或支出的相等款项，按复利计算，

在最后一期所得的本利和。每期期末收入或支出的款项用 A 表示，利率用 i 表示，期数用 n 表示，那么每期期末收入或支出的款项，折算到第 n 年的终值如图 3-2 所示。

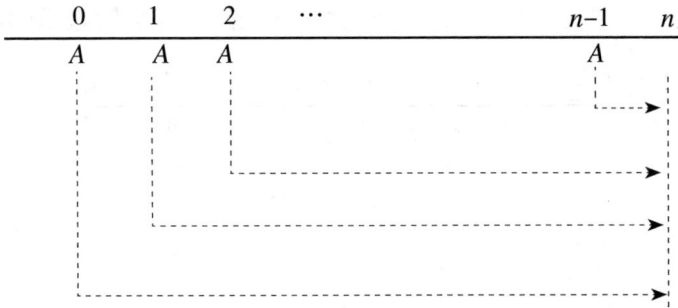

图 3-2　普通年金的终值

第 n 年支付或收入的款项 A 折算到最后一期（第 n 年），其终值为 $A\times(1+i)^0$；

第 $n-1$ 年支付或收入的款项 A 折算到最后一期（第 n 年），其终值为 $A\times(1+i)^1$；

…………

第 3 年支付或收入的款项 A 折算到最后一期（第 n 年），其终值为 $A\times(1+i)^{n-3}$；

第 2 年支付或收入的款项 A 折算到最后一期（第 n 年），其终值为 $A\times(1+i)^{n-2}$；

第 1 年支付或收入的款项 A 折算到最后一期（第 n 年），其终值为 $A\times(1+i)^{n-1}$；

那么 n 年的年金终值和为：

$$FA=A\times(1+i)^0 + A\times(1+i)^1+\cdots+A\times(1+i)^{n-3}+A\times(1+i)^{n-2}+A\times(1+i)^{n-1}$$

经整理：$FA=A \times [(1+i)^{n-1}] / i$

②普通年金的现值。指一定时期内每期期末等额收支款项的复利现值之和。实际上就是指为了在每期期末取得或支出相等金额的款项，现在需要一次投入或借入多少金额，年金现值用 PA 表示，其计算如图 3-3 所示：

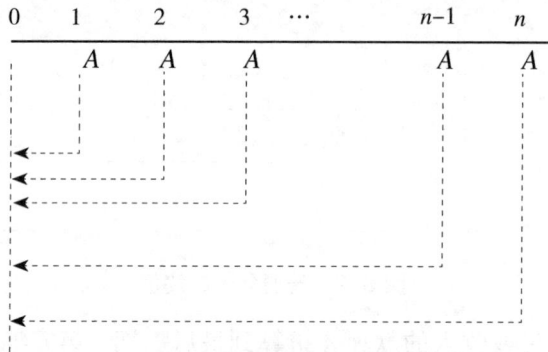

图 3-3　普通年金的现值

要将每期期末的收支款项全部折算到时点 0，则：

第 1 年年末的年金 A 折算到时点 0 的现值为 $A \times (1+i)^{-1}$；

第 2 年年末的年金 A 折算到时点 0 的现值为 $A \times (1+i)^{-2}$；

第 3 年年末的年金 A 折算到时点 0 的现值为 $A \times (1+i)^{-3}$；

…………

第（$n-1$）年年末的年金 A 折算到时点 0 的现值为 $A \times (1+i)^{-(n-1)}$；

第 n 年年末的年金 A 折算到时点 0 的现值为 $A \times (1+i)^{-n}$；

那么，n 年的年金现值之和为：

$PA=A \times (1+i)^{-1}+A \times (1+i)^{-2}+A \times (1+i)^{-3}+\cdots+A \times (1+i)^{-(n-1)}+A \times (1+i)^{-n}$

经整理，$PA=A \times [1-(1+i)^{-n}] / i$

3.2.2　项目现金流量及其指标

（1）项目现金流量的概念

项目的现金流量是项目现金流入量和现金流出量的总称。项目的现金净流量（或称净现金流量，Net Cash Flow/NCF）等于现金流入量减去现金流出量。

投资项目现金流量按发生时间可以分成以下两类。

①初始净现金流量。通常包括建设期的固定资产投资支出和垫支的营运资本两部分。固定资产投资支出包括厂房、设备的购置支出，设备运输、安装费用等。

②经营期间净现金流量。

净现金流量 = 现金流入量 – 现金流出量

其中，现金流入量 = 营业收入

现金流出量 = 付现营业成本（不含折旧、摊销的费用）+ 所得税

净现金流量 = 营业净利润 + 非付现成本

其中，营业净利润 = 营业收入 –（付现营业成本 + 非付现成本）– 所得税

（2）项目投资决策分析指标

项目投资决策分析的方法有很多种，根据是否考虑货币时间价值可以分为非折现现金流评价方法和折现现金流评价方法。

①非折现现金流法（或静态投资回收期法）。投资回收期法是指以投资回收期作为分析指标去评价投资项目经济效益好坏的方法。投资回收期是投资所带来的现金流量累计到与原始投资额相等所需要的年限，即收回

原始投资所需要的年限。若预计的投资回收期比要求的投资回收期短，则负担的风险程度就比较小，项目可行；若预计的投资回收期比要求的投资回收期长，则负担的风险程度就比较大，项目不可行。

计算公式为

$$投资回收期 = \frac{初始净现金流量}{年净现金流量（NCF）}$$

或者

$$投资回收期 = n + \frac{至第N年尚未收回的投资额}{第n+1年的现金流量}$$

例5：某企业投资一项目，建设期投入资金120万元，经营期5年，前4年年现金流入为200万元，第五年流入225万元，现金流出各年均为166万元，具体情况如表3-2所示。

表3-2　某企业投资项目流量表　　　　单位：万元

现金流量分类	现金流量项目	现金流合计	计算期各年现金流量					
			0	1	2	3	4	5
1	现金流入	1025		200	200	200	200	225
1.1	营业收入	1000		200	200	200	200	200
1.2	回收固定资产余值	5						5
1.3	回收流动资金	20						20
2	现金流出	950	120	166	166	166	166	166
2.1	建设投资	100	100					
2.2	流动资金	20	20					
2.3	经营成本	750		150	150	150	150	150
2.4	营业税金及附加	55		11	11	11	11	11
2.5	所得税	25		5	5	5	5	5
3	净现金流量（1-2）	75	-120	34	34	34	34	59
	累计净现金流量	75	-120	-86	-52	-18	16	75

按公式，该项目的投资回收期 = 3+18/34=3.53 年。

②折现现金流法。更为准确地判断项目可行性的方法是折现现金流方法。常用的折现现金流方法主要有净现值法和内部收益率法。

净现值法。用净现值法判断项目投资是否具有可行性，通常是计算项目投资以后未来现金净流量的现值，以此现值减去项目的建设期现金流出量的现值，得出项目的净现值，根据净现值是否大于等于零来判断。

净现值的计算公式为：

$$净现值 = NPV = \sum_{t=1}^{n} \frac{CF_t}{(1+k)^t} - ICO$$

其中 CF 是指各期净现金流量，k 指项目的预期报酬率，ICO 指项目的初始投入金额。净现值指标的决策标准是：如果投资方案的净现值大于或等于零，该方案为可行方案；如果投资方案的净现值小于零，该方案为不可行方案；如果几个方案的投资额相同，项目计算期相等且净现值均大于零，那么净现值最大的方案为最优方案。净现值的实质乃是超过要求报酬率水平而得到的超额利润，最终体现为股东财富的增加值。获得正值净现值是投资项目被采纳的基本前提。

继续上例，假设该项目的期望报酬率（贴现率）为 10%，则该项目的净现值计算为：

$$净现值 = \frac{34}{1+10\%} + \frac{34}{(1+10\%)^2} + \frac{34}{(1+10\%)^3} + \frac{34}{(1+10\%)^4} + \frac{34+25}{(1+10\%)^5} - 120$$

$$= 30.9 + 28.1 + 25.5 + 23.2 + 36.6 - 120$$

$$= 24.3 \text{ 万元}$$

通过该例子可以看出，该项目 5 年累计现金流量净现值为 24.3 万元，可以考虑投资该项目。

净现值是一个贴现的绝对值正指标，其优点在于：一是综合考虑了资金时间价值，能较合理地反映投资项目的真正经济价值；二是考虑了项目计算期的全部现金净流量，体现了流动性与收益性的统一；三是考虑了投资风险性，因为贴现率的大小与风险大小有关，风险越大，贴现率就越高。但是该指标的缺点也是明显的，即无法直接反映投资项目的实际投资收益

率水平；当各项目投资额不同时，难以确定最优的投资项目。

内部收益率法。是指使项目未来净现金流量的现值等于初始现金净流出量现值时的折现率，就是为能使投资项目的净现值等于零时的贴现率。用公式可以表示为：

$$\sum_{t=1}^{n} NCF_t \times \frac{1}{(1+k)^t} = C$$

其中 C 代表内部收益率，NCF 代表净现金流量。

内部收益率是反映项目所占用资金的盈利率，是考察项目盈利能力的主要动态评价指标，该指标根据现金流量求得，其评价参数为基准贴现率，当财务内部收益率大于基准贴现率，即认为项目盈利能力已满足最低要求，在财务上是可以接受的。

继续前例，假设该项目的内部收益率为 k，根据公式：

$34 /(1+k) + 34 /(1+k)^2 + 34 /(1+k)^3 + 34 /(1+k)^4 + 59 /(1+k)^5 - 120 = 0$，求 k 为多少。

经过计算，该项目的内部报酬率为17%，期望报酬率为10%，故选择投资该项目。

3.3 项目财务报表分析

3.3.1 资产负债表及其格式

资产负债表，是指反映项目实施企业在某一特定日期所拥有的或所控制的经济资源、所承担的现时义务和所有者对净资产的要求权的财务报表。资产负债表是根据资产、负债和所有者权益（或股东权益）之间的相互关系，按照一定的分类标准和一定的顺序，把项目实施企业某一日期的资产、负债和所有者权益各项目予以适当排列，并对日常工作中形成的大量数据进行高度浓缩整理后编制而成的。

我国企业的资产负债表采用账户式结构。账户式资产负债表分左右两方，左方为资产项目，大体按资产的流动性大小排列，流动性大的资产，例如货币资金、交易性金融资产等项目排在前面；流动性小的资产，例如长期股权投资、固定资产等项目排在后面。右方为负债及所有者权益项目，一般按要求清偿时间的先后顺序排列。短期借款、应付票据、应付账款等需要在一年以内或者长于一年的一个正常营业周期内偿还的流动负债排列在前面，长期借款等在一年以上才需偿还的非流动负债排在中间，在清算之前不需要偿还的所有者权益项目排列在后面。账户式资产负债表的格式如表3-3所示。

表3-3 账户式资产负债表格式

编制单位：××股份有限公司　　20××年12月31日　　　　单位：元

资　产	期末余额	年初余额	负债和所有者权益	期末余额	年初余额
流动资产：			**流动负债：**		
货币资金			短期借款		
交易性金融资产			交易性金融负债		
应收票据			应付票据		
应收账款			应付账款		
预付款项			预收款项		
应收利息			应付职工薪酬		
应收股利			应交税费		
其他应收款			应付利息		
存货			应付股利		
一年内到期的非流动资产			其他应付款		
其他流动资产			一年内到期的非流动负债		
流动资产合计			其他流动负债		
非流动资产：			流动负债合计		
可供出售金融资产			**非流动负债：**		
持有至到期投资			长期借款		
长期应收款			应付债券		
长期股权投资			长期应付款		
投资性房地产			专项应付款		
固定资产			预计负债		

表 3-3（续）

资　产	期末余额	年初余额	负债和所有者权益	期末余额	年初余额
在建工程			递延所得税负债		
工程物资			其他非流动负债		
固定资产清理			非流动负债合计		
生产性生物资产			负债合计		
油气资产			**所有者权益：**		
无形资产			实收资本（或股本）		
开发支出			资本公积		
商誉			减：库存股		
长期待摊费用			盈余公积		
递延所得税资产			未分配利润		
其他非流动资产			所有者权益合计		
非流动资产合计					
资产总计			**负债和所有者权益总计**		

阅读资产负债表，可以从以下三个角度对其进行基本解读。

首先是要素观察，即阅读资产负债表时，首先观察总额的变化。即资产、负债、所有者权益这三个数字之间内在的数量关系。

资产是企业资源变化的一个结果，引起这种结果变化的根本原因主要有两方面：一是负债的变化，二是所有者权益的变化。既然资产等于负债加所有者权益，那么资产的增减变化量应该等于负债的增减变化量加所有者权益的增减变化量，即资产 = 负债 + 所有者权益，资产的增减变化量 = 负债的增减变化量 + 所有者权益的增减变化量。

在具体考察资产、负债、所有者权益之间的依存关系时，当一个企业在某一特定时点的资产总额增加，伴随的原因可能是负债在增加，或者是所有者权益在增加。

其次要进行项目观察，即探究具体项目变化的原因。这就要对报表进行具体的浏览，从上往下、从左右进行对比。从上往下是一个项目一个项目地观察，而左右对比则要看一看哪个数字发生的变化最大，哪个数字发生变化的速度最快，哪个就是主要原因。具体项目浏览的特点是有的放矢。

要关注重大问题，如果数额很小，不去关注它也不会出现重大的问题，但巨额的数字必须要给予充分关注。

最后是利用数据指标分析透视财务状况，通过指标发现项目管理与运营是否存在异常，即时做出新的管理方案。

3.3.2　利润表及其格式

利润表是反映项目实施企业在一定会计期间经营成果的报表。利润表把一定会计期间的收入与同一会计期间相关的费用进行配比，以计算出项目实施企业一定时期的净利润（或净亏损）。

利润表由营业利润、利润总额、净利润等部分构成。

①构成营业利润的各项要素有：营业收入、营业成本、营业税金及附加、营业费用、管理费用、财务费用、资产减值损失、公允价值变动收益（公允价值变动损失）。

②构成利润总额（或亏损总额）的各项要素有：营业利润、营业外收入、营业外支出。

③构成净利润（或净亏损）的各项要素有：利润总额（或亏损总额）、所得税费用。

④构成每股收益的各项要素有：基本每股收益、稀释每股收益。

利润表由表首、正表和补充资料三部分构成。其中，表首说明报表名称、编制单位、编制日期、报表编号、货币名称、计量单位等；正表是利润表的主体，反映企业形成经营成果的各个项目和计算过程；补充资料反映非经常性项目对利润总额的影响。

利润表正表的结构有单步式利润表和多步式利润表两种。我国现行的利润表采用多步式结构。如表3-4所示。所谓多步式利润表，就是通过对

当期的收入、费用、支出项目按性质加以归类，按利润形成的主要环节列示一些中间性利润指标（例如营业利润、利润总额、净利润），分步计算当期净损益。

表 3-4　利润表格式

编制单位：×× 股份有限公司　　20×× 年　　　　　　　　　　单位：元

项目	本期金额	上期金额（略）
一、营业收入		
减：营业成本		
营业税金及附加		
营业费用		
管理费用		
财务费用		
资产减值损失		
加：公允价值变动收益（损失以"-"号填列）		
投资收益（损失以"-"号填列）		
其中：对联营公司和合营公司的投资收益		
二、营业利润（亏损以"-"号填列）		
加：营业外收入		
减：营业外支出		
其中：非流动资产处置损失		
三、利润总额（亏损总额以"-"号填列）		
减：所得税费用		
四、净利润（净亏损以"-"号填列）		
五、每股收益		
（一）基本每股收益		
（二）稀释每股收益		

3.3.3　现金流量表及其格式

现金流量表是反映一定时期内（如月度、季度或年度）项目实施企业的经营活动、投资活动和筹资活动对其现金及现金等价物所产生影响的财务报表。现金流量表是原先财务状况变动表或者资金流动状况表的替代物。它详细描述了由项目实施企业的经营、投资与筹资活动所产生的现金流。其格式如表3-5所示。

表 3-5　现金流量表格式

编制单位：×× 股份有限公司　　20×× 年 12 月 31 日　　　　　　单位：元

项目	本期金额	上期金额
一、经营活动产生的现金流量		
销售商品、提供劳务收到的现金		
收到的税费返还		
收到其他与经营活动有关的现金		
经营活动现金流入小计		
购买商品、接受劳务支付的现金		
支付给职工以及为职工支付的现金		
支付的各项税费		
支付其他与经营活动有关的现金		
经营活动现金流出小计		
经营活动产生的现金流量净额		
二、投资活动产生的现金流量		
收回投资收到的现金		
取得投资收益收到的现金		
处置固定资产、无形资产和其他长期资产收回的现金净额		
处置子公司及其他营业单位收到的现金净额		
收到其他与投资活动有关的现金		
投资活动现金流入小计		
购建固定资产、无形资产和其他长期资产支付的现金		
投资支付的现金		
取得子公司及其他营业单位支付的现金净额		
支付其他与投资活动有关的现金		
投资活动现金流出小计		
投资活动产生的现金流量净额		
三、筹资活动产生的现金流量		
吸收投资收到的现金		
取得借款收到的现金		
收到其他与筹资活动有关的现金		
筹资活动现金流入小计		
偿还债务支付的现金		
分配股利、利润或偿付利息支付的现金		
支付其他与筹资活动有关的现金		
筹资活动现金流出小计		
筹资活动产生的现金流量净额		
四、汇率变动对现金及现金等价物的影响		
五、现金及现金等价物净增加额		
加：期初现金及现金等价物余额		
六、期末现金及现金等价物余额		

现金流量表是以收付实现制为编制基础，反映项目实施企业在一定时期内现金收入和现金支出情况的报表。对现金流量表的分析，既要掌握该表的结构及特点，分析其内部构成，又要结合损益表和资产负债表进行综合分析，以求全面、客观地评价项目实施企业的财务状况和经营业绩。因此，现金流量表的分析可从以下几方面着手：项目实施企业的现金流量由经营活动产生的现金流量、投资活动产生的现金流量和筹资活动产生的现金流量三部分构成。分析现金流量及其结构，可以了解项目实施企业现金的来龙去脉和现金收支构成，评价项目实施企业的经营状况、创现能力、筹资能力和资金实力。

（1）经营活动产生的现金流量分析

将销售商品、提供劳务收到的现金与购进商品、接受劳务付出的现金进行比较。在项目实施企业经营正常、购销平衡的情况下，二者比较是有意义的。比率大，说明项目实施企业的销售利润大，销售回款良好，创现能力强。

将销售商品、提供劳务收到的现金与经营活动流入的现金总额比较，可大致说明项目实施企业产品销售现款占经营活动流入的现金的比重有多大。比重大，说明项目实施企业主营业务突出，营销状况良好。

将本期经营活动现金净流量与上期比较，增长率越高，说明项目实施企业成长性越好。

（2）投资活动产生的现金流量分析

当项目实施企业扩大规模或开发新的利润增长点时，需要大量的现金投入，投资活动产生的现金流入量补偿不了流出量，投资活动现金净流量为负数，但如果项目投资有效，将会在未来产生现金净流入用于偿还债务，创造收益，项目实施企业不会有偿债困难。因此，分析投资活动现金流量，应结合项目实施企业的投资项目进行，不能简单地以现金净流入还是净流出来论优劣。

（3）筹资活动产生的现金流量分析

一般来说，筹资活动产生的现金净流量越大，项目实施企业面临的偿债压力也越大，但如果现金净流入量主要来自项目实施企业吸收的权益性资本，则不仅不会面临偿债压力，资金实力反而增强。因此，在分析时，可将吸收权益性资本收到的现金与筹资活动现金总流入比较，所占比重大，说明项目实施企业资金实力增强，财务风险降低。

（4）现金流量构成分析

首先，分别计算经营活动现金流入、投资活动现金流入和筹资活动现金流入占现金总流入的比重，了解现金的主要来源。一般来说，经营活动现金流入占现金总流入比重大的项目，经营状况较好，财务风险较低，现金流入结构较为合理。其次，分别计算经营活动现金支出、投资活动现金支出和筹资活动现金支出占现金总流出的比重，它能具体反映项目实施企业的现金用于哪些方面。一般来说，经营活动现金支出比重大的项目实施企业，其生产经营状况正常，现金支出结构较为合理。

3.3.4　财务报表分析

财务分析是指以项目实施企业的财务报告等会计资料为基础，对项目实施企业的财务状况和经营成果进行分析和评价的一种方法。财务报表分析的主要目的可概括为：第一，评价该项目在一定时期内的经营业绩以及整体经营目标的完成情况，找出存在的问题，帮助管理当局发现老问题，

防止新问题。第二，衡量项目目前的财务状况，尤其是项目的长短期财力，包括偿债能力、资产管理能力、获利能力等，为项目实施的主体、投资者和债权人提供必要的信息。第三，预测项目未来的发展前景，无论是项目的参与主体，还是投资者、债权人，都十分关心项目的发展前景，这关系到他们的切身利益。通过对财务报表的分析，可以判断出项目的发展趋势，预测项目的经营前景，从而为实施者和投资者进行经营决策和投资决策提供重要的依据，以减少决策的不确定性。

（1）偿债能力分析

偿债能力是项目实施企业对债务清偿的承受能力和保证程度，即项目实施企业偿还全部到期债务的保证程度。一般而言，项目实施企业偿付债务的压力来自两个方面：一是一般性质债务的本息的偿还，二是具有刚性的各种应付税款。当然，并不是所有的负债都直接对项目实施企业构成压力，对项目实施企业真正有压力的是即将到期的债务，而不包括尚未到期的部分。偿债能力分析包括短期偿债能力分析和长期偿债能力分析。通过偿债能力分析可以揭示项目实施企业的财务风险。

①短期偿债能力分析。短期偿债能力是指项目实施企业偿付流动负债的能力，也称为变现能力。反映项目实施企业短期偿债能力的财务比率主要有流动比率和速动比率。

●流动比率。流动比率指流动资产与流动负债的比率，表示项目实施企业用流动资产偿还其流动负债的能力。流动比率的基本功能在于显示短期债权人安全边际的大小，其计算公式如下：

$$流动比率 = \frac{流动资产}{流动负债} \times 100\%$$

流动比率普遍用来衡量项目实施企业短期偿债能力。流动比率越高，表示短期偿债能力越强，流动负债获得清偿的机会越大，安全性也越大。一般认为，流动比率在 2 ∶ 1 较为合适。但这主要是从银行贷款角度来考虑的，不能一概而论，还要结合考虑其他各种因素来判断优劣。长期以来，此指标作为银行是否向债务人发放贷款的一个重要因素。

●速动比率。速动比率是指速动资产与流动负债的比率。速动资产是指货币资金、交易性金融资产、应收票据和应收账款等各项可以迅速变现，用以偿付流动负债的资产。存货和预付账款一般不包括在流动资产中，因为存货的变现能力较弱，预付账款在本质上是属于费用，只能减少未来现金支出却不能变为现金。所以，这两项一般不包括在速动资产范围之内。由此可见，速动比率比流动比率更能表明一个项目实施企业的短期偿债能力。其计算公式如下：

$$速动比率 = \frac{流动资产 - 存货 - 预付费用}{流动负债} \times 100\%$$

一般认为，速动比率在 1 ∶ 1 左右较为合适，即速动资产应该至少与流动负债相等，则短期债权人有足够的偿还能力。若速动比率小于 1，项目实施企业将依赖变卖部分存货或举借新债才能偿还短期债务。但并不绝对，因为速动比率是假定项目实施企业一旦面临财务危机或进行清算时，在存货及预付费用难以立即变现的情况下，项目实施企业以速动资产支付流动负债的能力，所以这一比率在反映项目实施企业应付财务危机能力方面较为有用。

需要注意的问题是，在分析项目实施企业短期偿债能力时，不要陷入速动比率陷阱，一般说来，速动比率大于 1 就可以让人对短期偿债能力比较放心。但要注意，速动资产中包括的应收账款本来是流动性较强的，但"三角债"在我国非常普遍，所以如果项目实施企业有大量的应收账款，即使

速动比率大于1也可能使项目实施企业陷入流动性危机。

②长期偿债能力分析。长期债务的本息的偿还不仅取决于项目实施企业届时的现金流量，而最终与项目实施企业的赢利能力有关。一般说来，项目实施企业的长期偿债能力制约于三个因素：一是项目实施企业所有者权益的多少。长期偿债能力以雄厚实力的所有者资本为基础，项目实施企业必须保持合理的资本结构，才能保证长期债务偿还的安全性。二是项目实施企业总资产规模。项目实施企业长期偿债能力以总资产为物质保证，总资产少，往往长期偿债能力不足。三是项目实施企业的获利能力。项目实施企业长期债务的偿还能力与项目实施企业获利能力密切关联，获利能力越强，偿债能力越好。反映项目实施企业长期偿债能力的指标主要有资产负债率、所有者权益比率、产权比率、有形净值债务率、利息保障倍数等。

●资产负债率。也称为负债比率或举债经营比率，资产负债率是项目实施企业负债总额与资产总额的比率，反映项目实施企业利用债务资金开展生产经营的程度。其计算公式为：

$$资产负债率 = \frac{负债总额}{资产总额} \times 100\%$$

对于资产负债率，项目实施企业的债权人、股东和项目经营者等各自的考虑是有所不同的。债权人总是关心贷给项目实施企业的款项或其他债权的安全程度，资产负债率高，说明项目所有者投入的资金较少；反之，资产负债率低，说明项目所有者投入的资金较多，项目实施企业本身的财力较强，债权人债权的保障程度较高。

●所有者权益比率和产权比率。也称为负债权益比率或债务股权比率。其计算公式为：

$$所有者权益比率 = \frac{所有者权益总额}{资产总额} \times 100\%$$

一般来说，这一比率越低，表明项目实施企业长期偿债能力越强，债权人权益保障程度越高，承担的风险越小。所有者权益比率的倒数，称为权益乘数，即资产总额是所有者权益的多少倍。该乘数越大，说明所有者投入的资本在资产中所占比重越小。产权比率是负债总额与所有者权益总额的比率。其计算公式为：

$$产权比率 = \frac{负债总额}{所有者权益总额} \times 100\%$$

产权比率反映由债权人提供的资本与所有者提供的资本的相对关系，反映项目实施企业基本的财务结构是否稳定。一般来说，所有者投入的资本大于借入资本较好，但不能一概而论。产权比率同时也表明债权人投入的资本受到所有者权益的保障程度，或者说项目实施企业清算时对债权人利益的保障程度。

●有形净值债务率。是项目实施企业负债总额与有形净值的比率。有形净值是所有者权益减去无形资产净值，即所有者拥有所有权的有形资产的净值。其计算公式为：

$$有形净值债务率 = \frac{负债总额}{所有者权益 - 无形资产净值} \times 100\%$$

有形净值债务率实质上是产权比率的延伸，只是更加谨慎、更加保守地反映在项目实施企业清算时债权人投入的资本受到所有者权益的保障程度。一般来讲，无形资产不宜用来偿还债务。从长期偿债能力来看，该比率越低越好。

●利息保障倍数。利息保障倍数也称为已获利息倍数或利息所得倍数，利息保障倍数是指项目实施企业某一会计期间获得的息税前利润与所支付的利息费用之间的比率，它反映项目实施企业对利息的支付能力。其计算公式为：

$$利息保障倍数 = \frac{息税前利润}{利息费用} = \frac{税前利润 + 利息费用}{利息费用}$$

息税前利润指损益表中未扣除利息和所得税的利润。利息费用包括全部应付利息，不仅包括财务费用中的利息费用，也包括计入固定资产成本的资本化利息。

一般来说，项目实施企业的利息保障倍数至少要大于 1，否则，就难以偿付债务及利息，若长此以往，会导致项目实施企业破产倒闭。需要注意的问题是，除了上述通过资产负债表、利润表中有关项目之间的内在联系计算出来的各种比率，用以评价和分析项目实施企业的偿债能力外，还有一些因素影响项目实施企业的偿债能力，必须引起足够的重视。如可动用的银行贷款指标、项目实施企业的或有事项和担保责任。

可动用的银行贷款指标是指银行已经批准而项目实施企业尚未办理贷款手续的银行贷款额度。这种贷款指标可以随时使用，增加项目实施企业的现金，提高支付能力。或有事项是指过去交易或事项形成的一种状况，其结果须通过不完全由项目实施企业控制的未来不确定事项的发生或不发生予以证实。或有事项的特点是其结果的不确定性，表现为时间的不确定性或金额上的不确定性，且项目实施企业不能完全控制。对或有事项的处理方法要取决于未来的发展。或有事项一旦发生会对项目实施企业的财务状况造成影响。因此，在分析项目实施企业偿债能力时要考虑或有事项的潜在影响。在经济活动中，项目实施企业可能会发生以本项目实施企业的资产为其他项目实施企业提供法律担保的事项。这种担保责任，在被担保人没有履行合同时，就有可能成为项目实施企业的负债，增加项目实施企业的债务负担。因此，在进行偿债能力分析时，必须要考虑担保责任带来的潜在负债问题。

（2）资产管理能力分析

资产管理能力主要指项目实施企业资产运用、循环的效率的高低。对此进行分析，可以了解项目实施企业的营业状况及经营管理水平。资产管理能力又称营运能力，评价资产管理能力常用的财务比率有存货周转率、应收账款周转率、流动资产周转率、固定资产周转率、总资产周转率等。

①存货周转率。指某一会计期间销货成本与存货平均余额的比率，它反映项目实施企业某一会计期间存货周转的速度，并可检验项目实施企业推销商品的能力、经营绩效及偿债能力。存货周转率的计算公式为：

$$存货周转率（次数）= \frac{销货成本}{存货全年平均余额} \times 100\%$$

一般而言，存货周转率越高越好，存货周转速度越快，存货的占用水平越低，流动性越强，存货转换为现金、应收账因为存货周转率高，存货量较少，存货积压的风险相对降低。

衡量存货周转速度的另一个比率是存货周转天数，其计算公式为：

$$存货周转天数 = \frac{360}{存货周转率} = \frac{存货全年平均余额 \times 360}{销售成本}$$

存货周转天数表示存货周转一次所需的时间，天数越短，说明存货周转得越快。

②应收账款周转率。是用以反映项目实施企业在某一会计期间收回赊销账款能力的指标，是指某一会计期间的赊销净额与应收账款全年平均余额的比率，其计算公式为：

$$应收账款周转率 = \frac{赊销净额}{应收账款全年平均余额} \times 100\%$$

上面公式分子中的赊销净额不包括现销。但在一般项目实施企业的财务报表中，很少将赊销金额与现销金额分开披露，所以，还需进一步收集

有关资料，计算确定赊销净额，而不能以销售收入净额代替赊销净额，以保证这一比率的合理性。

应收账款周转率表明年度内应收账款转化为现金的平均次数，反映了项目实施企业应收账款周转速度的快慢及应收账款管理效率的高低，可以弥补流动比率和速动比率这两个指标的不足。应收账款周转率高，表明项目实施企业收款速度快，坏账损失少，偿债能力强。如果项目实施企业的应收账款周转率低，则说明项目实施企业收账的效率低。

③流动资产周转率。是指某一会计期间销售收入净额与全部流动资产的平均余额的比率。其计算公式为：

$$流动资产周转率 = \frac{销售收入净额}{流动资产全年平均余额} \times 100\%$$

流动资产周转率表明在一个会计年度内项目实施企业流动资产周转的次数，它反映了流动资产周转的速度。该指标越高，说明项目实施企业流动资产的利用效果越好。

④总资产周转率。是指某一会计期间销售收入净额与平均资产总额的比率。其计算公式为：

$$总资产周转率 = \frac{销售收入净额}{总资产全年平均余额} \times 100\%$$

该项指标反映资产总额的周转速度，周转越快，销售能力越强。

（3）获利能力分析

项目实施企业的盈利能力是项目实施企业营销能力、收取现金能力、降低成本能力、回避风险能力的综合体现。营销能力是获利能力的基础，营销能力越强，项目实施企业获利越容易。当然，在商业信用大量存在的条件下，收现能力则成为获利能力的重要因素，坏账会给项目实施企业带来一定损失。另外，项目实施企业产品成本越低，销售利润越大，当然降低成本能力取决于技术水平、产品设计和规模经济及项目实施企业成本管理水平的高低。项目实施企业获利能力的大小还必须考虑项目实施企业经营所面临的风险，项目实施企业回避风险能力越大，越有机会获取高收益。评价获利能力的财务比率主要有资产净利率、权益报酬率、销售毛利率、销售净利率、成本费用净利率等。

①资产净利率。指项目实施企业在某一会计期间净利润和资产全年平均余额之间的比率。其计算公式为：

$$资产净利率 = \frac{净利润}{资产全年平均余额} \times 100\%$$

资产净利率主要用来衡量项目实施企业利用资产获取利润的能力。该指标越高，表明资产的利用效率越高，说明项目实施企业在增加收入和节约资金使用等方面取得了良好的效果，否则相反。该指标是一个综合指标。净利的多少与项目实施企业资产的多少、资产结构、经营管理水平有着密切的关系。为了正确评价项目实施企业经济效益的高低，挖掘提高利润水平的潜力，可以将该指标与以往年度、本行业平均水平、先进水平进行比较，分析形成差距的原因。

②权益报酬率。又称净资产收益率。权益报酬率是指项目实施企业某一会计期间净利润和所有者权益全年平均余额的比率。其计算公式为：

$$权益报酬率 = \frac{净利润}{所有者权益全年平均余额} \times 100\%$$

权益报酬率是评价项目实施企业获利能力的一个重要财务比率，它反映了项目实施企业所有者获取投资回报的高低。该比率越高，说明项目实施企业的获利能力越强。权益报酬率也可以用以下公式表示：

$$权益报酬率 = 资产净利率 \times 平均权益乘数$$

③销售毛利率和销售净利率。销售毛利率是销售毛利和销售收入净额之间的比率。其计算公式为：

$$销售毛利率 = \frac{销售毛利}{销售收入净额} \times 100\%$$

$$= \frac{销售收入净额 - 销售成本}{销售收入净额} \times 100\%$$

销售毛利率，表示每百元销售收入净额扣除销售成本后，有多少钱可以用于抵付各项期间费用并形成盈利。销售毛利率是项目实施企业销售净利率的基础，没有足够大的毛利率便不能盈利。

销售净利率是指项目实施企业净利润与销售收入净额的比率。其计算公式为：

$$销售净利率 = \frac{净利润}{销售收入净额} \times 100\%$$

该指标反映每百元销售收入净额带来的净利润的多少，表示销售收入的获利能力。通过分析销售净利润的升降变动，可以促使项目实施企业在扩大销售的同时，注意改进经营管理，提高盈利水平。

④成本费用净利率。指项目实施企业净利润与成本费用总额的比率，它反映项目实施企业在生产经营过程中发生的耗费与获得的收益之间的比率。其计算公式为：

$$成本费用净利率 = \frac{净利润}{成本费用总额} \times 100\%$$

成本费用总额 = 销售成本 + 营业税金及附加 + 营业费用 + 管理费用 + 所得税费用

成本费用净利率不仅可以评价项目实施企业获利能力的高低，也可以评价项目实施企业对成本费用的控制能力和经营管理水平。该比率越高，说明项目实施企业为获取收益而付出的代价越小，项目实施企业的获利能力越强。

（4）杜邦财务分析体系

杜邦财务分析体系是一种比较实用的财务比率分析体系。这种分析方法首先由美国杜邦企业的经理创造出来，故称为杜邦财务分析体系。杜邦模型最显著的特点是将若干个用以评价项目实施企业经营效率和财务状况的比率按其内在联系有机地结合起来，形成一个完整的指标体系，并最终通过权益收益率来综合反映。

杜邦财务分析体系中各指标关系如下：

$$权益净利率 = 资产净利率 \times 权益乘数$$

$$权益乘数 = 1 \div （1 - 资产负债率）$$

$$资产净利率 = 销售净利率 \times 总资产周转率$$

$$销售净利率 = 净利润 \div 销售收入$$

$$总资产周转率 = 销售收入 \div 总资产$$

$$资产负债率 = 负债总额 \div 总资产$$

杜邦财务分析体系如图 3-4 所示。

从图 3-4 可以看出，杜邦分析法实际上从两个角度来分析财务：一是进行了内部管理因素分析，二是进行了资本结构和风险分析。

权益净利率是一个综合性最强的财务比率，是杜邦分析系统的核心。它反映所有者投入资本的获利能力，同时反映项目实施企业筹资、投资、资产运营等活动的效率，它的高低取决于总资产利润率和权益总资产率的水平。决定权益净利率高低的因素有三个方面：权益乘数、销售净利率和总资产周转率。权益乘数、销售净利率和总资产周转率三个比率分别反映了项目实施企业的负债比率、盈利能力比率和资产管理比率。

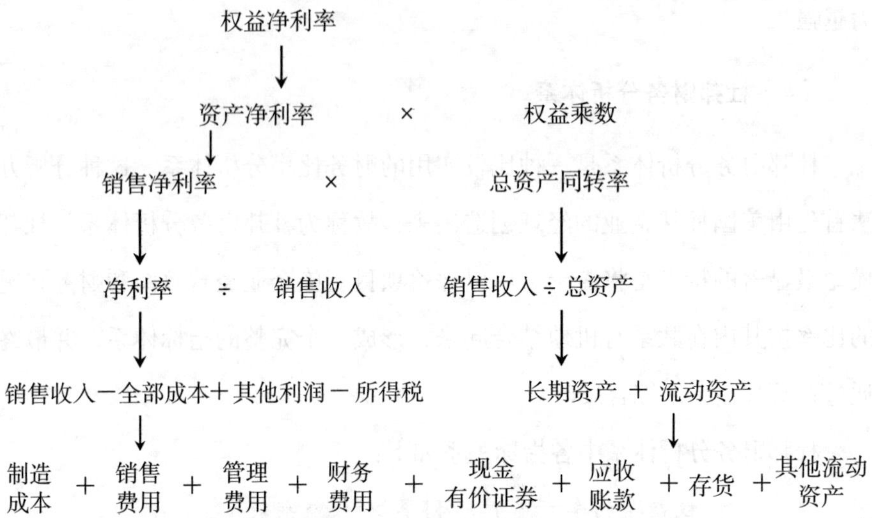

权益净利率

资产净利率 × 权益乘数

销售净利率 × 总资产同转率

净利率 ÷ 销售收入　　销售收入 ÷ 总资产

销售收入－全部成本＋其他利润－所得税　　　长期资产 ＋ 流动资产

制造成本 ＋ 销售费用 ＋ 管理费用 ＋ 财务费用　　现金有价证券 ＋ 应收账款 ＋ 存货 ＋ 其他流动资产

图3-4　杜邦财务分析体系图

权益乘数主要受资产负债率影响。负债比率越大，权益乘数越高，说明项目实施企业有较高的负债程度，给项目实施企业带来较多的杠杆利益，同时也给项目实施企业带来了较多的风险。

资产净利率是一个综合性的指标，同时受到销售净利率和总资产周转率的影响。资产净利率也是一个重要的财务比率，综合性也较强。它是销售净利率和总资产周转率的乘积，因此，要进一步从销售成果和资产营运两方面来分析。

销售净利率反映了项目实施企业利润总额与销售收入的关系，从这个意义上看，提高销售净利率是提高项目实施企业盈利能力的关键所在。要想提高销售净利率，一是要扩大销售收入，二是降低成本费用。而降低各项成本费用开支是项目实施企业财务管理的一项重要内容。通过各项成本费用开支的列示，有利于项目实施企业进行成本费用的结构分析，加强成本控制，以便为寻求降低成本费用的途径提供依据。

项目实施企业资产的营运能力，既关系到项目实施企业的获利能力，又关系到项目实施企业的偿债能力。一般而言，流动资产直接体现项目实施企业的偿债能力和变现能力；非流动资产体现项目实施企业的经营规模和发展潜力。两者之间应有一个合理的结构比率，如果项目实施企业持有的现金超过业务需要，就可能影响项目实施企业的获利能力；如果项目实施企业占用过多的存货和应收账款，则既要影响获利能力，又要影响偿债能力。为此，就要进一步分析各项资产的占用数额和周转速度。对流动资产应重点分析存货是否有积压现象、货币资金是否闲置，应收账款中分析客户的付款能力和有无坏账的可能；对非流动资产应重点分析项目实施企业固定资产是否得到充分的利用。

案例及思考题

深圳传音控股股份有限公司主要从事以手机为核心的智能终端的设计、研发、生产、销售和品牌运营，主要产品为 TECNO、itel 和 Infinix 三大品牌手机，销售区域主要集中在非洲、南亚、东南亚、中东和南美等全球新兴市场国家。传音经过多年的积累和发展，在非洲、印度等全球主要新兴市场已取得了领先的市场地位，并形成了广泛的品牌影响力。

主营业务

秉承"为全球新兴市场国家提供当地消费者最喜爱的智能终端和移动互联网服务"的经营理念，传音自设立以来一直致力于为全球新兴市场用户提供优质的以手机为核心的多品牌智能终端，并基于自主研发的智能终端操作系统和流量入口，为用户提供移动互联网服务。

2018 年，传音手机出货量 1.24 亿部，根据 IDC 统计数据，全球市场占有率达 7.04%，排名第四；印度市场占有率达 6.72%，排名第四；非洲市

场占有率高达 48.71%，排名第一。传音凭借在非洲市场远高于其他手机厂商的市场占有率和广泛的品牌影响力，在行业内享有"非洲之王"的美誉。

同时，基于在新兴市场积累的领先优势，传音围绕主营业务积极实施多元化战略布局，创立了数码配件品牌 Oraimo，家用电器品牌 Syinix 以及售后服务品牌 Carlcare 等。此外，传音自主研发的 HiOS、itelOS 和 XOS 等智能终端操作系统，在提升用户硬件体验的同时，为新兴市场消费者提供符合当地文化的移动互联网应用服务，如软件预装、分发推送、广告投放等，以及在音乐、新闻、内容聚合、短视频和其他领域开发独立的移动互联网产品及服务。

传音定位

以手机为代表的移动终端集合了通信技术、集成电路、硬件制造、信息服务、数据安全等多项高科技领域的核心技术，是各个国家重点角逐的领域，也是我国当前着重培育和发展的战略新兴产业。传音定位于科技品牌出海，围绕共建"一带一路"倡议及中非合作国家战略，致力于向海外新兴市场超过 30 亿用户提供以手机为核心的智能终端业务，对于提升"中国制造"品牌及扩大中国影响力具有重要意义。

传音秉承"全球化视野，本地化执行"的发展理念，整合全球资源，与非洲等新兴市场当地化价值相结合，搭建并形成了符合自身业务特点的研发、生产、销售和售后业务体系。在研发方面，传音分别在上海和深圳建立了自主研发中心，并与尼日利亚和肯尼亚等地的研发团队紧密合作，坚持以市场为驱动、用户为导向的研发模式进行自主创新，致力于将大众科技转化为本地化产品。传音深度洞察当地消费者需求，开展本地化的创新产品研发。传音持续多年进行高额的研发投入，目前已在拍照、深肤色人脸识别、本地化场景等领域通过针对用户习惯和偏好，开发了人脸特征点检测、自动场景识别等多项技术。同时基于丰富的手机移动端数据，传音已建立用户画像、云存储、用户活跃度模型等一系列数据分析和策略系统，在用户体验大数据、云计算基础上以深度学习预测用户行为为核心，为不同使用习惯的用户适配不同的资源分配策略；在生产方面，传音已在中国、埃塞俄比亚、印度和孟加拉等国家设立柔性生产基地，与海内外多家手机制造服务商建立了稳定的合作关系；在销售方面，传音针对不同的细分消费人群，建立了能够满足不同消费者需求的多层次品牌及产品序列，销售网络已覆盖尼日利亚、肯尼亚、坦桑尼亚、埃塞俄比亚、埃及、阿联酋（迪拜）、沙特、印度、巴基斯坦、印度尼西亚、越南、孟加拉国等 70 多个国家（地区）；在售后方面，传音的售后服务品牌 Carlcare 在全球建有超过 2000 个服务网点（含第三方合作网点），为全球用户提供专业高效的售后服务。

传音手机产品累计出口销售超过 3 亿部，覆盖全球 70 多个国家和地区，累计创汇超过 80 亿美元。传音积极承担向海外传播中国影响力的社会责任，紧跟国家"走出去"步伐，围绕"一带一路"倡议和"共筑中非命运共同体"国家战略，加强战略布局，不断提升与"一带一路"沿线国家和地区的经贸合作水平。

手机品牌

TECNO 品牌是传音旗下的中高端品牌，定位于新兴市场正在兴起的中产阶级消费群体。TECNO 深刻洞察新兴中产阶级的消费心理和生活方式，不断推出符合本地需求的产品，因其在深肤色拍照、当地审美设计、用户体验以及零售体验等多方面的出色表现，深受非洲等地消费者喜爱。经过多年的品牌积累和沉淀，TECNO 品牌在非洲等主要目标市场已形成数量庞大的忠实用户群体，并通过赞助英超曼城足球俱乐部等方式，积极在全球

范围内扩大品牌知名度和品牌影响力。目前，TECNO 品牌的销售网络遍及全球 60 多个国家和地区。2014 年度，TECNO 荣获国际机构 BID（Business Initiative Directions，国际商誉质量评估和颁奖组织）颁发的国际质量皇冠奖金奖；2016 年度，TECNO 荣获营销界的权威奖项"艾菲金奖"（Effie Awards）；2017 年度，TECNO 荣获"泛非年度手机品牌奖"（Pan African Mobile Phone Brand The Year），并在非洲杂志 *African Business* 发布的"最受非洲消费者喜爱的品牌"百强榜中排名第 14 位；2018 年 6 月，TECNO 在 *African Business* 发布的"最受非洲消费者喜爱的品牌"百强榜中进阶到第 7 位，连续多年位居中国品牌之首，是非洲消费者最喜爱的中国品牌。

| CAMON 11 | Pouvoir 3 | Spark 3 Pro | Spark 3 |

图 3-5 TECNO 品牌手机

新兴市场蕴藏巨大潜力

受益于通信技术和手机零部件的不断升级带来的历次换机潮，全球手机市场目前维持着稳定增长的趋势。根据 IDC 统计，全球手机出货量由 2011 年的 17.18 亿部增长至 2018 年的 18.91 亿部，出货金额由 2011 年的 3049 亿美元增长至 4950 亿美元。随着 5G 时代的到来，2019 年至 2022 年，全球手机年平均出货金额预计将稳步提升至近 6000 亿美元。

智能手机出货量近年来保持高速增长，市场占有率逐步提升。根据 IDC 统计, 2018 年全球智能手机出货量达到 14.06 亿部, 出货金额达到 4861 亿美元, 分别占全球手机出货总量和出货总金额的 74.35% 和 98.20%。

非洲、南亚、东南亚、中东和南美等新兴市场人口基数超过 30 亿, 经济发展水平较低, 手机行业发展相对滞后, 人均手机保有量较小, 市场空间巨大。根据 IDC 的统计数据, 以非洲、印度、中东、孟加拉国和印度尼西亚为代表的主要新兴市场 2018 年手机合计出货量为 7.06 亿部, 出货金额达到 674.03 亿美元, 2011 年至 2018 年出货量和出货金额的年均复合增长率分别为 5.70% 和 8.95%, 增速较快, 高于全球出货量和出货金额的年均复合增长率 1.42% 和 7.16%。经济的快速发展、人口红利的释放以及通信技术设施的建设将推动新兴市场的销售规模在未来实现快速增长, 据推测, 2022 年新兴市场出货金额将达到 832.54 亿美元。

表 3-6 传音公司财务报表 (2016—2019 年度) 单位: 万元

报告期	2019/12/31	2018/12/31	2017/12/31	2016/12/31
营业收入	2534593	2264588	2004363	1163676
营业成本	1841199	1710937	1583960	924078
营业利润	219520	85735	80846	11763
利润总额	218211	86479	80975	17787
所得税费用	38551	21099	13249	9159
净利润	179660	65380	67726	8628
基本每股收益	2.42	0.91	0.94	--
货币资金	771730	377168	300418	304707
应收账款	78396	45505	40331	43375
存货	313515	249948	241713	160850
流动资产合计	1546311	853909	752153	633585
固定资产净额	76736	66214	12305	8994
资产总计	1774375	1035320	874816	674925
流动负债合计	815560	545706	500334	452123
非流动负债合计	132345	97412	53454	27771
负债合计	947904	643118	553789	479893
所有者权益 (或股东权益) 合计	826471	392202	321028	195031
期初现金及现金等价物余额	348976	243724	195439	66447
经营活动产生的现金流量净额	404052	207332	150685	62181

表 3-6（续）

报告期	2019/12/31	2018/12/31	2017/12/31	2016/12/31
投资活动产生的现金流量净额	-287299	-73853	-46084	-132072
筹资活动产生的现金流量净额	256771	-27501	-32066	190369
现金及现金等价物净增加额	376563	105251	48285	128991
期末现金及现金等价物余额	725539	348976	243724	195439

资料来源：本案例按照传音招股说明书、年度财务报告等整理。

思考题：

请按照本章所述主要财务分析指标分析传音公司的财务状况。

第 4 章　项目技术评估

"工欲善其事，必先利其器"，任何项目的实施都必须以技术作为支撑，所以对项目实施的技术条件进行评估就极为有意义。项目技术评估包括工艺技术评估、技术装备评估以及工程技术方案评估等。

4.1　项目技术评估概述

4.1.1　项目技术与项目技术评估的含义

一般意义上的项目技术包括三个方面的内容：其一是项目实施方面的技术，其二是项目生产所选择的工艺技术方法，其三是项目工艺技术方法所选用的物质和装备手段等。

项目技术是指在整个项目中所使用的技术总和，项目技术评估是对项目所使用的工艺技术、技术装备和实施技术等方面的可行性所进行的评估。这一评估的作用是在技术方面对项目可行性进行科学的分析与评价，以减少项目的盲目决策所造成的损失。

4.1.2 项目技术评估的原则

（1）先进性和适用性相结合的原则

项目技术的先进性是指项目工艺技术和装备以及实施技术及其产品中包含的技术含量应该尽可能具有国际国内的先进或领先水平；项目技术的适用性是指项目采用的工艺技术与装备以及项目的实施技术和项目产品的技术水平，必须适应项目特定的要求和实际拥有的技术条件和经济条件。

在项目技术评估中必须在坚持适用性的基础上去追求项目技术的先进性，从而达到二者的有机结合。这一原则要求项目所采用的工艺技术和装备以及实施技术和产品技术含量都能适应现有技术条件并符合国情和国家技术发展的水平，努力实现在技术方面的领先或先进水平。项目技术是否先进适用，一般应该从项目工艺技术和项目技术装备与条件两方面考虑。

（2）经济性与合理性相结合的原则

项目技术的经济性是指项目所选用的技术代价相对比较经济节约，项目技术的合理性是指在项目技术的选择上要符合项目全体相关利益主体的利益。这一原则要求合理协调项目技术的成本与效益，以相对较低的技术代价获得相对较高的经济效益，并保障项目全体相关利益主体的利益合理化。

在市场经济条件下，评估项目技术的经济性和合理性必须考虑下述问题。

第一，项目全体相关利益主体之间的利益关系。在多数情况下，项目的整体利益应该符合全体项目利益主体的利益，但是如果项目技术选用不当也会出现损害某些项目相关利益主体的利益的情况。例如，如果项目技术选择不当有时会损害项目业主的利益，有时会损害项目实施组织的利益。因此在资金、资源条件的限制下，对项目技术的取舍一定要从项目全体相关利益者的利益出发，努力做到项目利益的合理安排与分配。

第二，项目技术的直接效益与间接效益之间的关系。一个项目的经济技术效益包括直接和间接两个方面，一个项目在其自身产生直接经济效益的同时，还会对整个项目实施企业或社会产生一些间接的经济效益。在项目技术评估和选择中应该同时考虑这两个方面的技术经济效益，不应该只考虑项目的直接经济效益而不考虑项目的间接经济效益，而且应该努力使二者实现最大化。另外，还要注意某些项目技术可能对项目本身不会产生很大的直接效益（甚至有时会投入大于产出），但是由于项目技术的先进性却可以对组织产生一些重要影响，对于这类项目也要很好地进行项目技术的评估，特别是从提升组织整体技术水平的角度去评估。

第三，项目技术的当前效益与长远效益之间的关系。任何项目技术的采用都有一定的近期效益和某种长远效益，其中后者是通过对项目技术的长期使用、消化、吸收和改进所表现出来的远期效益。项目技术评估必须用战略的眼光来评估项目技术的当前和长远利益，要避免急功近利的做法，要重视从长远利益出发考虑和评估项目的技术，从而使项目技术的当前利益和长远利益能够有效地协调一致。

从技术经济学的角度看，项目的技术与经济是互相促进、互相依存、互相制约的。一般情况下，项目要取得较好的经济效益就应该选用先进的技术方案，但是技术的先进性必须在充分保障技术的经济性和合理性前提下去讨论。因此一般在能够满足项目技术要求的前提下应尽量采用能取得较好经济效益的项目技术。全面贯彻项目技术的经济性与合理性相结合的原则，既要防止单纯追求技术先进性而忽视项目技术的经济性与合理性，又要避免为追求一时的经济效益而违背技术规律的情况。

（3）项目技术安全性与可靠性相结合的原则

项目技术的安全性是指在项目技术的运用中不会出现对整个项目或项目实施与运行主体造成危害的问题，这包括对于人身、设备、项目主体和项目环境等一系列的相关要素的安全性问题；项目技术的可靠性是指在项目技术的运用中不会出现项目技术失效或过多的故障及问题，这包括对于项目工艺技术和技术装备与项目工程技术等一系列的相关技术的可靠性问题。

这一原则要求从财产保护、劳动保护和环境保护等角度出发，全面评估项目技术的安全性与可靠性方面的保障。这要求项目技术既不会对工作人员的身心和项目周围环境造成危害，同时要求项目工艺和工程技术方案成熟可靠以及工艺装备选择合理。

项目技术不安全的原因大致有二：其一是项目技术方案本身存在缺陷，其二是项目技术使用不当。其中，项目工艺技术和施工技术的不合理或不过关是项目建设和运营的安全与可靠方面的最大隐患。因此对于项目技术的评估必须包括项目技术安全性和可靠性的评估。

（4）有利于环境保护性的原则

任何项目采用的技术都必须考虑环境保护的因素，设置在项目技术评估中应该将项目技术对于环境的保护和危害作为最基本的要求给予最高的权重。从整个社会和自然环境保护的角度来对项目技术进行评估以确保项目技术能够保护及改善人类生存的环境是国内外相关法律所要求的。项目技术必须维持生态环境的平衡是当今技术发展的重要趋势，项目技术的优劣包括了其对自然和社会环境的影响，所以对于项目技术的环境影响评估也是项目技术评估的重要内容之一。

4.1.3 项目技术评估的相关因素

任何技术都是在一定的社会经济条件下产生的，因此一项技术既可以刺激经济的发展，同时技术的发展也要受经济环境的制约。所以项目技术的选择不是可以随心所欲的，任何一个社会经济组织在选择一种项目技术时都必须考虑各种相关的因素和制约，因此在对项目技术进行评估时必须考虑这些相关的制约因素，常见的这类因素包括如下几个方面。

（1）需求因素

需求因素是项目技术选择和评估时首先要考虑的因素。人们选用项目技术首先是为了满足组织和社会对其的需要，并在满足这种需要的过程中取得相应的经济效益。市场需求是项目技术开发与选用的根本影响或制约因素。市场需求直接影响到项目技术的选择与评估，因为市场需求决定了项目产品的性能、规格、质量、数量、生产规模和生产模式等，这些都从根本上制约着项目技术的选择，包括对于项目生产工艺技术和技术装备的选择。

（2）资源因素

资源因素主要包括资金、人力、能源、原料、装备等资源供应方面的因素，它们对于项目技术的选择和评估的影响也是直接的和重要的。项目应用技术的不同会导致项目所需资源的数量和种类的不同，所以在对项目技术的评估中涉及的限制和影响因素也不同。其中，资金短缺会对选择资金密集型项目技术形成制约，人员素质与数量不足会对选用知识密集型项目技术造成影响，能源缺乏会对选用高能耗项目技术形成制约，等等。因此，在项目技术评估中必须考虑这些资源因素。

（3）供给因素

供给因素是指在项目技术的选用和评估中还必须考虑是否有相应技术的供给、是否能够取得所需的项目技术，以及可以使用何种方法取得项目技术。特别是当项目涉及高精尖技术的时候，人们可能会遇到尚未投入使用的高精尖技术，或就算已经投入使用但是受到禁运或出口限制、或由于技术垄断只能获取技术的使用权等方面的供给问题。

（4）技术支持因素

技术支持因素是指能使项目技术发挥作用和效益的各种技术支持条件，包括项目技术所需的基础设施、人员技术能力和技术装备配件等。其中，基础设施是为项目技术提供运行性条件的设施，包括运输、通信、动力、水电、供气等，以及厂房、仓库等，具备必要的基础设施是项目顺利实施并充分发挥效益的必要条件。人员技术能力是指项目建设和运行人员对项目技术有关的各种知识和技能的理解与掌握程度，它直接作用于项目技术，所以也是项目技术评估中必须考虑的因素。

（5）环境制约因素

自然和社会环境因素同样影响和制约项目技术的选择。一方面社会环境从人为角度制约对于项目技术的选择，另一方面自然环境从客观角度制约项目技术的选择。例如，一般在沙尘暴肆虐的地区就无法选择使用需要高精度机床设备的项目技术，而在高寒地区就无法开展种植热带植物的项目。当然，任何项目技术的选用更不应当对自然环境的生态系统和人类生活、劳动等社会系统造成危害。因此，环境制约因素也是对项目技术进行选择和评估时必须考虑的一个重要因素。

4.2 项目工艺技术评估

项目工艺技术是指项目运行中生产产品或服务拟采用的工艺流程和工艺技术方法。

项目工艺技术应保证先进、适用和经济。

4.2.1 工艺技术的概念

工艺一词出自唐朝封演所著《封氏闻见记·图画》："凡此数公，皆负当时才名，而兼擅工艺。"《新唐书·阎立德传》："父毗……本以工艺进，故立德与弟立本皆机巧有思。"元王祯《农书》卷二十一："孙德施赋云：'惟工艺之多门，伟英丽乎创形。'"

技术出自《史记·货殖列传》："医方诸食技术之人，焦神极能，为重糈也。"宋陆游《老学庵笔记》卷三："忽有一道人，亦美风表，多技术……张若水介之来谒。"清侯方域《再与贾三兄书》："盖足下之性好新异，喜技术，作之不必果成，成之不必果用，然凡可以尝试为之者，莫不为之。"

总之，技术是解决问题的方法及原理，是指人们利用现有事物形成新事物，或是改变现有事物功能、性能的方法。技术应具备明确的使用范围和被其他人认知的形式和载体，如原材料（输入）、产成品（输出）、工艺、工具、设备、设施、标准、规范、指标、计量方法等。

工艺是指劳动者利用各类生产工具对各种原材料、半成品进行加工或处理，最终使之成为成品的方法与过程。

4.2.2 项目工艺技术评估应注意的问题

对项目工艺技术进行评估时应注意以下几个方面的问题。

（1）工艺技术必须要满足项目运行的需要

随着科学技术的发展和不断创新，各种生产工艺技术也在不断地改进和发展，项目运行对于工艺技术的要求也在不断提高。

在选择项目工艺技术时一定要满足生产运行的要求，如果选用的工艺技术达不到项目产品的生产运行要求，整个项目就会失败；反之，项目技术选用过高或不易掌握也无法满足项目生产的要求。所以，项目工艺技术的评估必须看其能否满足项目生产的要求。

（2）项目工艺技术要适应原材料和技术装备条件的要求

项目选用的工艺技术应该能够适应既定原材料和技术装备条件的要求，从而生产出符合要求的产品或服务。同时，项目工艺技术评估中还应该考虑项目技术与项目运行组织的其他生产和销售方面条件的适应性，包括现有基础设施、人员技术和管理水平等。

（3）项目工艺技术的先进性和技术进步特性的要求

项目选用的工艺技术首先应该具有先进性，一般情况下不应该选用落后的工艺技术，以免项目产品和整个项目在较短时间内被市场和技术进步所淘汰。同时项目工艺技术的选用还应该兼顾未来的技术进步和升级，即项目选用的工艺技术等各方面的指标要具有先进性，且能够通过技术改造实现升级换代或消除技术供应壁垒，或者比国内现有的工艺技术先进，或者趋于国际先进水平等。

链接：   **民间传统工艺之潍坊风筝**

中国民间艺术文化古老而丰富，其纷繁的艺术形式已广泛渗透到各个领域。民间玩具风筝作为中国民间传统工艺美术的一种独特艺术形式，也在漫长的发展过程中深受民间美术文化的影响，从而以其鲜明的娱乐性、无穷的趣味性和虔诚的祈求性丰富着百姓的生活。

中国是风筝的故乡，它起源于春秋战国时期，大约在 12 世纪，中国风筝传到了西方。从此，这项古老的活动在以后的岁月里不断发展，形成各有特色的东西方风筝文化。

风筝，古名"纸鸢"，又名"鹞子"，是普及于山东各地的一种玩具，尤以潍坊为盛。潍坊是风筝的四大产地之一，被誉为风筝之都，之所以有如此称誉，重要的原因就在于它在久远的风筝历史中传承有方。

潍坊风筝的历史

每逢阳春三月，潍坊上空鸢飞蝶舞，鱼跃龙腾，一只只风筝云端飘荡，一条条银线蓝天纵横。潍坊历来有放风筝的习俗，宋代开始，明代普及，清代乾嘉年间进入鼎盛时期。潍县人郭麟曾写过此类诗句："一百四日小寒食，冶游争上白浪河。纸鸢儿子秋千女，乱比新来春燕多。"诗句记述了当地青少年在风和日丽、草木竞发的清明时节，到白浪河两岸放风筝的热闹场面。

追寻风筝的起源，可上溯到二千多年前的春秋战国时期，由于战争的需要，古人以鸟为形，以木为料，制成可在空中飞行的"木鸢"。据《淮南子》等书记载：春秋战国时期能工巧匠公输班（鲁班），受鹞鹰在空中盘旋飞翔的启迪，用竹、木片制作木鸢（纸鸢的前身），能在天上飞三天三夜，用以窥视宋国，侦察敌情。鲁班是鲁国人，由此推断，风筝鼻祖"木鸢"的发源地，应是齐鲁一带。到了汉代以纸代木，称为"纸鸢"。风筝的名称源于五代时期，据《询刍录》记载，亳州刺史李邺于宫中做纸鸢，引线采风为戏，后于鸢首以竹为笛，使风入作声如筝鸣，纸鸢由此而得名风筝。唐代到清代，纸鸢、纸鹞始终是中国风筝的主要名称，同时还出现了风禽、

凤巾、春申君、毫见、风瓦、八卦、鹞子等称谓。清代至今，风筝一词取代了所有的称号，成为现在的名字。

潍坊风筝的起源在明清以前，实无文献可考，历代考古发现、文学名著及诗歌绘画对风筝均无明确的地域记载，而且风筝不耐久存，更无实物佐证，那么追溯潍坊风筝的起源，只能从可见的造型和绘画特征以及它与姊妹艺术的关系去推断。北宋著名画家张择端（今潍坊诸城人）的《清明上河图》中就有6名儿童在放风筝，足以佐证。北宋时期，现属潍坊的各地扎放风筝已很普遍。明清时期，潍坊的风筝达到极盛。从文字记载看，每年清明节前后，风和日丽，家家户户扶老携幼，踏青登场，竞相把自己的得意之作送上蓝天。郑板桥在潍县做了7年县令，诗书画皆有所长，也深爱风筝，在其《怀潍县二首》里颇为赞赏地说："纸花如雪满天飞，娇女秋千打四围。五色罗裙风摆动，好将蝴蝶斗春归。"此诗生动地描写了清明佳节潍坊风筝飞天的情景，诗中的纸花指的就是纸鸢，即风筝。

潍坊地处齐鲁之邦，古称潍县，是一座文化名城，又是历史上著名的手工业之乡，这里所出产的泥塑、首饰、刺绣、杨家埠木版年画和风筝都是非常有名的。潍坊风筝艺人经过几代人苦心研究探索，他们把国画、杨家埠木版年画的技巧与风筝制作工艺巧妙地结合在一起，又形成了杨家埠风筝、国画风筝和象形风筝三个分支流派。在潍坊风筝中最具代表性的风筝分别为龙头蜈蚣风筝、硬翅人物类风筝等。在老潍县风筝和杨家埠风筝两个艺术流派长期的发展过程中，产生了近代各具特色的11位风筝名家，他们制作风筝特别注重家传，从而形成了著名的十一世家。

由于放风筝比较普及，放得多了就出现了风筝比赛。20世纪30年代，潍县有三次大的官方举办的风筝赛会。但是1937年后，日本大举入侵，1938年潍县陷落，风筝遭遇了一次厄运。直到1949年中华人民共和国成立，潍坊风筝才又有了恢复和发展，但中华人民共和国成立后，经济发展不稳定，期间出现了波折，直到 1978 年改革开放后，潍坊风筝才又焕发生机。20 世纪 80 年代，中国的经济飞速发展，潍坊风筝才又迎来了第二个繁荣期。特别是 1984 年后，随着潍坊国际风筝会的召开，潍坊风筝更加呈现了"百家齐放，百家争鸣"的局面，各类创新风筝异彩纷呈，同时也涌现出了一大批各具风格的风筝制作高手，促进了潍坊风筝在传统的基础上有了较大的创新和发展。1988 年第五届潍坊国际风筝会期间，潍坊被推选为"世界风筝之都"。1989 年国际风筝联合会正式成立，并将总部设在潍坊，从而确立了潍坊风筝的地位与知名度。在每届风筝会期间，有来自国内外各地的代表队参加，潍坊借助风筝会这一独特文化载体，打开了与外界隔绝的大门。并逐渐形成了独具特色的风筝文化和风筝经济。

潍坊巧借风筝这张名片，逐渐融入世界，世界也走进了潍坊。正是鉴于潍坊国际风筝会的影响力和对民间艺术文化的保护与推动，在联合国教科文国际民间艺术组织执委会议上，潍坊国际风筝会被列入联合国教科文国际民间艺术组织 2005 年非物质文化遗产及民间艺术保护工程，同时也被联合国教科文组织确定为世界重点文化交流活动。潍坊风筝经过历史演变和横向传播，逐渐形成了选材讲究、造型优美、扎糊精巧、形象生动、绘画艳丽、起飞灵活的传统风格与艺术特色，和京式风筝、津式风筝等交相辉映。当今，放风筝活动，在对外文化交流、加强与世界各国人民友谊、发展经济和旅游事业中发挥着重要作用。

风筝技艺

传统中国风筝的技艺概括起来只有四个字：扎、糊、绘、放，简称"四艺"。潍坊风筝也同样如此，其中扎、糊为造型基础，画是弥补形体的不足，色彩则是造型的完善。简单地理解这"四艺"即扎架子，糊纸面，绘花彩，

放风筝。但实际上这四字的内涵要广泛得多，几乎包含了全部传统中国风筝的技艺内容。如"扎"包括选、劈、弯、削、接。"糊"包括选、裁、糊、边、校。"绘"包括色、底、描、染、修。"放"包括风、线、放、调、收。而这"四艺"的综合活用就要达到风筝的设计与创新的水平。

（1）"扎"艺

①选材。中国风筝的骨架制作以各种竹材为主，辅以苇子、高粱秆等。现代开始用木材、玻璃纤维、碳纤维复合材料或轻金属。

②劈竹。劈竹分三步：切口、劈入和拨开。

③削竹。削是劈后的精加工，是用刀刃削刮竹材，把它加工成我们制作各种风筝零件所需要的各种不同宽度、厚度和斜度的竹条。传统削竹多用"抽削"的方法，即操作者坐着，在腿上铺块厚布，左手拿竹材，竹皮向下，右手横向持刀，刀刃压在竹肉上，稍向下倾，用左手用力把竹板向后抽出，竹肉即被削掉一层。适当调整刀刃与竹板的角度和压力，便可改变削掉竹肉的厚度。

④弯竹。竹材的一个重要特性是在一定的温度下它的结构会变软，很容易弯曲，在弯曲状态下冷却便可定型。利用竹材的这个特性，便可制作出各种弯曲复杂的零件来。中国风筝的玲珑精巧也和使用这种可以任意弯曲的竹材有关。

一般把准备好的竹条放在热源（蜡烛、煤油等，电烙铁等）上，根据自己所需要的弯度来弯竹。弯曲时不要着急，先将竹条预热，等达到一定温度后再弯曲，弯曲后可将竹条放入冷水中冷却定型。

⑤连接。把各个竹条零件连接在一起，组成风筝的整体骨架。连接的方法有很多，其中在传统中国风筝制作中使用最多的是绑扎，所以在"四艺"中把"扎"放在第一位。其实除"扎"之外，还有扣楔、活头、插接等。

绑扎时采用的材料有线、麻皮、纸和纺织品的条。传统的中国风筝讲究精细用线。成批生产的风筝用麻皮和纸边或绢条（糊风筝裁下来的边条）绑扎。现代的大中型中国风筝在接口涂胶后，用带胶的无纺布条绑扎；强度很大。风筝骨架上竹条的接头很多，各种各样都有，归纳起来不外乎垂直、平行和倾斜三种连接方式。

垂直连接：分为交叉接、卡接和搭接三种。交叉接简单，但强度不大，而且骨架不平。交叉接一般用十字绑线法。卡接时要有一根条劈开，卡在另一根条上，强度不如搭接，但骨架比交叉连接平一些。搭接时要有一根条弯曲90度，但强度大，骨架平，可用平行绑线法。

平行连接：分斜口接和搭口接两种。两根相接竹条互切斜口，对在一起再绑扎叫斜口接。这样既平整又美观，但斜口的长度要在竹条厚度的6倍以上，才有足够的强度。搭口接既简单，强度又大，但两根竹条有一个面不在同一直线上。

倾斜连接：倾斜连接与垂直连接类似。只是角度不同，因此可用交叉、搭接和卡接三种方法。

（2）"糊"艺

①涂胶：糊纸前，往往先把胶涂在骨架上。糊纸或绢时，目前最好的胶是乳胶（聚醋酸乙烯乳液），而胶的浓度要看所糊材料而定，原则上讲，所糊的材料越薄，胶水的强度越不能大，就可用稀一点的胶水；所糊材料强度大，要求胶合强度也大，胶水就要浓一些。涂胶最好用毛笔轻轻涂在骨架上，胶要均匀。要注意一些骨架的角落里不要积留过多胶水，这会使蒙面不平整。

②蒙面：往涂好胶的骨架上蒙面要准确地放在骨架上，尽量少移动。否则会把胶擦掉。蒙面在骨架上要平整，各处的松紧程度要相向，绝不能

有的地方紧，有的地方松，这会引起风筝的扭曲变形，严重影响飞行。蒙面在骨架上定位后，要用手轻压四周，使蒙面与骨架贴牢，但不忙卷边。因为在胶未干之前卷边会造成四周拉紧不均的现象。

③边缘处理：在把蒙面粘在骨架上以后，边缘的处理是糊风筝这道工序中的一个重要步骤。根据不同的情况可以有不同的处理方法，如切边、卷边、缝边、粘边等。

④校正：在蒙面的过程中要不断地检查风筝骨架的正确位置，发现有扭曲、不对称等情况要随时校正，否则等整个风筝糊完以后再发现问题就不易校正了。

（3）"绘"艺

①描线：画前先要在白纸上用墨线绘好1∶1的"大样"，各细部花纹都要绘出，然后把准备好的蒙面材料铺在"大样"上，用毛笔勾出全部线条来，根据图案的要求，有黑边的全用墨线勾出，大黑面用墨染好，个别图案是白边或色边的用白粉或颜色勾出。描线要准确、均匀、流畅、对称。

②着色：根据个人喜好上色，注意对于没有矾过的"生纸""生绢"，在勾画的图案上着色之前，先要在着色部分用笔上一遍胶矾水，待干后再上色。

（4）"放"艺

放风筝的工具有线、绕线工具和供游戏用的各种附加物。

放风筝的线有"缝衣线"（适合放小风筝）、"小线"（三股棉线，民间最常用的风筝线）、"衣线"（真丝线，细的叫"丝线"，粗的叫"丝绳"）、"麻线"（从前民间用此线放大风筝）等。绕线工具最普遍的是"线桄子"，这是一种穿在轴柄上的六角线线轴，可以自由地旋转着放线。收线时，一手拉线，一手打轮，十分方便，样子也玲珑可爱，本身就是一件惹人喜爱的玩具；还有一种"简易桄子"，轴柄上穿着一种扁框，用起来也很方便。

如果放大风筝，则要用"线拐子"；放更大的要用"绞车"。风筝的附加物，是放风筝时做游戏用的，种类很多，主要有"风琴""锣鼓""送饭儿的"等。

资料来源：鲁春晓，《守望、传承、复兴：潍坊民间传统老手艺漫谈》，中国社会科学出版社，2015.

4.3　项目技术装备评估

4.3.1　项目技术装备的概念

项目技术装备是为实现项目工艺技术方案所需机器、机械、运输工具及生产装备的统称。项目技术装备评估是指对项目运行所需和选用的各种技术装备的技术特性和运行适应性等一系列的评估工作。项目技术装备是实现项目产品生产目标的工具和手段，项目生产能力和项目工艺技术方案决定了项目技术装备的特性和能力等指标。项目技术装备是项目固定资产的重要组成部分，它的选择会直接影响项目固定资产投资总量，所以还必须从投资角度对其进行评估。

项目技术装备评估的主要内容是评估项目技术装备符合项目工艺技术方案要求的程度和项目技术装备的经济特性。在项目技术评估中项目技术装备的评估也是一项重要内容，它应该在项目工艺技术评估的指导下进行，但有时由于受到资金、原有技术装备等条件的限制，项目技术装备评估也会有一些自己独特的内容。

4.3.2　项目技术装备评估的内容

要想顺利地进行项目技术装备引进和购买等工作必须从以下几个方面对其进行评估。

（1）项目技术装备的来源评估

项目技术装备的来源评估，即分析和评估项目拟采用的技术装备是国内采购还是必须由国外进口，以及各自的优缺点。通常，凡是国内能够设计和制造的装备一般不从国外进口，但是当国内生产的技术装备技术不可靠或质量无保证，或价格不具有优势时，需要考虑进口项目技术装备。

一般在考虑项目技术装备来源时应该同时考虑能够提供的项目技术装备的功能、质量、价格、自身人员技术能力和管理水平等方面的问题。通过认真的分析和权衡利弊才能做出进口项目技术装备的决策。

（2）项目技术装备的配套性评估

无论是从国外引进还是从国内购买项目技术装备都要考虑装备的配套性问题。这可以从项目自身装备的配套性和在项目运行中与其他相关项目技术装备的配套性两个方面来考虑这一问题。

对于整条生产线中各种技术装备需要由几家制造商提供的情况，应按国际惯例采取总承包配套的方式，以确保项目技术装备的配套性。

如果项目的关键技术装备从国外进口，其余由国内配套提供，通常的做法是由项目相关各方共同协商，由某一方负责整条生产线的技术设备配套和安装等作业，以保证项目技术装备投产后能正常运行。

（3）项目技术装备与项目建筑和运营条件的配套评估

项目技术装备需要建筑安装以后才能运行，所以对于大型项目技术装备来讲还有一个能否与项目建设条件配套，顺利通过安装和调试的问题。因此在选择项目技术装备时要充分考虑它与建筑物和安装设备的配套问题。同时，任何项目的经营条件都是有一定限制的，所以项目技术装备还必须与项目经营条件相配套并协调一致。例如，如果项目技术装备对原材料的要求在实际运行环境中做不到，那么项目技术设备的选择就是不合理和不可行的。通常是项目技术装备先进程度越高，对安装和运行条件的要求也越高，因此在进行项目技术装备评估时，应全面考虑项目技术装备与项目建设和运行条件的评估。同时，还要对项目技术装备的备品、备件等供应条件进行必要的评估。

（4）项目技术装备相关支持软件的评估

这里的"项目技术装备相关支持软件"包括使用项目技术装备过程中所需的各种人员支持、技术支持和环境支持等条件。任何项目技术装备的选用都必须考虑有关其专有技术或专利许可证以及其他技术资料方面的开放情况，以保证项目技术装备能够正确地安装、调试、操作和维修。同时，在项目运营主体无法实现项目技术装备的维护和修理时还要考虑从组织外部是否能够获得相应的技术支持。

另外，项目技术装备的运行技术资料是否齐全，以及项目运行人员是否具备项目技术装备所需的技术水平都应评估。项目应尽量寻求经济可靠的技术支持软件条件以节约和方便项目运行。

链接：　　　　"中国制造 2025"重点技术装备项目

"中国制造 2025"重点技术装备项目将瞄准新一代信息技术、高端装备、新材料、生物医药等战略重点领域，引导社会各类资源集聚，推动优势和战略产业快速发展。

新一代信息技术产业

集成电路及专用装备。着力提升集成电路设计水平，不断丰富知识产权（IP）核和设计工具，突破关系国家信息与网络安全及电子整机产业发展的核心通用芯片，提升国产芯片的应用适配能力；掌握高密度封装及三

维（3D）微组装技术，提升封装产业和测试的自主发展能力，形成关键制造装备供货能力。

信息通信设备。掌握新型计算、高速互联、先进存储、体系化安全保障等核心技术，全面突破第五代移动通信（5G）技术、核心路由交换技术、超高速大容量智能光传输技术、"未来网络"核心技术和体系架构，积极推动量子计算、神经网络等发展；研发高端服务器、大容量存储、新型路由交换、新型智能终端、新一代基站、网络安全等设备，推动核心信息通信设备体系化发展与规模化应用。

操作系统及工业软件。开发安全领域操作系统等工业基础软件；突破智能设计与仿真及其工具、制造物联与服务、工业大数据处理等高端工业软件核心技术，开发自主可控的高端工业平台软件和重点领域应用软件，建立并完善工业软件集成标准与安全测评体系；推进自主工业软件体系化发展和产业化应用。

高档数控机床和机器人

高档数控机床。开发一批精密、高速、高效、柔性数控机床与基础制造装备及集成制造系统；加快高档数控机床、增材制造等前沿技术和装备的研发；以提升可靠性、精度保持性为重点，开发高档数控系统、伺服电机、轴承、光栅等主要功能部件及关键应用软件，加快实现产业化；加强用户工艺验证能力建设。

机器人。围绕汽车、机械、电子、危险品制造、国防军工、化工、轻工等工业机器人、特种机器人，以及医疗健康、家庭服务、教育娱乐等服务机器人应用需求，积极研发新产品，促进机器人标准化、模块化发展，扩大市场应用；突破机器人本体、减速器、伺服电机、控制器、传感器与驱动器等关键零部件及系统集成设计制造等技术瓶颈。

航空航天装备

航空装备。加快大型飞机研制，适时启动宽体客机研制，鼓励国际合作研制重型直升机，推进干支线飞机、直升机、无人机和通用飞机产业化；突破高推重比、先进涡桨（轴）发动机及大涵道比涡扇发动机技术，建立发动机自主发展工业体系；开发先进机载设备及系统，形成自主完整的航空产业链。

航天装备。发展新一代运载火箭、重型运载器，提升进入空间能力；加快推进国家民用空间基础设施建设，发展新型卫星等空间平台与有效载荷、空天地宽带互联网系统，形成长期持续稳定的卫星遥感、通信、导航等空间信息服务能力；推动载人航天、月球探测工程，适度发展深空探测；推进航天技术转化与空间技术应用。

海洋工程装备及高技术船舶

大力发展深海探测、资源开发利用、海上作业保障装备及其关键系统和专用设备。推动深海空间站、大型浮式结构物的开发和工程化；形成海洋工程装备综合试验、检测与鉴定能力，提高海洋开发利用水平；突破豪华邮轮设计建造技术，全面提升液化天然气船等高技术船舶国际竞争力，掌握重点配套设备集成化、智能化、模块化设计制造核心技术。

先进轨道交通装备

加快新材料、新技术和新工艺的应用，重点突破体系化安全保障、节能环保、数字化智能化网络化技术，研制先进可靠适用的产品和轻量化、模块化、谱系化产品；研发新一代绿色智能、高速重载轨道交通装备系统，围绕系统全寿命周期，向用户提供整体解决方案，建立世界领先的现代轨道交通产业体系。

节能与新能源汽车

继续支持电动汽车、燃料电池汽车发展，掌握汽车低碳化、信息化、智能化核心技术，提升动力电池、驱动电机、高效内燃机、先进变速器、轻量化材料、智能控制等核心技术的工程化和产业化能力，形成从关键零部件到整车的完整工业体系和创新体系，推动自主品牌节能与新能源汽车同国际先进水平接轨。

电力装备

推动大型高效超净排放煤电机组产业化和示范应用，进一步提高超大容量水电机组、核电机组、重型燃气轮机制造水平；推进新能源和可再生能源装备、先进储能装置、智能电网用输变电及用户端设备发展；突破大功率电力电子器件、高温超导材料等关键元器件和材料的制造及应用技术，形成产业化能力。

农机装备

重点发展粮、棉、油、糖等大宗粮食和战略性经济作物育、耕、种、管、收、运、贮等主要生产过程使用的先进农机装备；加快发展大型拖拉机及其复式作业机具、大型高效联合收割机等高端农业装备及关键核心零部件；提高农机装备信息收集、智能决策和精准作业能力，推进形成面向农业生产的信息化整体解决方案。

新材料

以特种金属功能材料、高性能结构材料、功能性高分子材料、特种无机非金属材料和先进复合材料为发展重点，加快研发先进熔炼、凝固成型、气相沉积、型材加工、高效合成等新材料制备关键技术和装备，加强基础研究和体系建设，突破产业化制备瓶颈；积极发展军民共用特种新材料，加快技术双向转移转化，促进新材料产业军民融合发展；高度关注颠覆性新材料对传统材料的影响，做好超导材料、纳米材料、石墨烯、生物基材料等战略前沿材料的提前布局和研制，加快基础材料升级换代。

生物医药及高性能医疗器械

发展针对重大疾病的化学药、中药、生物技术药物新产品，重点包括新机制和新靶点化学药、抗体药物、抗体偶联药物、全新结构蛋白及多肽药物、新型疫苗、临床优势突出的创新中药及个性化治疗药物；提高医疗器械的创新能力和产业化水平，重点发展影像设备、医用机器人等高性能诊疗设备，全降解血管支架等高值医用耗材，可穿戴、远程诊疗等移动医疗产品；实现生物 3D 打印、诱导多能干细胞等新技术的突破和应用。

资料来源：节选自"中国制造 2025"规划。

4.4　项目工程技术方案评估

项目工程技术方案主要是指项目工程设计方案和为完成项目建设而在项目实施过程中所采用的各种技术方法、技术措施方案等。对项目工程技术方案的评估实质上就是从项目选用的工艺技术方案和项目技术装备方案的要求出发，对项目工程技术方案所进行的分析和评价，以便最终确定出科学可行的项目工程技术方案，从而确保项目的技术可行性。

当项目需要开展一定的工程建设（如生产厂房和场地的建设）时都有一个选用科学可行的工程技术方案的问题，所以都需要开展项目工程技术方案的评估。项目工程技术方案评估主要是按照国家经济布局和区域发展计划的要求，根据项目工艺技术方案与项目技术装备的特定需要，科学地评估项目工程设计方案。同时，项目工程技术方案评估还包括对于项目实施过程中所选用工程技术方法和施工组织方案的评估。

对项目工程设计方案的评估涉及工程所在位置和工程设计方案等方面

的评估，包括位置、自然和地理条件、运输供电和给水条件以及厂房规模和布置等，这一评估能够保证项目工程设计方案全面地考虑和满足项目运行要求，从而使项目达到技术可行与经济合理。

对项目工程技术方法和施工组织方案的评估关系到项目建设速度快慢和建设质量高低以及建设投资大小和环境保护等诸多方面，这一评估对于满足项目在这些方面的要求是至关重要的。因此项目工程技术方案评估同样是一个具有全局性、长远性和战略性的项目评估工作。

项目工程技术方案评估的内容涉及很多个方面，既包括对于项目工程设计方案的评估，也包括对于项目实施过程中所选用工程技术方法以及施工组织方案的评估。

项目工程技术评估的具体内容主要有以下两个方面。

第一，项目工程设计方案的评估。这包括对于项目工程设计方案的科学性、合理性和经济性等方面的评估。其中，项目工程设计方案科学性的评估是主要是指对于项目工程设计方案本身各技术指标合理性的全面评估；项目工程设计方案合理性的评估主要是指对于项目工程设计方案、项目工艺技术方案和项目技术装备方案的匹配性的评估；项目工程设计方案的经济性评估主要是指对于项目工程技术方案在能够满足项目工艺技术和项目技术装备要求的前提下去尽可能节约项目投资等特性的评估。

第二，项目工程实施技术和施工组织方案的评估。在项目工程设计方案确定之后，还需要对于实现项目工程设计方案所选用的技术方法和施工组织方案进行全面的评估。这方面评估的主要内容包括对项目工程实施技术和施工组织方案的可靠性、经济性和高效性等方面的评估。其中，对于项目工程实施技术和施工组织方案可靠性的评估主要评估所选用的工程实施技术与施工组织方案能否科学、可靠、安全地实现工程设计方案的各项指标和要求；而对于项目工程实施技术和施工组织方案经济性的评估主要是评估所选用的工程实施技术和施工组织方案能否最大限度地节约项目实施成本并保证项目施工成本不出现超预算现象；对于项目工程实施技术和施工组织方案高效性的评估主要是评估所选用的工程实施技术和施工组织方案能否高效快捷地完成项目的实施作业并保证项目工期不出现拖延问题。

案例及思考题

案例 1：甲公司计划投资一个单纯新设备投资项目，原始投资额为 100 万元，全部在建设期起点一次投入，并当年完工投产。投产后每年增加销售收入 90 万元、总成本费用 62 万元（其中含利息费用 2 万元），该固定资产预计使用 5 年，按照直线法计提折旧，预计净残值为 10 万元。该项目由于享受国家优惠政策，项目经营期第 1、2 年所得税税率为 0，经营期第 3～5 年的所得税税率为 30%。已知项目的折现率为 10%。

要求：

（1）计算固定资产的入账价值；

（2）计算运营期内每年的折旧额；

（3）计算运营期内每年的息税前利润；

（4）计算计算期内各年的税后现金净流量；

（5）计算该项目的净现值。

案例 2：某公司现有一台旧设备，尚可继续使用 4 年，预计 4 年后残值为 3000 元，目前出售可获得 3 万元。使用该设备每年可获得营业收入 60 万元，经营成本为 40 万元。市场上有一新型设备，价值 10 万元，预计 4 年后残值为 6000 元。使用新设备将使每年经营成本减少 30 万元。假设企业所得税税率为 25%，基准贴现率为 20%。

要求：

（1）确定新旧设备的原始投资及其差额；

（2）计算新旧设备的每年折旧额及其差额；

（3）计算新旧设备的每年净利润及其差额；

（4）计算新旧设备残值的差额；

（5）计算新旧设备各年的净现金流量 NCF；

（6）请对该公司是否更新设备做出决策。

第 5 章　项目组织评估
与人力资源评估

　　项目组织评估包括管理幅度与管理层次评估、组织结构评估以及组织流程评估等，合理的组织体系有利于明确项目实施的责、权、利，有利于保障组织内部的有效沟通和信息传递，提高组织运行的效率。项目组织体系的设计与实施离不开"人"的因素，要合理做好与项目实施有关的人力资源规划、招聘、配置、培训等活动。

5.1　项目组织评估

5.1.1　项目管理幅度与管理层次

　　人类很早以前就开始了管理幅度（span of control）思想的实践。《圣经》中记载着摩西（约公元前1300年，曾被俘虏到埃及，他汲取埃及的管理经验，成为希伯来人的领导者）率领希伯来人为摆脱埃及人的奴役而出走。开始，每个人都直接向摩西汇报，遇到大事小情，摩西都要亲自处理。不久，摩

西便筋疲力尽。摩西的岳父杰西罗随队前行，他建议摩西建立"千民之侯，百民之侯，半百民之侯和十民之侯"制度，对一些小的事情，让下面的人自己处理，大的事情由摩西解决。摩西采纳了岳父的建议，顺利地完成了出走的任务。

管理幅度指的是组织内部的纵向管理层次，即一个领导者（主管人员）所能直接而有效地管理和指挥下属人员的数量，或者是指一个上级机构所能直接有效管理其下级机构的数目。换句话说，管理幅度指的是有多少人共同向同一上司汇报工作。任何一个领导者所能管辖的下属人数必定有个限制和限额，因为任何人的知识、经验、能力和精力等都是有限度的。因此居于权力中心的领导人，绝不可能无限制地直接管理和指挥很多人而又使他们的活动配合无间。

管理层次，也称组织层次。是指从组织的最高层到最基层的等级数目的多少。亦指直线行政指挥系统分级管理的各个层次。由于管理幅度的限制，当组织的人员规模达到一定程度时，即当组织的人员规模突破管理幅度的限度时，就需要而且必须划分出不同的管理层次。这样，组织就由有阶层的单位组织构成，即形成了组织的纵向层次结构（见图 5-1）。当层次较多之后，人们便形象地称其为"金字塔"式的组织结构。

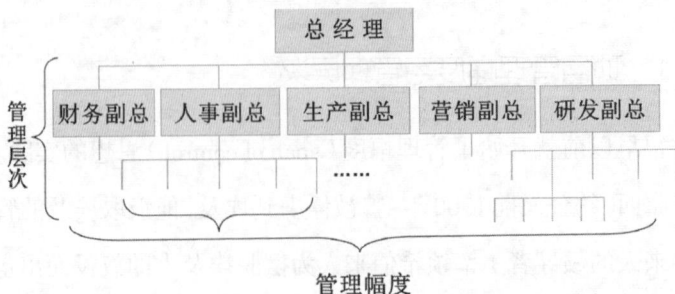

图 5-1　管理幅度与管理层次示意图

若在项目人力规模大致一定的情况下，管理层次与管理幅度在数量上是一种反比例关系。在项目组织管理过程中要正确处理好管理幅度与管理层次之间的关系问题。管理幅度受组织多种因素的制约和影响，不可能脱离具体条件而确定出一个适合于各种不同组织及不同情况的统一的管理幅度。制约和影响管理幅度的因素主要包括：领导者的素质，领导者有无助手及助手多少，下属成员的素质和成熟程度，工作的性质、环境和条件，上下级的权责关系及其明确的程度，组织内部的工作和人际关系是否协调，下属成员或组织在地域上的集中和分散程度，沟通联络技术是否先进，计划和控制指标是否明确具体，组织领导体制和领导方式是否得当等。判断管理幅度与管理层次合理与否，关键在于管理幅度和管理层次与组织的具体环境和条件相适合。只要两者均衡协调，并与组织的整体管理协调，具有良好的实践效果，就是合理的。

链接： 　　　　　　　　　　　　**孔明之死**

早期，西蜀还只是一个"小公司"，行业里诸侯割据，诸葛孔明攻城掠地，神机妙算，胜赤壁，得荆州，取西川，定汉中，盛极一时。随着市场做大，下属以州、郡等为单位的公司越来越多……

一方面是公司越来越大，另一方面是孔明越来越操劳，任免一个县官这样的芝麻小事，孔明也要亲自处理。事无巨细、亲历亲为、日理万机、鞠躬尽瘁。司马懿评价说："孔明食少事烦，其能久乎？"

而与之相对比，曹魏采取的人才策略是："三个臭皮匠，顶个诸葛亮"，曹操广纳天下贤才，达到人才的整合效应，用分工与协作产生更多的"诸葛"，就是说在公司里形成高、中、基三个管理层次：战略决策层、战术执行层、运营层，让合适的人做合适的事。

"出师未捷身先死，长使英雄泪满襟"，诸葛孔明一生事必躬亲，积劳成疾，卒于军中，终年54岁，虽业绩彪炳，却始终未能为蜀国培养出一些像样的人才，最后落得"蜀中无大将，廖化作先锋"，国家大业后继无人的结局。

5.1.2　项目组织结构

组织结构是人员及设施的职责、权限和相互关系的有序安排。组织结构实质上是一种职权、责任关系结构，是为了有效地达到项目目标而筹划建立的项目内部各部门、各层级之间协调与配合的一种形式，是分工与专业化、部门化、控制与授权等综合管理决策的产物。

从19世纪末到20世纪初，随着工业社会的突飞猛进，西方国家的经济得到了迅速发展，工业社会的发展逐渐步入了成熟时期，专业化分工的进一步细化推动了各种组织形式的大量涌现，组织在形式、活动、任务和目标等方面也发生了翻天覆地的变化，这也对管理学家们提出了新的要求，这一时期各种组织理论应运而生。我们把这一时期的组织结构形式归入有序结构时期。

根据威廉姆森（1985）的划分，现代企业先后采用过三种内部的层级组织结构：第一种是集中的一元结构（unitary structure），简称U型结构（U-Form）；第二种是控股公司结构（holding company structure），简称H型结构（H-Form）；第三种是多分支单位结构（multidivisional structure，或译事业部制），即M型结构（M-Form）[1]。

---

① OLIVER E W. The economic institutions of capitalism [M]. New York: The Free Press, 1985.

（1）U 型结构

U 型结构（unitary structure）也称一元结构，是一种高度集权的结构形式，也是现代企业最基本的组织结构。其基本特征是：企业的生产经营活动按照功能划分为若干个职能部门，每一个部门又是一个垂直管理系统，各部门独立性很小，企业实行集中控制和统一指挥，每个部门或系统由企业高层领导直接进行管理。

U 型结构最早由美国的通用电气公司发展起来，至 1917 年，美国制造业 236 家公司中有 80% 采用了这种结构。目前，我国大多数公司及非营利组织还经常采用这种组织形式。U 型结构的决策权高度集中，有利于高层管理者对公司进行直接控制；并且由于专业化分工的存在，管理和生产效率也有一定的提升，适用于市场稳定、产品品种少、需求价格弹性较大的环境。U 型组织结构在表现形式上又可以分为直线型结构、职能型结构和直线职能型结构三种。

①直线型结构（line structure）。直线型组织结构是指公司各级单位从上到下实行垂直领导，每个人只接受一个上级的指令，各级主管负责人对所属单位的一切问题负责。直线型结构适用于公司规模小、生产技术简单，而且还需要管理者具备生产经营所需要的全部知识和经验。这就要求管理者应当是"全能式"的人物，特别是公司的最高管理者。

②职能型结构（functional structure）。职能型组织结构是组织内同一层级横向划分为若干个部门，每个部门的业务性质和基本职能相同，部门间互不统属，相互分工合作。

③直线职能型结构（line and function system）。直线职能型组织结构是直线型结构与职能型结构的结合，形式上以直线统一指挥为基础，在各级行政负责人之下设置相应的职能部门，分别从事专业管理，作为该领导

的参谋，协助主管统一指挥。从公司组织的管理形态来看，直线职能型是 U 型组织最为理想的管理架构，因此被广泛采用。

（2）H 型结构

H 型结构（holding company structure）就是控股公司结构，严格来讲并不是一个公司的组织结构形态，而是集团企业的组织形式。在 H 型公司，母公司持有子公司或分公司部分或全部股份，下属各子公司具有独立的法人资格，是相对独立的利润中心。H 型结构较多地出现于横向合并而形成的公司中，其显著特征是高度分权，各子公司保持了较大的独立性。但是为了协调全公司的业务，母公司主要是对子公司进行计划管理、财务管理和人事管理。H 型结构中包含了 U 型结构，仅是过渡形式逐步演化为 M 型结构，构成控股公司的子公司往往是 U 型结构。

H 型结构有以下两个特点。

①母公司和子公司不是行政上的隶属关系，而是资产上的联结关系。母公司对子公司的控制，主要是凭借股权，在股东会和董事会的决策中发挥作用，并通过任免董事长和总经理来贯彻实施母公司的战略意图。

②子公司与事业部不同，在法律上是具有法人地位的独立公司。它有自己的公司名称和公司章程，其财产与母公司的财产彼此独立注册，各有自己的资产负债表。子公司自主经营、独立核算、自负盈亏，独立承担民事责任。

H 型结构对于经营分散、产品多样、业务之间相互独立的公司来说是比较理想的，尤其是那些在基本战略中涉及结构重组的公司。H 型结构有利于资本的集聚、税收筹划、公司内部整合和外部兼并重组以及多元化经营，因此为跨国公司、金融公司以及大型工商公司广泛地采用。在美国的制造业中，这种结构不太流行。到二战前夕，在大的美国工业公司中，已经几乎没有人仍然利用控股公司来管理他们的生意。但在欧洲，这种形式却曾被广泛采用。例如在英国，H型控股结构是控制分支机构的最普遍的形式。但由于H型结构的公司缺乏明确的发展规划、经营战略，并且其内部结构过分松散，往往子公司难以被控制，这就加大了控股公司的管理成本。所以，20世纪70年代以后，H型结构在大型公司的主导地位已逐渐为M型结构所取代。

（3）M型结构

M型组织结构（multidivisional structure）又称事业部型组织结构，即在公司统一领导下，按照产品、地区或客户来设立事业部，每个事业部都有自己较完整的职能机构。如宝洁公司按产品类别划分事业部，麦当劳公司按区域成立事业部，一些银行则以顾客类型为依据来划分事业部，各事业部具有相对独立的责任和权利。这种组织结构的基本原则是"集中决策、分散经营"，即重大事项由集团最高决策层进行决策，事业部独立经营。

事业部制最早是由美国通用汽车公司总裁斯隆于1924年提出的，故也常被称为"斯隆模型"，是一种高度集权下的分权管理体制。当时，通用汽车公司合并了许多小公司，公司规模急剧扩大，产品种类和经营项目增多，而内部管理却适应不了这种急剧的发展而显得十分混乱。时任通用汽车公司常务副总经理的斯隆参考了杜邦化学公司的经验，以事业部制的形式于1924年完成了对原有组织的改组，使通用汽车公司的整合与发展获得了较大成功，成为实行事业部制的典型。几乎与此同时，在日本，"经营之神"松下幸之助在1927年也采用了事业部制，这种管理架构在当时被视为划时代的机构改革，与"终身雇佣制""年功序列"并称为松下制

胜的"三大法宝"。

事业部制的划分形式如下。

①产品事业部（又称产品部门化）。产品部门化主要是以公司所生产的产品为基础，将与生产某一产品有关的活动，完全置于同一产品部门内，再在产品部门内细分职能部门，进行生产该产品的工作。这种结构形态，在设计中往往将一些共用的职能集中，由上级委派以辅导各产品部门，做到资源共享。

②区域事业部制（又称区域部门化）。对于在地理上分散的公司来说，按地区划分部门是一种比较普遍的方法。其原则是把某个地区或区域内的业务工作集中起来，委派一位经理来主管其事。按地区划分部门，特别适用于规模大的公司，尤其是跨国公司。这种组织结构形态，在设计上往往设有中央服务部门，如采购、人事、财务、广告等，向各区域提供专业性的服务。

事业部制适用于规模庞大、品种繁多、技术复杂的大型公司。其优点是，总公司领导可以摆脱日常事务，集中精力考虑全局问题；事业部实行独立核算，更能发挥经营管理的积极性，更利于组织专业化生产和实现公司的内部协作；各事业部之间有比较，有竞争，这种比较和竞争有利于公司的发展；事业部内部的供、产、销之间容易协调，不像在直线职能制下需要高层管理部门过问；事业部经理要从事业部整体来考虑问题，这有利于培养和训练管理人才。缺点是，公司与事业部的职能机构重叠，构成管理人员浪费；事业部实行独立核算，各事业部只考虑自身的利益，影响事业部之间的协作，一些业务联系与沟通往往也被经济关系所替代，甚至连总部的职能机构为事业部提供决策咨询服务时，也要事业部支付咨询服务费。

20 世纪 80 年代以来，世界范围内爆发的信息技术革命使得组织的生存环境发生了巨大的变化，特别是自哈默提出"企业流程再造"理论，公司开始意识到传统的金字塔式组织结构已不能适应现代社会特别是知识经济时代的要求[①]。公司发展已经呈现出竞争全球化、顾客主导化和员工知识化等特点。故而，公司组织形式也必须是弹性的和分权化的。因此，现代公司十分推崇流程再造、组织重构，以客户的需求和满意度为目标，对公司现有的业务流程进行根本性的再思考和彻底重建，利用先进的制造技术、信息技术以及现代化的管理手段，最大限度地实现技术上的功能集成和管理上的职能集成，以打破传统的职能型组织结构，建立全新的过程型组织结构，从而实现公司经营成本、质量、服务和效率的巨大改善，以更好地适应以顾客、竞争、变化为特征的现代公司经营环境。

5.1.3　组织结构新形式

在这一知识经济时代背景下，企业组织结构发展也呈现出新的趋势：外形扁平化、运作柔性化以及结构动态化。扁平化组织、无边界组织、敏捷组织、柔性组织等新型组织结构形式相继涌现。

（1）扁平化组织

所谓组织扁平化，就是通过破除公司自上而下的垂直结构，减少管理层级，增加管理幅度，裁减冗员来建立一种紧凑的横向组织，从而达到使组织变得灵活、敏捷、柔性的目的。

1990 年，美国著名管理学家迈克尔·哈默（Michael Hammer）在《哈

---

① 迈克尔·哈默. 改革公司：企业革命的宣言书［M］.胡毓源，译.上海：上海译文出版社，1998.

佛商业评论》上发表了一篇名为《再造——不是自动化，而是重新开始》的文章，率先提出了流程再造的思想。企业再造革命旨在通过对企业的流程、组织结构、文化等进行彻底、急剧的重塑，从而达到绩效的飞跃。哈默认为，企业再造就是从根本上打破传统的、建立在纵向劳动分工和横向职能分工基础上的运作体系，提出以新设计和重建的作业流程作为公司组织结构基础的组织形式。美国麻省理工学院教授维斯特尼和马林等人总结了管理界对再造后"新组织"的论述，认为"新组织"具有网络化、扁平化、灵活化、多元化、全球化等特点。1997年，道赫德总结道："20世纪90年代激烈的全球竞争导致两类不同性质的组织创新，一类以降低成本为目的，另一类则以提高公司核心能力为目的。后者突出地表现为使组织更加扁平化、更具柔性和创造性。"

扁平化组织与传统的科层制组织不同，需要员工打破原有的部门界限，绕过原来的中间管理层级，直接面对顾客并向公司总体目标负责，从而以群体和协作的优势赢得市场主导地位。其特点如下。

①以工作流程为中心而不是以部门职能来构建组织结构。组织的结构是围绕有明确目标的几项"核心流程"而建立，不再围绕职能部门，职能部门的职责也随之逐渐淡化。

②纵向管理层级简化，削减中层管理者。组织扁平化要求公司的管理幅度增加，简化烦琐的管理层级，取消一些中层管理者的岗位，使得公司指挥链条最短。

③公司资源和权力下放于基层，顾客需求驱动。基层的员工与顾客直接接触，使他们拥有部门决策权，能避免顾客反馈的信息向上级传递过程中出现的失真与滞后，改善服务质量，快速响应市场变化，真正做到"顾客满意"。

④现代网络通信手段。公司内部与公司之间通过使用电子邮件、办公自动化系统、管理信息系统等网络信息化工具进行沟通，大大增加了管理幅度与效率。

⑤实行目标管理。在下放决策权给员工的同时实行目标管理，以团队作为基本的工作单位，员工自主做出工作决策，并为之负责，把每一个员工都变成了公司的主人。

（2）无边界组织

美国通用电气公司前任董事会主席杰克·韦尔奇（Jack Welch）首先使用了无边界组织这一术语。所谓无边界组织（boundless organization），是指边界不由某种预先设定的结构所限定或定义的组织结构。韦尔奇力求取消公司内部的横向和纵向边界，并打破公司与客户、供应商之间存在的外部边界障碍。他提出无边界组织的目的在于消除各个职能部门之间、各层级之间、内外部之间、各区域之间的信息交互障碍，使组织的各个构成之间能够自由沟通。

传统的组织边界通常有横向、纵向和外部边界三种。横向边界是由工作专门化和部门化形成的，纵向边界是由组织层级所产生的，外部边界是组织与其顾客、供应商等之间形成的隔墙。在动态变化的外部环境下，组织为了更有效的运营，就必须保持灵活性和非结构化。而传统有边界组织中的边界刚性太强，从而导致组织中的信息交换滞后，对外界变化反应迟钝，组织本身也不具备足够的柔性来适应信息时代快速多变的新形式。

无边界组织是相对于有边界组织而言的。传统组织的边界是为了保证组织的稳定和秩序，而无边界组织的"无边界"不是要完全否定公司组织必有的控制手段，包括工作分析、岗位定级、职责权力等的设定，只是强

调不要僵化。此外，无边界组织也不意味着边界完全消失，而是将传统组织中的边界模糊化，通过组织协调，提高整个组织信息的传递、扩散和渗透能力，实现信息、经验与技能的对称分布和共享，达到激励创新和提高工作效率的目的。

罗伯特·史雷特在他的《通用商战实录》一书中对无边界组织的界定做了更为细致的描绘，从速度、弹性、整合程度和创新四个方面，对四种关系进行了分析[①]。他认为无边界组织具有以下 16 个特征。

①纵向关系的速度特征为：大多数决定由那些最接近客户的人现场做出，不过这些决定一般只奏效数小时而不是数星期、数月。

②纵向关系的弹性特征为：各级管理者不但肩负日常的一线管理责任，而且承担着更为广泛的战略责任。

③纵向关系的整合程度特征为：关键问题由多层次的团队共同解决，其成员的努力不再受组织中的级别限制。

④纵向关系的创新特征为：针对要解决的问题，经常通过跨层次的头脑风暴法来发掘新主意、新思路，并现场决策，不再来回地申报审批。

⑤横向关系的速度特征为：新产品或服务以越来越快的速度推向市场，一发掘出客户价值，就以最快的速度呈献给客户。

⑥横向关系的弹性特征为：各种资源的配置打破单位、部门之间的块块分割，能够根据需要快速、经常、无阻碍地在专家和操作部门之间流转。

⑦横向关系的整合程度特征为：日常工作可通过流水作业的团队予以解决，非常规性工作由从响应单位、部门抽调力量构成项目组来处理。

⑧横向关系的创新特征为：经常举办由感兴趣的人自主参加的跨单位、

---

① 罗伯特·史雷特.通用商战实录［M］.北京：机械工业出版社，2000.

跨部门，甚至是跨公司的专题研讨会、报告会，或问题攻关小组活动，以横向团队的形式自发地去探索新主意、新思路、新技术和新方法。

⑨公司伙伴关系的速度特征为：对于客户和合作伙伴的要求和投诉，能预先采取措施，并适时答复。与客户的关系也是一种合作伙伴关系。

⑩公司伙伴关系的弹性特征为：战略资源和重要的管理者可以在公司伙伴之间流动，甚至无偿地"借给"客户和供应商使用。

⑪公司伙伴关系的整合程度特征为：供应商和客户经理在设计公司运行和战略选择的团队中居于核心地位，并发挥主导作用。

⑫公司伙伴关系的创新特征为：能从供应商和客户那里经常获得大量的新产品和新工艺的建议和思路。

⑬空间区域关系的速度特征为：最好的经验得以在与自己公司结成公司联盟关系的范围内传播，甚至直接跨地区、跨国界传播。

⑭空间区域关系的弹性特征为：公司领导者，包括公司下属区域公司领导人，定期参与在不同地区、不同国家举行的区域业务营运会议及决策。

⑮空间区域关系的整合程度特征为：在公司联盟内部的各国业务之间存在标准的产品平台、统一的行动和分享的经验。

⑯空间区域关系的创新特征为：新产品的建议能放到其母国以外的环境里评价其适应性。

（3）敏捷组织

敏捷组织最初产生于制造业。20 世纪 80 年代，由于战略失误和日本制造业的迅速崛起，美国制造业逐渐衰落，并动摇了美国的经济基础。为了重振美国在全球制造业的领先地位，增强其经济实力，从 1988 年开始，美国投入了大量的人力和财力从事制造战略研究，特别是中长期制造业战

略的研究，并陆续产生了《美国制造》、《改变世界的机器》和《21世纪制造公司战略》等一系列影响深远的研究成果。1989年，美国"工业生产委员会"发布的战略研究报告《美国制造》详细分析了美国制造业走向衰落的原因，强调美国制造业曾经的"制胜法宝"——大规模、大批量生产，已经不适应新的形势，并且制造公司也没有很好地适应全球化的市场竞争环境。《美国制造》开始注意到公司应变能力的战略意义。1991年，沃麦克等著的《改变世界的机器》系统总结了以日本丰田汽车公司为代表的先进管理经验，提出了"精益生产（lean production）"模式，为提高公司生产应变能力提供了理论指导。

与此同时，为了将本国在信息化领域中的领先优势与制造业传统优势相结合，以提升制造业在全世界的竞争力，并在21世纪保持长期的竞争优势，美国国防部委托里海大学艾科卡研究所等机构联合编写了《21世纪制造公司战略》报告。报告认为，商务环境的变化速度超过公司调整的步伐，公司无法以相应的速度适应环境的变化。为此，必须将制造公司改造成为具有敏捷性的公司，并首次提出了敏捷制造（agile manufacturing）和敏捷制造公司的概念。敏捷制造的概念一经提出，立即得到美国工业界、政府机构和社会各界的认可，并很快成为理论研究与商务实践的热点。

敏捷组织（agile organization）是指组织能够识别环境变化并抓住市场环境的变化带来的机遇通过对自身的组织资源进行重构。它反映了组织在生存发展中所必需的应变能力和持续变革能力。首先敏捷组织是一个组织模式，即组织实现自身敏捷性的一种模式；其次敏捷组织是一种组织能力，即组织快速响应变化的能力。敏捷组织能够实时获取环境信息，感知组织环境变化需求，将环境变化融合到组织的管理过程中，作为组织发展、演化的一种依据，组织根据环境的变化不断对自身进行调整，保证组织能够对变化进行快速响应，提高组织的反应速度和能力。敏捷组织的运作必须实时响应环境变化，而实时响应需求需要通过组织的动态调整来实现。敏捷组织与传统组织的最大区别是精于变化，即敏捷组织能够感知环境的变化，理解环境的变化原因，对变化做出及时的响应并利用变化发掘机遇，这是传统组织缺乏的能力，而这种能力的差别是由敏捷组织的结构、人员等方面特点造成的。

敏捷组织的特点如下。

①组织结构扁平化。敏捷组织要保证动态响应需要减少组织的层级，压缩职能机构保持紧凑的组织结构，这样才能使得组织富有弹性。组织扁平化需要以现代通讯技术和信息技术为保障，这些技术的运用使得组织间的信息处理环节减少，缩短了信息处理的周期，保证了信息传递的畅通。同时组织扁平化使得多个机构职能边界被打破，利于组织间的沟通协作，对建立跨职能部门团队具有指导性意义。

②组织结构模块化。组织结构模块化将组织的各个组成部分当作独立的模块，每个模块单元具有特定的能力，各个单元模块由若干基本要素构成，敏捷组织通过模块化保证组织的可重用、可重构和可扩充。

③组织结构柔性化。敏捷组织是一个具有开放性、适应性、创新性的系统，组织将资源、流程等要素进行有机的结合，根据组织环境的变化进行实时的结构调整，对变化进行高效的响应。随着环境的不确定性和多变性日益突出，组织必须实现传统刚性组织向柔性组织转变，组织需保证能够快速构建、调整、解体，这样才能调高组织的适应能力。

（4）柔性组织

对柔性组织的研究最早起源于 20 世纪 30 年代的两项研究：一是经

济学家哈特等人研究经济周期的震荡对公司的影响；二是梅森、贝克曼等经济学家研究农民对农业价格波动的一种潜在反应。之后，汤普森和艾科夫等人对于在快速变化和不确定的环境中组织柔性的重要性问题进行了研究。英国学者伯恩斯和斯托尔克为了考察外界环境对公司管理系统的影响，对英国和苏格兰的 20 家工业公司进行了调查研究。他们发现，处于急剧变动环境中的公司组织结构和处于稳定环境中的组织结构并不相同，他们分别将其归纳为柔性结构和刚性结构两种类型。

柔性组织是与动态竞争条件相适应的一种具有弹性的，即具有适应性、创新性、学习性及敏锐性的新型组织形态，它是相对于组织层级多、结构僵化、沟通困难的刚性组织而言的。柔性组织具有如下的特征。

①柔性组织是具有宽容性的、采取适度的分权政策的组织。著名管理大师德鲁克对组织曾提出这样的观点：能长期生存的公司都是宽容型的公司。这些公司充分地利用了分散结构和授予员工权利的方法，允许核心事业之外的活动发生，即允许组织行为的适度多元化。通过这种方式，赋予了公司承受灾难和压力的弹性。另外，从组织行为学的角度来看，组织的扁平化与适度的分权，一方面会促进决策活动在信息所在地完成，从而提高决策的效率，节约管理成本；另一方面，适度的分权将有助于激发员工的积极性，充分发挥人的聪明才智，从而为公司带来创新与活力。因此，采取宽容型策略且在组织设计上采取适度的分权，是柔性组织区别于刚性组织的一大特征。

②柔性组织是具有快速反应能力的、能很好适应环境变化的组织。传统的科层制组织的主要特点是，按照精确安排但十分僵化的规则和常规工作。但是在当前这种日益复杂且难以预测的环境之下，刚性化的组织很难对环境的变化做出快速的反应。在这种情况之下，组织需要更迅速地和灵

活地对市场和技术方面的变革做出反应，从而使公司的行为能够跟得上环境的变化。可见，具有足够的灵活性和适应能力，是柔性组织区别于刚性组织的另外一大特征。

③柔性组织是具有组织学习能力的、积极开展创新活动的组织。在传统的组织中，刚性组织清楚地描绘了专门化的个体职位和工作，仔细和详细地规定了担任该职位的资格、该职位的责任和绩效要求；对员工采取标准化的训练，通过发展专门知识来确定职业路径和奖励关系，使那些忠实地履行其职位要求的人有一个可预测的稳定的职业生涯。但是，在这样的一种组织模式之下，员工完全按照设定好的程序进行工作，很难通过组织学习来进行知识更新，更谈不上创新活动了。为了解决这个问题，需要在组织设计的过程中，保障组织学习的有效开展，鼓励创新活动，实现组织内部知识共享和积累，从而可以根据外部环境的变化，做出适时的调整，不断地培育新的核心竞争力，进而实现公司的可持续发展。

5.1.4　项目组织流程

到商场购买物品的过程为：进入商场——挑选商品——付款——离开商场。这其实就是顾客购买商品的流程。抽象地看，它是一系列相关的人类活动或操作，有意识地产生一种特定的结果；再如收看电视要经历插上电源——打开电视机——搜寻电视节目等一系列活动，也是一种流程。以上说明，流程是由一系列的活动或事件组成的，经过这些活动或事件必定产生一种特定的事前有所预料的结果。实际上，流程就是操作的方法或工作的结构，或是事物发展的逻辑状况，它包含了事情的始末、变化的过程，既可以为事件发展的时间顺序，也可为事件变化的空间过程。

（1）串行流程关系

活动之间的串行关系意味着两个活动是先后发生的，即前一个活动的输出作为后一个活动的输入，最后一个活动的输出则为流程的输出。如图5-2（a）所示。

（2）并行流程关系

活动之间的并行关系表示两个活动是同时进行，彼此独立的，它们共同对输出产生直接的影响。活动之间并不构成输入或输出的关系，它们的共同输出才是流程的结果。在公司的诸多活动中，活动之间的并行关系也是大量存在的。如在新产品投入市场过程中，产品的制造部和广告部直接对产品销售提供输入，广告的活动既不需要拥有商品的实体，也不需要制造活动的信息，就能为产品做广告，因此，这两个活动都独立地、直接地对"新产品投入市场"作贡献，产品制造活动与广告活动之间就是一种并行关系。如图5-2（b）所示。

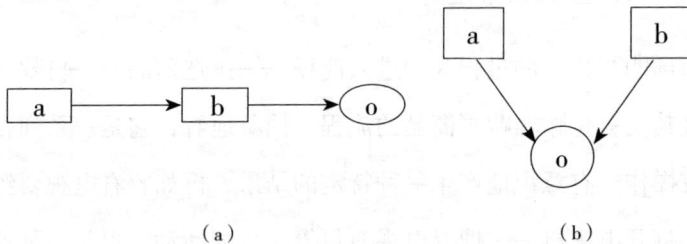

（a）   （b）

图5-2　串行与并行流程关系

（3）流程间的反馈关系

无论是活动间的串行关系还是并行关系，它们都只反映了活动发生的时间关系。串行关系表示活动是先后发生，前一活动的输出构成后一活动的输入，但后一活动的输出情况如何对前一活动并无影响；并行关系则意味着活动是独立发生的,可同时可不同时,两者之间只有时间的牵制关系,即必须等最迟完成的活动结束后才能共同进行下一个活动,两者之间的输入、输出并不相互发生作用。这些存在着串行或并行关系的活动,其彼此的关系相对简单。

公司的活动中往往还存在着另外一种比较复杂的关系,活动间不仅仅是单向输出、输入或者不存在输出、输入,而是相互输出、输入,即前一活动的输出作为后一活动的输入,而后一活动的输出又作为前一活动的输入,两个活动的结果互相控制再产生一定的结果;或者两个活动间彼此相互作用,此活动的输出作为彼活动的输入,而彼活动的输出又作为此活动的输入,并共同作用于某一结果。这种活动间相互控制的关系就是一种反馈关系。

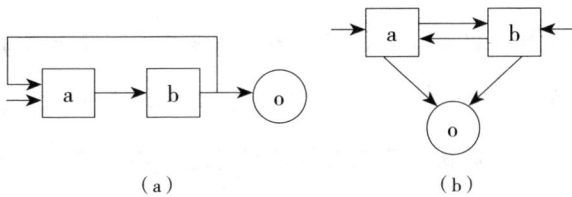

(a)   (b)

图 5-3 两种流程反馈关系

对于第一种反馈关系,流程的输出来自活动 b,但活动 a 和活动 b 之间有反馈关系,a 的输出作为 b 的输入,而 b 的输出如果与预期的结果一致则作为流程的结果输出;如果与预期的结果存在差异,则反馈到 a 后重新输入,以获得预定的结果。公司的大部分管理活动都属于这种反馈关系。如图 5-3(a)所示。

对于第二种反馈形式,流程的输入来自活动 a 和活动 b,但活动 a 和活动 b 并非独立地作为一种输入产生共同的结果 o,而是 a 和 b 之间有着相互作用,然后产生共同的结果 o。在公司的许多流程中,这种关系也是

常见的。如图5-3（b）所示。例如，公司新产品开发流程中，产品初步方案产生后，技术图纸设计是根据初步方案的结果进行的，然后是工艺设计。在这个流程中，每个活动都有可能出现问题，然后去修改前面的结果。它们的活动即为这种反馈关系。

链接： <center>**业务流程再造**</center>

企业流程再造是对公司的业务流程做根本性变革与重组的过程，其目的是在成本、质量、服务和速度等方面取得显著的改善，使公司能够最大限度地适应以客户、竞争、变化为特征的现代经营环境。

位于北美的福特汽车公司是美国三大汽车巨头之一，但是到了20世纪80年代初，福特像美国其他大公司一样面临着日本竞争对手的挑战，因而想方设法削减管理费用和各种行政开支。福特汽车公司有三分之二的汽车部件需要从外部供应商处购买，为此需要有相当多的雇员从事应付账款管理工作。在进行业务流程重组之前，北美福特汽车公司的应付账款部门雇员有500多人。最初，管理人员计划通过业务处理程序合理化和应用计算机系统，将员工裁减到最多不超过400人。

日本马自达公司在福特公司占有22%的股份，而在马自达汽车公司做同样工作的只有5人。尽管两个公司在规模上存在一定的差距，但5:500的差距让福特公司震惊了。为此，福特公司决定对公司与应付账款部门相关的整个业务流程进行彻底重组。

福特汽车公司应付账款部门的工作就是接收采购部门送来的采购订单副本、仓库的收货单和供应商的发票，然后将三类票据放在一起进行核对，查看其中的14项数据是否相符，绝大部分时间被耗费在这14项数据由于种种原因造成的不相符上。原有业务流程及新业务流程如图5-4所示。

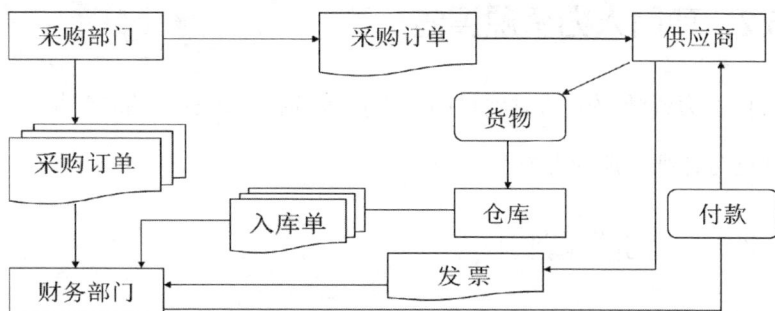

（a）原有业务流程

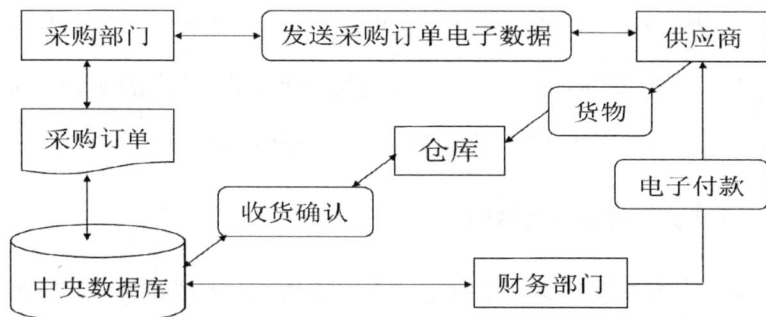

（b）新业务流程

图5-4 原有业务流程及新业务流程示意图

业务流程重组后，应付账款部门不再需要发票，需要核实的数据项减少为3项：零部件名称、数量和供应商代码，采购部门和仓库分别将采购订单和收货确认信息输入到计算机系统后，由计算机进行电子数据匹配。最后结果是：应付账款部门的员工减少了75%，而不是原计划的20%。①

---

① 张珺. 浅谈会计业务流程重组：福特公司应付款业务流程重组的启示 [J]. 会计之友，2006（2）：27-28.

5.2 项目人力资源评估

项目人力资源评估即对项目的人力资源选择、来源、招聘与培训等总体规划进行详细论证与考察。

5.2.1 人力资源规划

（1）人力资源规划的概念

项目实施者从战略规划和发展目标出发，根据其内外部环境的变化，预测未来发展对人力资源的需求，以及为满足这种需要所提供人力资源的活动过程。从规划的期限上看，人力资源规划可区分为长期规划（5年以上）和短期计划（1年及以内），介于两者之间的为中期规划[①]。

（2）人力资源规划的目的

①规划人力发展。人力发展包括人力预测、人力增补及人员培训，这三者紧密联系，不可分割。人力资源规划一方面对目前人力现状予以分析，以了解人事动态；另一方面，对未来人力需求做一些预测，以便对项目实施企业人力的增减进行通盘考虑，再据以制订人员增补和培训计划。所以，人力资源规划是人力发展的基础。

②促使人力资源的合理运用。只有少数项目实施企业其人力的配置完全符合理想的状况。在相当多的项目实施企业中，其中一些人的工作负荷过重，而另一些人则工作过于轻松。也许有一些人的能力有限，而另一些人则感到能力有余，未能充分利用。人力资源规划可改善人力分配不平衡的状况，进而谋求合理化，以使人力资源能配合组织的发展需要。

---

① 彭剑锋.人力资源管理概论［M］.上海：复旦大学出版社，2011.

③配合组织发展的需要 。任何组织的特性，都是不断地追求生存和发展，而生存和发展的主要因素是人力资源的获得与运用，也就是如何适时、适量及适质地使组织获得所需的各类人力资源。由于现代科学技术日新月异，社会环境变化多端，如何针对这些多变的因素，配合组织发展目标，对人力资源恰当规划甚为重要。

④降低用人成本 。影响项目实施企业用人数目的因素很多，如业务、技术革新、机器设备、组织工作制度、工作人员的能力等。人力资源规划可对现有的人力结构做一些分析，并找出影响人力资源有效运用的瓶颈，使人力资源效能充分发挥，进而降低人力资源在成本中所占的比率。

（3）人力资源计划的制订原则

①充分考虑内部、外部环境的变化。人力资源计划只有充分地考虑了内、外部环境的变化，才能适应需要，真正地做到为项目实施企业发展目标服务。内部变化主要指销售的变化、开发的变化，或者说项目实施企业发展战略的变化，还有项目实施企业员工的流动变化等；外部变化指社会消费市场的变化、政府有关人力资源政策的变化、人才市场的变化等。为了更好地适应这些变化，在人力资源计划中应该对可能出现的情况和风险做出预测，最好能有面对风险的应对策略。

②确保项目实施企业的人力资源保障。项目实施企业的人力资源保障问题是人力资源计划中应解决的核心问题。它包括人员的流入预测、人员的流出预测、人员的内部流动预测、社会人力资源供给状况分析、人员流动的损益分析等。只有有效地保证了对项目实施企业的人力资源供给，才可能去进行更深层次的人力资源管理与开发。

③使项目实施企业和员工都得到长期的利益。人力资源计划不仅是面

向项目实施企业的计划，也是面向员工的计划。项目实施企业的发展和员工的发展是互相依托、互相促进的关系。如果只考虑项目实施企业的发展需要，而忽视了员工的发展，则会有损项目实施企业发展目标的达成。优秀的人力资源计划，一定是能够使项目实施企业员工得到长期利益的计划，一定是能够使项目实施企业和员工共同发展的计划。

（4）人力资源计划的内容

①总计划：人力资源总计划陈述人力资源计划的总原则、总方针、总目标。

②职务编制计划：陈述项目实施企业的组织结构、职务设置、职务描述和职务资格要求等内容。

③人员配置计划：人员配置计划陈述项目实施企业每个职务的人员数量、人员的职务变动、职务人员空缺数量等。

④人员需求计划：通过总计划、职务编制计划、人员配置计划可以得出人员需求计划。需求计划中应陈述需要的职务名称、人员数量、希望到岗时间等。

⑤人员供给计划：人员供给计划是人员需求计划的对策性计划。主要陈述人员供给的方式、人员内部流动政策、人员外部流动政策、人员获取途径和获取实施计划等。

⑥教育培训计划：包括教育培训需求、培训内容、培训形式、培训考核等内容。

⑦人力资源管理政策调整计划：计划中明确计划期内的人力资源政策的调整原因、调整步骤和调整范围等。

⑧投资预算：上述各项计划的费用预算。

5.2.2　人力资源招聘与配置

（1）工作分析

工作分析即对工作中包含的各种职责和任务进行详尽描述，明确要想成功完成该工作员工必须具备哪些知识、技能及能力。工作分析的两大基本内容：其一是工作说明，即做什么、如何做、在什么条件下做；其二是工作规范与任职资格，即这项工作对任职者的基本要求是什么。

工作分析的常用方法包括以下 4 个。

①观察法。分析员直接观察员工的工作状况，或通过看工作录像的方式了解这些信息。

②访谈法。针对选定的任职者进行全方位访谈，在大量的访谈结果基础上汇集成工作分析记录。

③工作日志法。任职者通过工作日记或工作日志，记录他们每天的活动，以及每项活动所用的时间。

④问卷法。编写各种可能的任务项目并制成表列，让任职者针对各个项目评估他们的工作。

链接：　　　　　　　　**职位分析访谈提纲示例**[①]

（1）请您用一句话概括您的职位在本企业中存在的价值是什么；它要完成的主要的工作内容和要达成的目标有哪些？

（2）请问与您进行工作联系的主要人员有哪些？联系的主要方式是什么？

---

① 彭剑锋. 战略人力资源管理：理论、实践与前沿［M］. 北京：中国人民大学出版社，2014.

（3）您认为您的主要工作职责是什么？请至少列出8项。

（4）对于这些职责您是怎样完成的？在执行过程中碰到的主要困难和问题是什么？

（5）请您指出以上各项职责在工作总时间中所占的百分比。（请指出其中耗费时间最多的三项工作。）

（6）请指出您的以上工作职责中最重要、对企业最有价值的工作是什么？

（7）组织所赋予您的最主要的权限有哪些？您认为这些权限有哪些是合适的，哪些需要重新界定？

（8）请您就以上工作职责，谈谈评价这些职责是否出色地完成的标准是什么。

（9）您认为在工作中您需要其他部门、其他职位为您提供哪些方面的配合、支持与服务？在这些方面，目前做得好的是什么，尚待改进的是什么？

（10）您认为要出色地完成以上各项职责需要什么样的学历和专业背景？需要什么样的工作经验（类型和时间）？在外语和计算机方面有哪些要求？您认为要出色地完成以上各项职责需要具备哪些能力？

（11）您认为要出色地完成以上各项职责需要具备哪些专业知识和技能，以及什么样的个性品质？

（12）请问您工作中自主决策的机会有多大？工作中是否经常加班？工作繁忙是否具有很大的不均衡性？工作中是否要求精力高度集中？工作负荷有多大？

（2）基于胜任力模型的人才配置

麦克利兰（David C.McClelland）于1973年发表的 *Testing for competence*

rather than for "intelligence" 一文中指出，传统的性向测验和知识测验并不能预测候选人在未来工作中的表现；人的工作绩效由一些更根本、更潜在的因素决定，这些因素能够更好地预测人在特定职位上的工作绩效，这些"能区分在特定的工作岗位和组织环境中绩效水平的个人特征"就是"素质（competence）"[①]。素质是为达到或超出预期的质量水平的工作输出所必须具备的能力。素质是一名员工潜在的特性，例如：动机（motive）、特质（trait）、技能（skill）、自我形象（self-image）、社会角色（social role）、所拥有的知识（knowledge）等，这些因素在工作中会导致有效或杰出的绩效表现。

美国薪酬协会（The American Compensation Association）将素质定义为，个体为达到成功的绩效水平所表现出来的工作行为，这些行为是可观察的、可测量的、可分级的。Spencer 等（1993）认为素质是个人所具有的一些潜在特质，而这些潜在特质是与其在工作或职位上的绩效表现相关的，同时也可依此来预期、反映其行为及绩效表现的好坏[②]。

素质的四个典型特点：强调"卓越者"与"合格者"的差别；胜任特征来自对卓越者标杆的解析；关注"潜能（深层素质特征）"，而非浅层的知识和技能；将深层素质特征，挖掘开发成为可习得的"行为"。

素质的基本维度如下。

①知识：指个人在某一特定领域拥有的事实型与经验型信息。

②技能：指结构化地运用知识完成某项具体工作的能力。

---

① MCCLELLAND D C.Testing for competence rather than for "intelligence" [J].American psychologist, 1973, 28（1）: 1-14.

① SPENCER L M, SPENCER S M.Competence at work: models for superior performance [M]. New York: Jonh Wiley and Sons Ltd., 1993.

③社会角色：指一个人基于态度和价值观的行为方式和风格。

④自我概念：指一个人的态度、价值观和自我印象。

⑤特质：指个性、身体特征对环境和各种信息所表现出来的持续反应。

⑥动机：指一个人对某种事物持续渴望，进而付诸行动的内驱力。

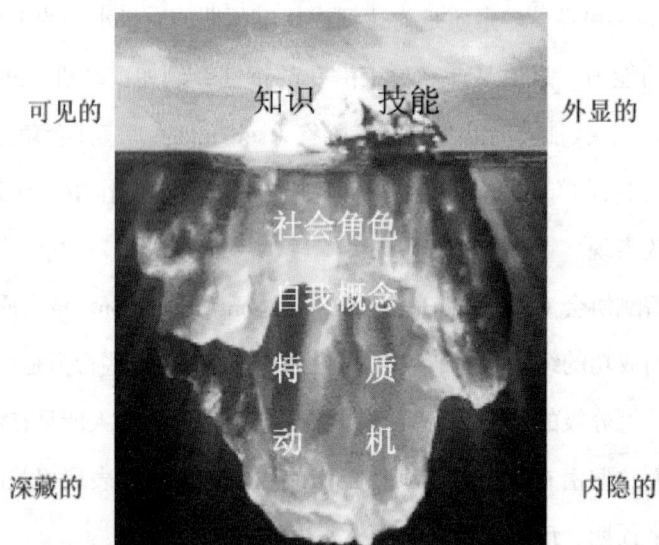

图5-5　关于胜任力的冰山模型

素质模型是建立在有关企业期望员工所具备的理想素质组合基础上的模型，通常是选聘培养人员的"模子"。根据岗位素质模型，确定需要对任职者进行测评的素质要项。在具体实施潜能评价时，专业人员观察被评者的语言、动作、表情和态度等各方面，并详细记录每项行为表现，用实际事例证明被评者的行为与对应素质层级之间的关系，并由此归纳与整理出被评者的素质特征。专业人员根据被评者在每项活动中的具体行为表现，归纳整理出有关被评者的胜任力的评价结果，并撰写出相应的评价报告。依据胜任力的评价结果及相应的职位素质要求之间的差距——能力差距，开展基于素质的人力资源管理工作，并进行相应的职业生涯选择、培训开发。依据候选人具备的素质对未来绩效的指引作用来实施招聘甄选。基于素质的招聘甄选将公司的战略、经营目标、工作与个人联系起来，在遵循有效的招聘甄选决策的同时，提高了招聘甄选的质量。素质模型的建立以战略框架为基础，也让那些对项目持续成功最为重要的人员及其素质得到了重视与强化。

链接：　　　　　　　　中粮集团的领导力模型

中粮领导力素质模型来源于集团全产业链战略要求，根植于集团的核心价值观，包括三个维度：高境界、强合力、重市场。如图5-6所示。

- **高境界**
  - 业绩导向
  - 学习成长
  - 阳光诚信
- **强合力**
  - 协同共赢
  - 组织发展
  - 资源整合
- **重市场**
  - 系统思考
  - 变革创新
  - 客户导向

图5-6　中粮集团的领导力模型

①高境界。高境界是指经理人自身价值观在行为层面的体现，不受其自身年龄、性格、经验、所处岗位和行业的影响，是人在各种环境下对自我的一贯要求。高境界包括业绩导向、学习成长、阳光诚信三个领导力要素。

•业绩导向指为个人或团队设定挑战性目标，要以目标为导向；使用科学的方法监督目标达成；为达到目标不懈努力，从目标的达成和持续改进过程中获取成就感。

•学习成长：个人展现出对新知识、经验和挑战的热情，并鼓励团队保持这种热情；为个人和团队创造学习机会并学以致用。

•阳光诚信：坦率真诚、行为始终如一，遵从道德、伦理、专业和组

织准则，赢得他人的信任。

②强合力。强合力要求经理人必须视中粮为一个整体，以全产业链战略为统一目标，加强不同业务之间、同一业务上下游之间、组织内部之间的有效协同、资源共享，形成强大的合力。强合力包括协同共赢、组织发展、资源整合三个领导力要素。

•协同共赢：运用适当的方式、方法影响工作伙伴，建立有效的合作关系，不断深化合作关系，促进工作目标的达成。

•组织发展：根据企业整体战略、文化、价值观的要求，建立吸引人才、发展人才、激励人才和保留人才的机制，运用恰当的方式，发展和激励团队，提升组织能力，使组织具备难以复制的整体人才优势。

•资源整合：根据企业目标，积极调动企业内外部资源，并制订行动计划，确保工作目标有效达成。

③重市场。重市场就是要遵循市场规律，始终从客户需求出发，不断为企业创造价值。重市场包括系统思考、变革创新、客户导向三个领导力要素。

•系统思考：面对各种环境压力，基于数据信息，运用逻辑性的思维方式，系统性地形成对业务的认识和判断，创造性地做出战略决策。

•变革创新：寻求和抓住机会，以创新的方法解决组织问题。

•客户导向：建立并维护战略性客户关系，从客户角度出发开展工作。

高境界是驱动中粮可持续发展的价值观基石，要求经理人目标高远，自我驱动。强合力要求经理人强化协同意识，整合资源，塑造组织优势。重市场要求经理人洞悉市场，客户至上，注重价值创造。

（3）人力资源招聘渠道选择

人力资源招聘是人力资源管理的入口。对人员的聘请录用渠道有两种：

一种是内部聘请，一种是外部聘请。内部聘请又包括擢升晋升、工作调换、工作轮换、内部公布聘请；外部聘请包括公司职员举荐、广告媒介、人才交流会、院校预定、公司间交流、猎头公司代理等。如图 5-7 所示。

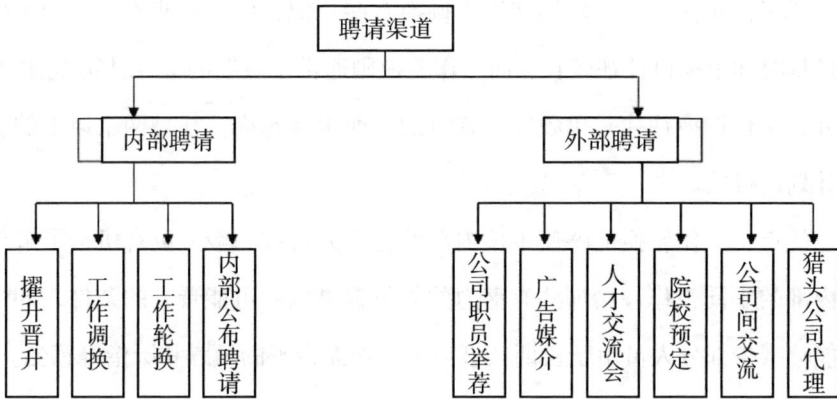

图 5-7　人才招聘渠道

①擢升晋升，即在项目实施企业内部选择优秀适合的人员来担任空缺岗位。

优点：这种做法一方面给职员以升职的机会，会使职员感到有期望、有晋升的机会，对于鼓舞职员很有利。从另一方面来讲，内部擢升的人员对本单位的业务工作比较熟悉，能够较快适应新的工作。

缺点：可能在少部分职员心理上产生"他还不如我呢"的思想。因为任何人都不是十全十美的，一个人在一个单位待的时刻越长，别人看他的优点就越少，而看他的缺点就越多，特别是在他被擢升的时候。

②工作调换，即在内部查找合适人选的一种方法。

优点：如此做的目的是要填补空缺，但实际上它还起到许多其他作用。如能够使内部职员了解单位内其他部门的工作，与本单位更多的人员有深的接触、了解。如此，一方面有利于职员今后的擢升，另一方面能够使上

级对下级的能力有更进一步的了解，也为今后的工作安排做好预备。

缺点：由于工作调换后，职员要重新学习，甚至从头开始，容易造成项目实施企业资源的浪费。

③工作轮换，工作轮换和工作调换有些相似，但又有些不同。如工作调换从时间上来讲往往较长，而工作轮换则通常是短期的，有时间界限的。另外，工作调换往往是单独的、临时的，而工作轮换往往是两个以上的、有计划进行的。

优点：工作轮换能够使单位内部的管理人员或一般人员有机会了解单位内部的不同工作，给那些有潜力的人员提供以后可能晋升的条件，同时也能够减少部分人员由于长期从事某项工作而带来的烦躁和厌倦等感受。

缺点：工作轮换处理不妥，特别容易导致资源（人力、物力、财力和时间）的浪费。

④内部公布聘请，即对项目实施企业一些空缺岗位进行内部公布聘请。

优点：能够发觉一些有一定能力但没被领导发现的潜在人才；也对应聘职员的了解更全面一些，为以后工作的安排提供更好的资料。

缺点：容易造成应聘职员之间的相互诋毁，不利团结和日后工作的开展。

⑤公司职员举荐，即利用项目实施企业职员个人把握的信息（包括项目实施企业内部职员和外部朋友及往常的同事），来查找项目实施企业迫切需要的人才。

优点：举荐来的人熟悉项目实施企业的情形，很快就能进入角色；由于举荐人和被举荐人的关系，他们容易组成合作的团体，有利于工作的开展。

缺点：由于举荐人和被举荐人的关系，容易使人产生"朝中有人好办事"的想法，使一些职员对被举荐人的能力产生怀疑；另外，举荐人和被举荐人容易结成小帮派，阻碍项目实施企业的正常运作。

⑥广告媒介，即通过报纸、杂志、网站等媒体以广告的形式获得所需的人选。

优点：一方面能吸引所需的人员前来应聘；另一方面扩大了本单位的知名度。

缺点：反馈周期比较长，反馈的信息会存在不真实的现象。

⑦人才交流会，人才交流中心或职业介绍所等这些机构扮演着双重角色，既为项目实施企业选人，同时也为求职者选工作单位。因此在此处几乎能够找到所有需要的人员。

优点：项目实施企业需要的人才可以比较集中地来应聘，有利于项目实施企业对人才的选拔；面对面地和应聘人员沟通，更好、更真实地查找项目实施企业急需的人才。

缺点：面对越来越多人才交流中心或职业介绍所开展的活动，项目实施企业会忙于疲命，扰乱自己的思路。

⑧院校预定，即单位与有关院校挂钩，预定本单位所需的人员。甚至在有关院校设立奖学金，为自己培养专业人才。

优点：这种有目的的预定方法，是与项目实施企业的人力资源预算分不开的。单位按照自身人力资源规划，在一两年甚至更长的时期，就同院校在培养人才方面进行了沟通，如此培养出来的大学生到了工作岗位后能较快地熟悉业务、进入状态。这种聘请同样适于聘请专业职位或专项技术岗位的人员。

缺点：周期长，阻碍力小。

⑨公司间交流，即和一些兄弟单位达成相互人才交流的协议。

优点：有效地节约了人才外聘费用；促进了彼此间的合作。

缺点：存在信息安全泄露问题。

⑩猎头公司代理，即把人员的聘请计划和聘请要求交给猎头公司，让它们来运作。

优点：能够为项目实施企业找到所急需的各类管理人员、专业技术人员，甚至是总经理、副总经理等高级管理人员；极大地节约了人力、财力和物力。

缺点：费用较高。

5.2.3　人力资源培训

人力资源培训是指在将组织发展目标和员工个人发展目标相结合的基础上，有计划地组织员工从事学习和训练，提高员工的知识技能，改善员工的工作态度，激发员工的创新意识，使员工能胜任本职工作。项目实施主体的培训与人力资源开发体系设计往往包括两大核心、三个层面、四大环节，此模型构成了关于培训的整体结构，也为培训的安排提供了一个结构框架。

（1）两大核心——基于战略的职业生涯规划

设计这一系统模型的两大核心要点是，既要考虑项目实施企业战略与经营目标对人力资源的要求，又要切实考虑员工的职业生涯发展需求。许多项目实施企业的培训开发活动是"为培训而培训"，脱离战略要求，因而得不到高层支持，同时又不能真正提高学员的职业能力，与员工职业生涯发展关系不大，从而失去了员工的参与和支持，导致在许多项目实施企业中培训与开发活动成为可有可无的事情，必要的培训经费经常被列为预算外支出。为了真正发挥培训开发工作在项目实施企业人力资源管理以及经营活动中的作用，一切培训开发活动都应体现这两个理念的基本要求。

（2）三个层面

人力资源培训与开发系统模型可以被区分为三个不同的层面，即制度层、资源层和运营层。制度层面涉及项目实施企业培训开发活动中的各种制度，如课程开发与管理制度、教材开发与管理制度、师资开发与管理制度、培训经费使用与管理等制度；资源层面描述了构成项目实施企业培训开发系统的各种关键要素，如课程、教材、师资、场地、设备、经费等；运营层面主要从实践的角度来介绍项目实施企业培训与开发机构的工作内容与流程。

（3）四大环节

四大环节描述了项目实施企业组织一次完整的培训开发活动所必须经过的一系列程序步骤，即培训需求分析、培训计划制订（主要是培训课程与教材设计）、培训活动组织实施以及培训效果评估。培训开发机构在四大环节上执行力的强弱直接决定了培训开发活动是否有效。我国许多培训开发机构在培训需求分析、课程与教材开发以及培训效果评估方面非常薄弱，没有掌握有效的方法和技术，因此，对我国企业而言，对这几个环节展开深入的研究将具有十分重要的意义。

人力资源培训的基本内容一般都是根据项目实施企业的需要和组织目标来确定的。合理的培训内容，对于实现培训的目标，提高组织绩效具有至关重要的意义。在组织中影响工作绩效的因素主要分为三类：一是员工所掌握的知识，包括理论知识和业务知识；二是员工的业务技能；三是员工的工作态度，包括责任心、敬业精神、奉献精神、对组织的忠诚度等。实际上，这三类因素就构成了员工培训的基本内容结构。

5 .2.4 人力资源培训的基本内容

（1）知识培训

与工作有关的各方面知识是人力资源培训的主要内容，人力资源部门应通过各种形式的培训使员工学习和掌握相关知识。具体来说，大致有如下内容。

①具备完成本职工作所必需的基本知识。

②了解项目实施企业的经营状况及发展战略、经营方针、规章制度、市场及竞争等。

③懂得如何去处理工作中发生的突发问题。

④明确岗位职责，熟悉与其工作相关的技术领域的发展及现状。

⑤学会如何节约和控制成本以提高项目实施企业的效益。

⑥培养和掌握一定的管理知识，如计划、组织、领导、协调、控制等。

（2）技能培训

员工从事本职工作需要掌握熟练的业务、人事交往等技能，这些技能除了在具体工作中学习外，主要通过培训取得。具体有如下一些内容。

①熟练掌握本工作岗位所需要的基本技能、技巧，包括熟练的工艺操作技能等。

②熟练地运用各种生产或管理技术去处理与本工作岗位相关的技能问题。

③学会在较为复杂多变的生产或经营管理情境中判明真相，提出解决问题的方案。

④积累在工作环境中解决各类问题的经验。

⑤学会合作、沟通，提高创造性解决问题的能力，并做到理论联系实际。

⑥形成有意识、有条理地应用策略和程序对工作问题进行思考、计划、

检查和评价的技能。

⑦学会运用经营管理技术、生产技术、工程技术、生产过程工艺技术等为项目实施企业经营效益服务。

（3）态度培训

态度是影响工作绩效的重要因素，而员工态度能否转变以适应组织文化和工作需要又主要取决于培训，特别是对新进员工来说，态度培训尤其重要。态度培训的主要内容包括以下几个方面。

①认识自我，处理好个人与他人、个人与项目实施企业的关系，并建立自信心。

②如何正确地选择、分析和把握自己和项目实施企业的未来。

③如何确定并实现自我职业生涯的奋斗目标。

④如何看待自己的工作岗位、上级、下属和所属的项目实施企业或团队。

⑤如何看待挑战、变化和责任。

⑥确立正确的人生观、价值观和工作责任心。

⑦学会以殷勤、友善的方式对待项目实施企业的客户和他人。

⑧培养良好的团队精神，构建良好的分工协作意识，并学会合作。

一般来说，每一个组织都有其特定的组织文化氛围以及与此相适应的行为方式，如价值观、组织精神（如团队精神、敬业精神等）、人际关系等。要想最大限度地提高组织运转绩效，必须使全体员工认同并自觉融入这一氛围之中。首先要制定明确的培训目标，通过工作分析和人员分析，找到适合项目实施企业和每个员工态度形成和行为改变的最有效的方法和技术。其次，在日常工作中要注意树立保持积极态度的典型，通过员工积极的工作态度达到个体与项目实施企业目标实现的案例，去启迪和影响其他员工的行为，培养员工对组织文化的认同和逐渐融入。

上述三方面的内容是培训内容的一般概括，实际上，每一方面的内容都可以进行具体的细分，组织应根据自己的实际需要和组织目标来确定具体的培训内容。

5.2.5　项目团队建设与管理

但凡运营良好的项目，一定拥有一支高效的团队，呈现出管理者与员工高效配合、员工与员工高效配合、部门与部门高效配合、班组与班组高效配合，就像钟表的齿轮一样环环相扣。

团队建设与管理并不是一件轻松的事情，需要选定合适的团队领导人，且依据项目的实际情况，借助科学有效的管理工具才能达成。如团队领导层应根据团队的总体目标，并结合团队成员的特点，建立起团队运行的活动规则，以任务为导向，使每个成员明确目标与行动计划，目标任务要看得见、摸得着、量化性强。团队内部各部门以及各成员应有明确的岗位职责和工作流程、相应的责权利及顺畅的协调沟通渠道。

团队要高效运行，必须要让团队成员清楚地知道团队的成功与失败给他们带来的正面和负面影响是什么，要激发团队成员的热情，增强其责任感、使命感。

（1）高效团队的特征

团队（team）是由员工和管理层组成的一个共同体，它合理利用每一个成员的知识和技能协同工作，解决问题，达到共同的目标。高效团队是指发展目标清晰、完成任务效果好，团队成员在有效的领导下相互信任、沟通良好、积极协同工作的团队。高效团队的主要特征如下。

①目标明确。团队整体目标明确，团队成员能够深入理解并投身于团队目标；目标具有挑战性，实现目标的策略科学合理；目标分解也很

明确，符合 SMART 原则（具体的、可衡量的、可达到的、实际的、有期限的）。

②成员稳定。高效的团队中，成员大多会比较稳定。很难想象，一个员工流动频繁的项目会有较高的收益。

③关系和谐。高效团队有顺畅的沟通渠道及方式，信息能够及时传递并反馈，成员能公开坦诚地表达意见，不同的意见和观点均受到重视，从而团队成员间关系融洽。

④适度工作弹性。团队成员能够自我调节满足变化的需求，表现出一定的弹性和灵活性。各成员需要执行不同的任务，当某一个成员暂时不在的时候能有人主动补位，分担责任。

⑤最佳的生产力。高效团队管理体系完善，运营标准及流程明确，产品品质好，收益好。绝大部分的事务处理以及危机处理均有合理的流程。

⑥高昂的士气。每个人都乐于作为团队中的一员，团队成员对自己的工作引以为荣，信心满满，团队士气高昂。

（2）高效团队领导者的素质

项目的有效实施并不仅依靠一个或者几个管理人员努力工作，而是依靠团队创造最佳效能。很多管理者专业能力很强，但并不能带好团队。因为他们在工作中习惯地将自己定位为执行者，而非领导者，习惯亲历亲为。这样的管理者带出的团队只能越来越懒散，而管理者本人也会越来越累。优秀的领导者是能够为团队指明方向，鼓舞团队成员信心，挖掘团队成员潜力，带领团队创造最佳业绩的。优秀的领导者往往还善于打破僵局，扭转败局，也会不拘一格，多方面考虑如何让下属不断成长。优秀的领导者通常具备以下特征。

①高瞻远瞩，坚定目标。团队的领导要有长远的眼光，时刻不忘团队

目标，坚定地带领团队朝着目标前进。但现实中有些领导者在遇到复杂情况或项目遇到困难的情况下，往往将全部精力用于解决眼前问题，而忘记了团队方向，甚至忽视了基本职责。而有些领导者在项目运行平稳时，也会犯相同的错误，等到醒悟时，已经对项目实施造成了严重影响。

②着力打造积极向上、义利兼顾的项目文化。项目文化里融合了项目的经营理念、价值观等诸多元素，它是项目实施的行为准则、道德规范，它既是精神的，也是物质的。正向的价值观、积极向上的项目文化，势必会吸引优秀的人才。团队领导者应时刻以打造正向项目文化为己任，提高项目向心力、凝聚力。

③合理分配人员，优化组合团队。人是构成团队最核心的力量，两个（包含两个）以上的人就可以构成团队。目标是通过团队成员具体实现的，所以人员的选择对于团队至关重要。在一个团队中需要有人出主意，有人订计划，有人实施，有人协调，还有人去监督团队工作进展，不同的人通过分工协作来共同达成团队目标。在人员选择方面既要考虑人员的专业能力、工作经验，又要考虑与他人的契合度，以及不同人员间能否优势互补等。《西游记》里的师徒四人，确为最佳团队组合：唐僧手无缚鸡之力，但一心向佛，意志坚定，对徒弟慈爱关怀；悟空工作能力强，八戒善于调节气氛，沙僧则执行力最好。《三国演义》中也有经典案例：刘备擅长组织，加之孔明的睿智、关羽的忠义、张飞的勇猛，亦为优秀团队组合。识人、育人、留人的能力是团队领导的核心能力之一。

④善于听取员工见解。在团队里需要每个人都有高度的责任心，对于任务要不折不扣地执行下去。而对于细节和流程的执行，员工是最有发言权的。适时听取员工的意见和反馈，对于改善制度流程、提升工作效率很有必要。应鼓励员工提出合理化建议，对被采纳建议的员工进行奖励。很

多项目都有主管邮箱，就是为了方便员工纳言建议。领导者要善于走动式管理，到一线发现问题、征询意见。

⑤鼓励员工的创造力。只有不断地创新才能保持项目的竞争优势。创新能力来自团队成员的知识水平、综合能力以及良好的职业素养。高效团队会常态性安排员工教育培训、换岗实习、外出观摩等，以提升员工能力，激发其创新力。营造宽松的创造性环境，对于失败多些包容，会大大鼓舞员工的创新士气。

⑥指导团队分工与合作。项目的实施从内而言，是经由创始人积聚松散个体到扩大群体规模直至组织结构、功能均衡发展的过程。随其进化演变规律呈现出波浪式的起伏推动，主动力源于内部循环供给能量。也就是说，团队领导人拥有教练、发动团体的能力；管理层拥有教练、发动部属的能力；员工拥有教练、发动自我的能力，最终形成上中下协调平衡、整体互动的运动态势。团队领导者特别要在组织设计上有全面的考虑，既要根据任务进行合理分工确定职责，也要根据人才的特点适当地因人设岗，发挥出个体的能量，并鼓励团队间的相互配合。

⑦让管理者有效发挥作用。团队各层级管理者均有与职务对等的责权利。管理者以身作则，对团队成员起到榜样和示范作用。管理人员指导团队成员间的沟通与协调，指导员工工作方法，督导员工工作过程，考评员工工作绩效。对员工工作中产生的问题、矛盾等及时给予支持协助，为团队争取更充足的资源，推进工作进程，促进工作目标的实现。管理者还需运用各种激励方法，鼓励团队成员的积极主动性，激发员工的创造力。

⑧正确决策，灵活授权。决策能力是管理人员的一大核心能力。项目管理面临的问题是多面性的，有些甚至是棘手的，并且可能遇到突发性的情况。领导能否正确的决策，关系到项目的生死存亡。这就要求团队领导

要有缜密的分析判断能力、系统的思考能力，遇事切不可回避推诿，既有宏观决策的思维能力，又有微观决策的方法技巧。

随着团队的发展，领导通过授权让团队成员越来越多地分担责任。通过灵活授权，展示出领导对团队成员的信任，给成员学习与成长的空间，有利于充分发挥团队成员的积极性和创造性。一方面团队成员在自己的授权范围内可根据具体情况及时决策，另一方面，通过授权，领导可逐渐将精力转向更重要的工作，从而更好保障团队的运作。

⑨团队领导的自我修炼。只有领导者具备并发挥领导力，才能有效引导激励员工，提升组织的核心能力。发挥领导力的有效途径，就是领导者以身作则，"身教"往往比"言传"更为有效，这是非常具有挑战性的事情。现实中，许多领导者经常言行不一，自己的行为与对员工的要求相去甚远。领导者必须提升自身素养，严于律己，这样才能有效传播项目文化，引导和促进员工的发展。领导力中最重要的一项即为让员工信赖，取信于人。

团队领导者要有清醒的自我认识及把控能力。充分了解工作，充分了解下属，而最重要的首先要客观地了解自己，做到有自知之明，清楚地知道自己的所长所短。然后要学会扬长避短，来决定自己能做什么，不能做什么，这样才能有利于个人事业的发展及项目的发展。

优秀的领导者，对市场及环境有敬畏之心，对资源及机会有尊重之意，对客户及员工有感恩之举。既有信仰、有原则，又具有敬天爱人的情怀。团队领导者需要不断地自我学习、自我提升。

案例及思考题

海尔的组织模式变革历程

海尔人单合一模式探索经历了自主管理班组（20世纪90年代中期）、

市场链SBU模式（2001—2006年）、人单合一模式1.0（2007—2012年）、人单合一模式2.0（2013年至今）四个大的阶段，20年的迭代演进，主旨未变，内涵紧随时代而变。

人单合一模式不但重新定义了企业，而且重新定义了组织与人（利益攸关方）的关系，本质上是一种顺应互联网时代的组织治理模式。人单合一模式2.0下的海尔，企业趋同于价值交易和资源配置的市场，组织趋同于凯恩斯主义的政府，人单合一模式则是促进市场繁荣、维护市场秩序的治理框架。

阶段一：自主管理班组

在这个模式中，员工以班组为单位自己管理自己，库存、材料规划、人事安排、生产目标、成本目标、产品质量等都是自主管理的主题；班组内的员工必须学会交流和批评，形成相互尊重的关系，才能承担起自主管理的责任；每个员工根据同事的要求而不是某位监督人员的命令行事，他还必须从掌握一项技能开始，同时学习班组内其他各岗位的技能，以便满足班组内协调和配合的要求。

这样，一个具有技术和管理才能的员工就可能脱颖而出。很多单位在此基础上还搞了进一步创新，比如，有的创造出"25分钟班长制"，即每天有25分钟时间实行班长换位，由替换班长的员工行使班长职权，进一步鼓励班组成员共同了解管理、参与管理。有的创造了"班长回访制"，即每个班长每天定时回访下道工序，询问和了解下道工序的情况和意见，从而及时解决自己工作中的问题。

阶段二：市场链SBU模式

市场链简单地说就是把外部市场效益内部化。过去，企业和市场之间有条鸿沟，在企业内部，人员相互之间的关系也只是上下级或是同事。如

果产品被市场投诉了，或者滞销了，最着急的是企业领导人。下面的员工可能也很着急，但是使不上劲。

海尔不仅让整个企业面对市场，而且让企业里的每一个员工都去面对市场，把市场机制成功地导入企业的内部管理，把员工相互之间的同事和上下级关系变为市场关系，从而形成内部的市场链机制。

员工之间实施 SST，即索赔、索酬、跳闸：如果你的产品和服务好，下道工序给你报酬，否则会向你索赔或者"亮红牌"。结合市场链模式，海尔集团对组织机构和业务流程进行了调整，把原来各事业部的财务、采购、销售业务全部分离出来，整合成商流推进本部、物流推进本部、资金流推进本部，实行全集团统一营销、采购、结算；把原来的职能管理资源整合成创新订单支持流程 3R（研发、人力资源、客户管理）和基础支持流程 3T（全面预算、全面设备管理、全面质量管理），3R 和 3T 流程中的各个环节相应成立独立经营的服务企业。整合后，海尔集团商流本部和海外推进本部负责搭建全球的营销网络，从全球的用户资源中获取订单；产品本部在 3R 支持流程的支持下不断创造新的产品满足用户需求；产品事业部将商流获取的订单和产品本部创造的订单执行实施；物流本部利用全球供应链资源搭建全球采购配送网络，实现 JIT 订单加速流；资金流搭建全面预算系统。这样就形成了直接面对市场的、完整的核心流程体系和 3R、3T 等支持体系。

商流本部、海外推进本部从全球营销网络获得的订单形成订单信息流，传递到产品本部、事业部和物流本部，物流本部按照订单安排采购配送，产品事业部组织安排生产；生产的产品通过物流的配送系统送到用户手中，而用户的货款也通过资金流依次传递到商流、产品本部、物流和供方手中。这样就形成了横向网络化的同步的业务流程。

阶段三：人单合一模式 1.0

人单合一模式 1.0 的核心诉求：建立快速满足碎片化市场、个性化需求的组织能力，提高经营效率与准度。打破科斯企业与市场二元制划分方法，在企业内部建立有限开放的竞争性市场，在实现企业整体治理成本最优的同时（借助信息技术和交易机制安排，以极低内部交易成本增加为代价，大幅度压缩庞大的科层组织管理成本），发挥市场机制的强激励、灵活应变的功效。

阶段四：人单合一模式 2.0

人单合一模式 2.0 的核心诉求：搭建各利益攸关方共生、共创、共赢生态系统（平台），组织、嫁接、催化全球资源以驱动创新。通过转化（事业转型）、吸收（外部加盟）、内生（内部创业）形式生成不同紧密度的各类小微企业（转型小微、生态小微、创业小微），将海尔逐步进化成各类企业快速配置资源的市场（平台）。基于如此理解，未来作为法律意义上的海尔（企业）有效边界将越来越小，而作为组织意义上的海尔有效边界将越来越大。这就是"平台化的企业"与"企业的平台化"的内涵差别，阿里巴巴、腾讯、小米等属于前者，海尔属于后者。

验证模式 1.0 的落脚点在经营成果，验证模式 2.0 的落脚点在创新成果。这并不意味着 2.0 下经营成果不重要，而是经营成果主要依靠创新驱动。为推动网络化战略的实施，未来几年，海尔必然牺牲一定的经营成果代价来换取彻底转型和长期能力优势，这是"以我为主"的战略安排。

人性设定

正确认识人性、设定人性是组织管理的基本命题。海尔在管理上对人性的设定经历了两个阶段：

1.0 阶段，海尔是有限开放条件下搞内部市场的企业，将"激励相容"

作为整个模式设计贯穿的核心机制，企业认可员工追求自身利益最大化的诉求，但同时要实现组织利益最大化。也就是说，机制设计要实现"追求自利的动机下达成利他的行为""因为自私，所以合作"的效果目标。

2.0阶段，海尔逐步走向没有围墙的市场，机制设计遵循更加简洁明了的市场法则：优胜劣汰，适者生存。张瑞敏在多个场合强调：相濡以沫，不如相忘于江湖。这一点想必海尔的（老）员工感触最深，（知识、能力、思维）跟不上时代，只能被时代抛弃。工业时代的海尔转型到互联网时代的海尔，人不脱胎换骨，组织就不可能脱胎换骨，残酷莫过于此。

员工关系

1.0阶段，海尔虽然提出"每个人都是自己的CEO"的概念，自主经营体的员工部分承担剩余责任，但员工和海尔之间存在具有法律效力的劳动契约关系，且双方之间是雇佣关系，员工放弃一定的个人自由换取了企业的工资保障。

2.0阶段，通过转化、创业、临时契约等形式，未来海尔平台上存在三类人、三类关系，第一类是在海尔平台上创业的创业者，与海尔建立以股权关系为纽带的动态合伙关系；第二类是基于项目的外部合作者（海尔称之为"在线员工"），与海尔建立以项目契约为纽带的合作关系；第三类是承担平台治理责任的员工，与法律意义上的海尔仍然存在雇佣关系，但数量极为有限。目前，海尔原核心事业的虚拟小微员工仍占海尔员工的主体（在册员工），这部分人的转换是海尔转型最艰难的任务。

用户关系

1.0阶段，受技术手段和认识程度限制，企业与用户的"零距离"实际上存在较大距离，双方终于交易和售后服务关系。

2.0阶段，用户开始以生产消费者的身份参与全流程的价值创造，从单一角色向多重角色转变。"产品前"融合的程度和"产品后"生态链接的程度，将成为海尔微观层面能否摆脱工业时代的能力缺口劣势的关键。

著名企业史学家钱德勒认为，战略决定组织，组织跟从战略。现实世界，钱德勒的观点反过来也一样成立。以稻盛和夫的阿米巴组织为例，如果从资源利用的经济性看，阿米巴组织无疑是有效的，但从组织与市场的紧密度（速度与准度）看，阿米巴组织并不符合"阿米巴"其实。张瑞敏评价阿米巴组织是"错误问题的正确答案"，道理就在这里。

结构不完全决定组织效能（速度＋准度），但对组织效能具有决定性影响。毫无疑问，结构重构与进化，之于海尔人单合一模式可谓最关键一环。之前的海尔市场链 SBU 模式，效果上"先扬后抑"，最后宛如鸡肋，根源就在于结构。从解题思路上看，国内搞阿米巴模式的企业，几乎毫无例外，走的都是当年海尔市场链 SBU 逻辑。即使个别企业把阿米巴改头换面成"功能事业部"，或在最容易实践的连锁门店层面，因模式红利（资源利用的经济性）而取得短暂性成功，拉长时间再看，最终必归于市场链 SBU 的结局，不过如一场梦幻泡影。

如果说阿米巴模式与市场链 SBU 模式有区别，不过如同猴子与猩猩的差别，后者是张瑞敏融合哈默流程管理与稻盛和夫阿米巴经营思想，结合国情的改良应用。而从市场链 SBU 到人单合一 1.0，可以说完成了从猩猩到人的基因突变，人单合一 1.0 到 2.0，只是逢山开路、遇水搭桥的迭代进化。有心栽花花不成，无心插柳柳成荫。促成海尔在结构上基因突变的，源自于基层员工一次自发的经营体组织实践，此次成功实践蝴蝶效应般彻底颠覆了从微观到宏观的整体结构。

1.0 阶段的前后台三级经营体架构和倒三角组织形态，正是这次经营体基因突变倒逼的结果，而不是张瑞敏和海尔高层顶层设计的。2.0 阶段

的网络化组织，不过是倒三角组织的中间层级完成特定的历史使命之后，抽掉、压扁的产物。

海尔组织演变到今天，是张瑞敏本人也始料未及的。而这不仅暗合了互联网的"涌现"特征，同时也催发了海尔网络化战略的转型。工业时代的商业逻辑是"销售生产出来的产品"，网络时代的商业逻辑是"生产已销售出去的产品"，商业的主战场已开始从"产品后"到"产品前"、从"细分市场"到"个性定制"的战略性迁移。制造环节完成"大规模生产"转到"大规模定制"，是用钱可以办到的工程技术，而捕捉千人千面的用户、把握或共创需求的"产品前"动作，却是用钱也解决不了的组织技术。传统大型企业转型乏力而又焦躁不安的根源，就在于厚重笨拙的科层组织的不适应，美的集团方洪波焦灼地用"重拳砸在棉花上"来隐喻这种"拔剑四顾心茫然"的无力感。

参考资料:

[1]杨克明.创新经营:海尔人单合一经营模式[M].北京:北京大学出版社，2006.

[2]彭剑锋，云鹏.海尔能否重生:人与组织关系的颠覆与重构[M].杭州:浙江大学出版社，2015.

思考题:

1.如何理解阿米巴模式？阿米巴模式与文中所提的海尔的"人单合一"模式有何异同？

2.从海尔的组织变革历程来看，其组织变革呈现出哪些趋势？影响因素是什么？

第 6 章　项目不确定性与风险评估

项目在实施和运行的过程中，总会面临来自外部或内部的不确定性，进而使得项目在运行过程中充满风险。对项目不确定性进行合理评估，并有效控制项目的风险便极为有意义。

6.1　不确定性与风险概述

6.1.1　不确定性与风险的概念

不确定性是指决策者事先不知道决策的所有可能结果，或者虽然知道所有可能结果但不知道它们出现的概率。因此无法对未来最终结果做出类似数学分析上的判断，此时有一些定性分析方法可作为辅助。

风险是指由于随机原因所引起的项目总体的实际价值和预期价值之间的差异。是对可能结果的描述，即决策者事先可能知道决策所有可能的结果，以及知道每一种结果出现的概率。因此风险可以通过数学分析方法来计量的。

风险分析即对不确定性情况给出主观概率，使不确定性问题转化为风

险问题，这统称为风险决策，并把投资风险定义为由于未来的不确定性，而产生的投入本金和预期收益损失或减少的可能性。

任何一个项目都有其不确定性，项目在方案实施之前进行方案评价或方案比选，这种评价或比选是通过分析方案现金流量来进行的，而方案现金流量是来自对方案技术的经济要素的预测或估算，不管采用何种方法预测或估算，由于不确定因素的影响，预测或估算的结果都不可能与未来的实际情况完全相符，仅凭一种预测或估算的结果做确定性分析是不可靠的。一旦某些因素发生变化，原来的评价结论或结果就可能不成立。

6.1.2 不确定性的来源

对于任何项目，其最终的目的都是要通过一系列的管理工作取得良好的经济效益，任何项目也都具有一个从概念、开发、实施到收尾的生命周期。项目成本管理作为贯穿于项目生命周期各个阶段的重要工作，起着非常重要的作用。

然而，项目成本存在不确定性因素，也就是不确定性成本。这种因素的存在使我们既不知道其是否会发生，也不知道其发生的概率有多大，因此，了解导致项目成本不确定的原因以及施加全面的管理和控制是非常必要的。

（1）预测导致的不确定性

一方面，对于项目成本的预测，人们往往希望能够反映市场的正常情况，反映社会必要劳动时间，但是实际预测的科学性和确定性却远远达不到要求，这是因为预测是对人的行为或其后果的预测，而人的行为会由于预测而改变，这是不可预测性的一个重要来源。另一方面，人在对信息的主观筛选中，非常容易遗漏重要的信息，同时也会受到错误信息的误导。

即使在主要信息已经充分、及时地获得的情况下，预测方法和基本信息的问题仍然会造成预测偏差。

（2）决策导致的不确定性

现代管理决策理论要求主体在决策过程中掌握成本的信息，提出充分的备选方案，最后在这些方案中选取最优。然而，美国管理学家赫伯特·西蒙对此就提出了质疑，他提出人所具有的有限理性，不容许决策者掌握足够多的信息，也没有足够多的时间做出最优选择，因此，在项目决策中也很难掌握成本的确定信息。

（3）项目管理体制导致的不确定性

当前，项目管理体制具有投资主体多元化、业主对项目全面负责、行业协会和中间服务机构不断发育、政府的指导和宏观调控作用不断加强的特征。由此可见，在项目启动到结束的全过程中，项目一直处于很多机构、组织的管理之下，同时受到市场、金融、劳动力的制约，这必然会带来项目成本的不确定性。虽然项目成本的不确定性是绝对存在的，但这并不意味着了解其因素就毫无意义，至少能够帮助我们尽量减少这种不确定因素的发生，控制成本的超支。

6.1.3　不确定性和风险分析的主要方法

项目不确定性与风险分析的主要方法包括以下 3 个。

①盈亏平衡分析：通过寻找盈亏平衡点，以判断项目对不确定性因素变化的承受能力，即抗风险性大小。

②敏感性分析：找出项目经济效果的敏感因素，为风险预测提供重点分析对象。

③风险分析：主要包括风险评估和风险决策，风险评估即为概率分析。

链接：   应对项目不确定性的有效工具——WBS 任务分解法

WBS 的具体含义

WBS 任务分解法源于项目管理，即英文"Work Breakdown Structure"的缩写，指的是按照一定的标准或原则对项目所要求的交付物进行层次分解。WBS 将项目的整个范围组织在一起并加以明确，每向下分解一个层次，就意味着项目工作的定义又深入了一步。

WBS 的三个关键词

WBS 包含 3 个关键词：任务（work）、分解（breakdown）、结构（structure）。

任务：可以产生有形结果的工作任务，如展业，可以直接给我们带来客户数量增加的结果。

分解：是一种逐步细分和分类的层级结构，就是指把大项的工作任务分解为具体的工作，再把每一项工作细分为许多个活动。例如开展业务这一项任务，就可以分解为陌拜、电销、派单、插车等多项工作，而仅仅是陌拜这一件工作，又可以细分成提前了解客户资料、准备好开场话术、顺利地过前台、与客户进行有效沟通等多项具体的活动。

结构：按照一定的模式组织各部分。也就是说，无论你把一项任务分解成了多少项工作、活动，这些工作、活动都应该是结构分明的，它们之间存在着一定的内在联系，我们一定要对这种联系了如指掌，才能高效地完成工作。

WBS 分解的原则与标准

WBS 分解也要讲究一定的原则，具体来说，有以下两点：第一，将主体目标逐步细化分解，最底层的任务活动可直接分配到个人去完成。例如做尽职调查时，其中的一些事情就需要信贷员和风控部门共同配合，但是，使用 WBS 对任务进行分解时，就应该把这些任务再进行划分，分配好每个人的具体工作。第二，每个任务原则上要求分解到不能再细分为止，这样才有利于我们从简单的地方入手，一步一步去完成工作任务。

WBS 分解的标准有以下 5 点：分解后的活动结构清晰、逻辑上形成一个大的活动、集成了所有的关键因素、包含临时的里程碑和监控点、所有活动全部定义清楚。

WBS 分解的方法

WBS 分解的方法有三种：类比方法、自上而下的方法和自下而上的方法。

（1）类比方法

类比法就是以一个类似任务的 WBS 为基础，制定本任务的工作分解结构。举个例子，作为信贷员，我们做过很多尽职调查，有针对个人的尽职调查，也有针对某个企业或组织的尽职调查。当我们计划对某个企业或组织进行尽职调查时，就可以套用对个人进行尽职调查而设计的 WBS，以从前的 WBS 为基础，开始编制新的活动的 WBS。

（2）自上而下的方法

自上而下法常常被视为构建 WBS 的常规方法，即从任务的目标开始，逐级对任务进行分解。这是一个不断增加级数、细化工作任务的过程。比如说尽职调查这项任务，我们可以将它分解为贷前调查、贷中审查、贷后检查三项工作，对于每项工作，又可进行细分。比如贷前调查，又可以分解为调查借款人的基本情况、信用状况、担保情况等活动。

（3）自下而上的方法

自下而上法，需要我们从一开始就尽可能地确定任务有关的各项具体活动，然后将各项具体活动进行整合，归纳到一个整体工作或 WBS 的上

一级内容当中去。仍以尽职调查来举例，按照自下而上的方法，我们一开始就需要尽可能详细地列出做好这项尽职调查需要完成的活动，如了解借款人基本信息、检查借款合同、撰写调查报告等，在列出详细的活动清单后，再开始对所有活动进行分类，以便于将这些详细的活动归入上一级的大项中。

6.2 盈亏平衡分析

盈亏平衡分析又称量—本—利分析法，即通过分析产品产量、成本和利润之间的关系，找出投资方案的盈亏平衡点，以判明投资方案对不确定性因素变化的承受能力，为决策提供依据。对一个项目而言，随着产销量的变化，盈利与亏损之间至少有一个转折点，即盈亏平衡点，在这点上，既不亏损也不盈利。盈亏平衡分析就是要找出项目方案的盈亏平衡点。一般来讲，盈亏平衡分析最适合用于现有项目的短期分析，一般只用于项目的财务评价。

6.2.1 线性盈亏平衡分析

所谓线性盈亏平衡分析即销售收入、成本与产量的关系为线性，又称经典的量—本—利分析法，存在如下假设：

产量等于销售数量；

产品的销售单价不变；

产品的可变成本不变；

项目只生产一种产品，或生产多种产品时能换算成一种产品。

线性盈亏平衡分析示意图如图 6-1 所示。

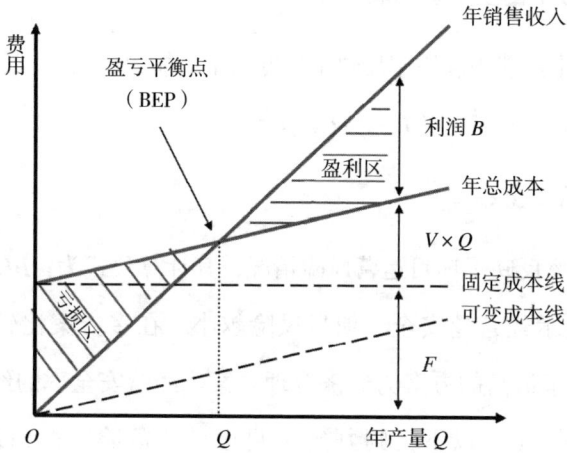

图 6-1　线性盈亏平衡分析示意图

线性盈亏平衡分析的三个基本公式：

公式 1：计算销售收入，即 $R=P \times Q$

公式 2：计算总成本，即 $C=F+V \times （Q+T）$

公式 3：计算目标利润，即 $B=（P-V-T） \times Q-F$

其中，R—年总营业收入；P—单位产品销售价格；Q—项目设计生产能力或年产量；C—年总成本费用；V—单位产品变动成本；F—总成本中的固定成本；B—年利润；T—单位产品销售税金。

与线性盈亏平衡分析相关的指标如下。

（1）保本量

当 $B=0$ 的时候，计算项目盈亏平衡时的产量：$BEP_Q=F/（P-V-T）$。BEP_Q 是项目不亏本时的最低产量，或称为保本产量，即项目盈利为零的产量。盈亏平衡点越低，则项目适应市场变化的能力越大，抗风险的能力也越强。

（2）盈亏平衡生产能力利用率

盈亏平衡生产能力利用率反映了最低的生产能力利用率。其计算公式为：

$$BEP_Y=BEP_Q/Q=F/\left[（P-V-T）Q\right]$$

（3）经营安全率

经营安全率反映了项目运营风险情况，其计算公式为：$BEP_S=1-BEP_Y$。BEP_S 越高，表示经营越安全，项目风险越小。在多方案比较选择时，应选择经营安全率最高的方案为经济合理方案。经营安全率的经验值如下：如果 BEP_S 值在 10％以下，则判定项目运营"危险"；如果 BEP_S 值在 10％ ~ 15％，则判定项目运营"应警惕"；如果 BEP_S 值在 15％ ~ 20％，则判定项目运营"不太安全"；如果 BEP_S 值在 20％ ~ 30％，则判定项目运营"较安全"；如果 BEP_S 值在 30％以上，则判定项目运营"安全"。

（4）盈亏平衡营业收入

盈亏平衡营业收入即处于盈亏平衡点时的项目营业收入，其计算公式为：$BEP_R=P×F/（P-V-T）$。盈亏平衡点营业收入越小，经营越安全，项目风险越小。

（5）盈亏平衡销售价格

盈亏平衡销售价格即处于盈亏平衡点时的项目销售价格，其计算公式为：$BEP_P=V+T+F/Q$。盈亏平衡点销售价格越小，经营越安全，项目风险越小。

（6）盈亏平衡时单位产品变动成本

按项目设计生产能力生产，且销售价格已定，则盈亏平衡时单位产品变动成本为：

$BEP_V = P - T - F/Q$。

（7）达到目标利润时的产量

假定预定目标利润为 B，则达到目标利润时的产量为 $Q' = (F+B) / (P-V-T)$。

例 1：某项目生产能力 3 万件 / 年，产品售价 3000 元 / 件，总成本费用 7800 万元，其中固定成本 3000 万元，成本与产量成线性关系。

解析：单位产品变动成本：

$$V = \frac{7800 \times 10^4 - 3000 \times 10^4}{3 \times 10^4} = 1600 \ 元 / 件$$

盈亏平衡产量 BEP_Q：

$$BEP_Q = \frac{3000 \times 10^4}{3000 - 1600} = 21400 \ 件$$

盈亏平衡价格 BEP_P：

$$BEP_P = 1600 + \frac{3000 \times 10^4}{3 \times 10^4} = 2600 \ 元 / 件$$

盈亏平衡单位产品变动成本 BEP_V：

$$BEP_V = 3000 - \frac{3000 \times 10^4}{3 \times 10^4} = 2000 \ 元 / 件$$

盈亏平衡生产能力利用率 BEP_Y：

$$BEP_Y = \frac{21400}{30000} = 71.33\%$$

6.2.2　非线性盈亏平衡分析

（1）产生原因

在不完全竞争的条件下，销售收入和成本与产（销）量间可能是非线性的关系（价格与产量的关系），这种情况下盈亏平衡点有可能出现一个

或更多。

（2）非线性盈亏平衡分析的原理

如图 6-2 所示，非线性盈亏平衡时，收入函数与成本函数之间共有两个交点，这两个交点即为盈亏平衡点。

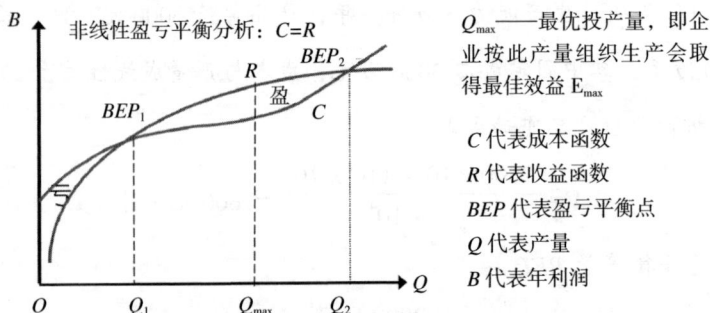

图 6-2　非线性盈亏平衡分析示意图

例 2：某项目投产以后，它的年固定成本为 66000 元，单位变动成本为 28 元，销售价格为 55 元，每多生产一件产品，单位变动成本下降 0.001 元，售价下降 0.0035 元，求盈亏平衡点及最大利润时的销售量。

解析：单位产品变动成本为：$28-0.001Q$

单位产品售价为：$55-0.0035Q$

①求盈亏平衡时的产量

成本函数：

$$C(Q)=66000+(28-0.001Q)Q=66000+28Q-0.001Q^2$$

收入函数：

$$R(Q)=(55-0.0035Q)Q=55Q-0.0035Q^2$$

根据盈亏平衡原理，令 $C(Q)=R(Q)$ 得：

$$66000+28Q-0.001Q^2=55Q-0.0035Q^2$$

即 $0.0025Q^2-27Q+66000=0$

$$Q_1=\frac{27-\sqrt{27^2-4\times0.0025\times66000}}{2\times0.0025}=3740\text{ 件}$$

$$Q_2=\frac{27+\sqrt{27^2-4\times0.0025\times66000}}{2\times0.0025}=7060\text{ 件}$$

项目盈利区产量为（3740，7060）。

②求最大利润时的产量

由 $B=R-C$ 得：

$B=-0.0025Q^2+27Q-66000-0.005Q+27=0$

$B'(Q)=0$

$-0.05Q+27=0$

$Q_{max}=5400\text{ 件}$

项目最大利润时产量为 5400 件。

6.3　敏感性分析

6.3.1　敏感性分析的概念

敏感性分析又称敏感度分析，就是通过分析不确定因素的变化量所引起的经济效果评价指标的变化幅度大小，找出影响评价指标的敏感因素，判明敏感因素发生不利变化时，投资方案的承受能力。

不确定性因素主要有：总投资、项目寿命期、建设周期、产品销售量、销售价格、可变成本、固定成本、主要原料和燃料动力费用等。受影响的经济效益评价指标一般指总投资收益率、投资回收期、净现值、年值、内部收益率等。如果某个因素在很小范围内变化就引起评价指标很大的变化，

其数值变动能显著影响方案经济效果的因素，称之为敏感因素。

6.3.2　敏感性分析的步骤

①选定需要分析的不确定性因素及其变化范围；

②确定被分析的评价指标（*NPV*、*NAV*、*IRR* 等）；

③计算因不确定因素变动引起的评价指标的变动值，形成敏感性分析表或者敏感性分析图；

④计算敏感系数并对敏感因素进行排序；

⑤计算不确定因素变化的临界值，得出敏感性区间。

项目决策，包括风险决策和控制决策等。

其中，敏感性系数是指评价指标变化率与不确定因素变化率之比。即评价指标 *A* 对不确定因素 *F* 的敏感性系数。

ΔA：不确定因素 *F* 发生 ΔF 变化率时，评价指标 *A* 的相应变化率。

ΔF：不确定因素 *F* 的变化率。

敏感性系数 β 的计算公式如下：

$$\beta = \frac{\Delta A}{\Delta F}$$

例 3：某种生产要素的价格由 100 元上升到 120 元时，内部收益率由 18% 下降到 14%，内部收益率对该生产要素价格的敏感性系数为

$\beta = [（14\%-18\%）/18\%] / [（120-100）/100] = -1.11$

如果 $\beta > 0$，表明评价指标与不确定因素同方向变化；

如果 $\beta < 0$，表明评价指标与不确定因素反方向变化。

总之 $|\beta|$（绝对值）越大，表明评价指标对不确定因素越敏感，反之则不敏感。

6.3.3　敏感性分析的目的

敏感性分析的目的在于：第一，把握不确定因素在什么范围内变化时方案的经济效果最好，在什么范围内变化时方案的经济效果最差，以便对不确定因素实施控制；第二，区分敏感性大的方案和敏感性小的方案，以便选出敏感性小的，即风险小的方案；第三，找出敏感性强的因素，向决策者提出是否需要进一步收集资料，进行研究，以提高经济分析的可靠性。

6.3.4　敏感性分析的分类

（1）单因素敏感性分析

单因素敏感性分析是指每次只考虑一个因素的变动，而假定其他因素保持不变时所进行的敏感性分析。

例 4：有一生产玩具的小型投资项目，初始投资 170000 元，预计每年收入 35000 元，每年支出 3000 元，设备使用寿命 10 年，残值 20000 元，基准收益率为 12%，试做敏感性分析。

解析：（1）以年收入、年成本、寿命和残值为拟分析的不确定因素。

（2）选择项目的净现值为评价指标。

（3）计算基本方案的净现值 NPV。

根据题意做现金流量图：

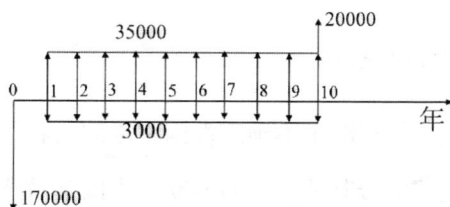

净现值 $NPV = -170000 + (35000 - 3000)(P/A, 12\%, 10) + 20000(P/$

F，12%，10）=17240（元）

以年收入因素为例，假设年收入变化 10%：

NPV=−170000+（35000（1+10%）−3000）（P/A，12%，10）+20000（P/F，12%，10）=37020（元）

计算年收入在其他变化率下的净现值。

再计算年支出、寿命和残值的变化引起净现值的变化，计算结果如下表所示：

变化率不确定因素	−30%	−20%	−10%	0	10%	20%	30%
年收入 / 元	−42.08	−22.30	−2.53	17.24	37.02	56.70	76.57
年支出 / 元	22.33	20.63	18.94	17.24	15.55	13.85	12.16
寿命 / 年	−17.52	−4.60	6.94	17.24	26.44	34.66	41.99
残值 / 元	15.37	15.96	16.60	17.24	17.89	18.53	19.16

根据上表，绘制敏感性分析图如下：

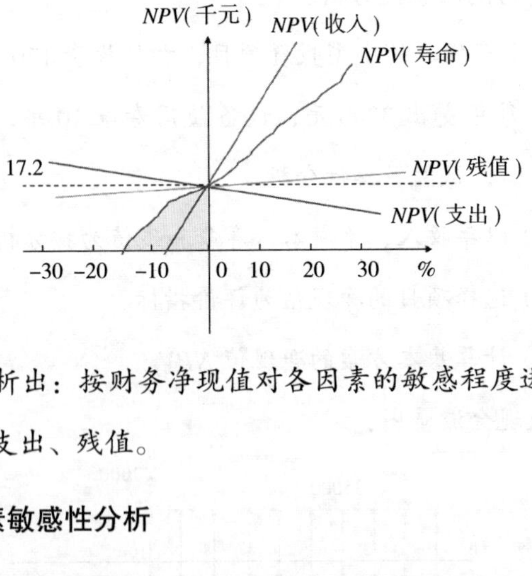

从图中可分析出：按财务净现值对各因素的敏感程度进行排序，依次是收入、寿命、支出、残值。

（2）多因素敏感性分析

单因素敏感性分析忽略了不确定性因素之间的相关性。实际上，一个因素的变动往往也伴随着其他因素的变动，多因素敏感性分析考虑了这种相关性，因而能反映几个因素同时变动对项目产生的综合影响。多因素敏感性分析即分析各变动因素的各种可能的变动组合，每次改变全部或若干个因素进行敏感性计算。

下面以双因素敏感性分析为例，其基本方法如下：

①找到两个不确定性因素，设其变化率分别为 X，Y；

②建立项目经济效益指标与两个参数变化率 X，Y 的关系式；

③取经济效益指标的临界值，得到一个关于 X，Y 的函数方程，并在坐标图上画出，即为经济指标的临界线；

④根据上述敏感性分析图进行敏感性分析。

6.4 风险分析

6.4.1 风险的概念与分类

（1）风险概念

风险是指由于随机原因所引起的项目总体的实际价值和预期价值之间的差异，是对可能结果的描述，即决策者事先可能知道决策所有可能的结果，以及知道每一种结果出现的概率。

风险的大小与变动发生的可能性有关，也与变动发生后对项目影响的大小有关。风险是中性的，既可能产生不利影响，也可能带来有利影响。

（2）风险分类

①根据风险产生的结果可以分为纯风险和理论风险（投机风险）。

②根据风险产生的原因可以分为静态风险和动态风险。

③根据风险与行为人的关系可以分为主观风险和客观风险。

④根据风险产生的作用对象或来源可以分为政治风险、经济风险、财务风险、信用风险、技术风险和社会风险等。

6.4.2 风险来源

风险的主要来源包括以下几点。

①市场风险指由于市场价格的不确定性导致损失的可能性。

②技术风险指高新技术的应用和技术进步使建设项目目标发生损失的可能性。

③资源风险指项目顺利实施所需要的自然资源、资金条件、原材料供应、燃料动力、人力资源等存在的不确定性。

④融资风险指的是影响融资成本的因素可能带来的不确定性，包括资金来源的可靠性、充足性和及时性等。

⑤政策风险指相关政策发生变化可能带来的风险。

6.4.3 风险识别

风险识别，是指采用系统论的观点对项目全面考察，综合分析，找出潜在的各种风险因素，并对各种风险进行比较、分类，确定各因素间的相关性与独立性，判断其发生的可能性及对项目的影响程度，按其重要性进行排队，或赋予权重。

项目风险识别的结果可形成项目关键风险因素指标体系。风险识别常用的方法：问卷调查法、头脑风暴法、德尔菲法、检查表法、流程图法、系统分解法。

（1）问卷调查法

问卷调查法是国内外社会调查中较为广泛使用的一种方法。问卷是指为统计和调查所用的、以设问的方式表述问题的表格。问卷法就是研究者用这种控制式的测量对所研究的问题进行度量，从而搜集到可靠的资料的一种方法。问卷法大多用在线发送、个别分送或集体分发等多种方式发送问卷。由调查者按照表格所问来填写答案。一般来讲，问卷较之访谈表要更详细、完整和易于控制。问卷法的主要优点在于标准化和成本低。因为问卷法是以设计好的问卷工具进行调查，问卷的设计要求规范化并可计量。

（2）头脑风暴法

该方法借助于专家的经验，从而获得一份该项目的风险清单，以备在将来的风险评估中进一步加以分析。头脑风暴法的优点是：善于发挥相关专家和分析人员的创造性思维，从而对风险源进行全面的识别，并根据一定的标准对风险进行分类。

（3）德尔菲法

德尔菲法是以匿名的方式邀请相关专家就项目风险这一主题，达成一致的意见。该方法的特点是：将专家最初达成的意见再反馈给专家，以便进行进一步的讨论，从而在主要风险上达成一致的意见。该方法的优点是有助于减少数据方面的偏见，并避免由于个人因素对项目风险识别的结果产生不良的影响。

（4）检查表法

检查表法是从以往类似项目和其他信息途径收集到的风险经验的列表，通过查找此表可以简便快捷地识别风险。其缺点是永远不可能编制一个详尽的风险检查表，而且管理者可能被检查表所局限，不能识别出该表

未列出的风险，因此其应用范围有一定的局限性。这种方法一般在项目初期使用，以便提早减少风险因素。

（5）流程图法

流程图法提供了项目的工作流程以及各活动之间的相互关系。通过对项目的流程进行分析，可以发现项目风险发生在哪项活动中，以及项目风险对各项活动可能造成哪些影响。流程图法首先要建立一个项目的总流程图与各分流程图，以此来分析项目实施的全部活动

（6）系统分解法

系统分解法是一种将复杂的项目风险分解成比较容易识别的风险子系统，从而识别各个子系统风险的方法。比如在投资建造一个食品厂的项目中，可以根据项目风险的特征，将项目风险分解为市场风险、经营风险、环境污染风险、技术风险以及资源供应风险等，然后将这些风险进一步分解，如市场风险可以分解为竞争风险、价格风险和替代风险等。

一般情况下可以编制项目风险因素调查表，通过问卷调查或专家调查法完成，复杂情况下可以使用层次分析法分析各风险因素之间的相关性和排序性。

6.4.4　风险估计

风险估计，是指采用主观概率和客观概率的统计方法，确定风险因素的概率分布，运用数理统计分析方法，计算与项目评价指标相应的概率分布或累计概率、期望值、标准差。

比如概率树分析的一般步骤是：

①列出要考虑的各种风险因素，如投资、经营成本、销售价格等；

②设想各种风险因素可能发生的状态，即确定其数值发生变化的个数；

③分别确定各种状态可能出现的概率，并使可能发生状态概率之和等于 1；

④分别求出各种风险因素发生变化时，方案净现金流量各状态发生的概率和相应状态下的净现值 $NPV^{(j)}$；

⑤求方案净现值的期望值（均值）$E(NPV)$；

⑥求出方案净现值非负的累计概率；

⑦对概率分析结果作说明。

6.4.5　风险决策

风险决策是指在已知的风险条件下来进行决策的行为。风险决策取决于决策者的风险态度，对同一风险决策问题，风险态度不同的人决策结果往往会有较大的差异。同时，采用不同的风险准则，决策结果也会有较大的不同。

最后，风险应对是指根据风险决策的结果，研究规避、控制与防范风险的措施，为项目全过程风险管理提供依据。

案例及思考题

共享单车：一场资本的盛宴？

2015 年，随着万众创新的口号响彻神州大地，国内同时刮起了一股强劲的资本风暴，投资人如同嗜血的豺狼，狩猎一个个有利可图的项目。在这个千载难逢的历史时刻，刚从北大校门走出的 ofo，幸运地受到各路投资人极力的追捧，资金一波波争先恐后地涌进 ofo 的账户，充足的资金让 ofo 如同一头猛兽，在中国乃至世界的角落横冲直撞，势不可当。

但以戴威为首的创始人们，刚走出校门，之前既没有太多商业运营的

经验，也不熟悉资本运作，面对洪水般涌来的资金，难免有些无所适从，好在充足的资金流能掩盖一切的"暗礁"。然而，内部管理风格粗犷，资金使用无计划、无效率、无约束，资源大量浪费，甚至催生出巨大的采购灰色空间等问题，在资金洪流退却时，却显得触目惊心。

果然，当ofo被逐利的资本抛弃时，原本粗放的运营模式难以维继，企业资金链捉襟见肘，扩张时期新增的成本部门几乎寸步难行。此后，随着挪用押金等负面新闻频频爆出，ofo估值一路下降，从最初的20亿美元估值，到15亿美元、14亿美元，再到10亿美元，欠的钱已经累计达到60多亿美金。

ofo这头曾经名副其实的独角兽最终成了一只"困兽"。独角兽ofo从昔日共享经济下的资本宠儿到如今的困局，原因可谓众说纷纭，但企业内部管理混乱加剧了资金链的问题，却是不争的事实。

预算管理缺失，大额资金支出无计划性

从北大校园走出来的ofo，希望通过不断投放小黄车来占领更多市场，这需要有资金源源不断地投入生产。所以，如何有效、有计划地使用资金、配置资源就成了ofo经营层需要考虑的重要问题。但是ofo创始人均为学生，对于商业项目的日常运营和资金管理显然并不擅长。特别是在市场推广费的使用上可见一斑，数亿元的推广费用并无预算。冠名卫星、请流量明星代言、媒体广告投放，一次次上千万的重金投入与实际经营并未建立太过直接的联系，似乎仅是为了融入更多社会资本造势，但这也给企业资金链造成巨大压力。

资金支出与报销流程不完善，内部审核不到位

ofo前期资金充裕，企业经营层对资金支出与费用报销管理未树立管控意识，内部支付程序过于简单：市场推广费与车辆采购费等都不需要层

层审核，打款特别快，报销完全无难度；某些级别员工，出差报销费用只要找人贴发票，基本没有内部审核流程；快递费等日常运营费用基本不考虑成本因素……

供应商管理缺失，回扣现象层出不穷

ofo 的主要资产就是投放的自产自行车，采购与维护自行车是企业的主要运营成本，所以车辆供应商与维修供应商管理已成为影响 ofo 运营成本的关键因素。但有爆料称，有的城市通过熟人之间利益的输送，以次充好，将旧胎当新胎，将破车重组当新车卖给企业。这些都无形中让 ofo 的资金链雪上加霜。

简而言之，ofo 的快速崛起和陨落，折射出当下不少独角兽企业面临的内控痛点——是否能够在资本大量涌入的时候搭建有效的内部管理体系，管好钱、用好钱，保持清醒的管理头脑与持续运营，保证自身的资金管控水平，能够驾驭疯狂涌入的资金并抵御寒冷的资本严冬。

参考资料：

佚名. 当 ofo 被资本抛弃，他的内控痛点究竟在哪儿？〔EB/OL〕.（2019-06-27）〔2020-09-29〕.https：//www.sohu.com/a1323434340-757366.

思考题：

1.将共享单车视为一个项目，其不确定性有哪些？

2.ofo 共享单车项目在应对不确定性方面有哪些问题？应如何改进？

第 7 章　项目环境影响
与社会效益评估

"绿水青山就是金山银山"，项目运行与实施的过程中需要注重对环境的评估，并审慎评估项目所可能产生的社会效益。

7.1　项目环境影响评估

7.1.1　项目环境影响评估概述

自然环境的唯一性决定了项目建设与运行必须建立在不影响环境的基础上，因此在进行项目环境影响评估时必须首先界定清楚环境影响评估工作中的一些基本概念。这里的环境概念是指自然环境，是指影响人类生存和发展的各种天然的和经过人工改造的自然因素的总体，包括大气、水、海洋、土地、矿藏、森林、草原、野生动物、自然遗迹、自然保护区、风景名胜区、城市和乡村等。环境既是经济发展的物质基础，又是经济发展的制约条件，人类在进行经济建设中，必须处理好项目和环境的关系。环境问题大致可分为两大类：一类是项目排放的废物超过环境的净化能力，造成了环境污染；另一类是项目对自然资源开发利用不当或过度，造成资源的枯竭和环境的破坏。

（1）环境影响及环境影响分类

环境影响是指项目导致的环境变化以及由此引起的对人类社会的效应。环境影响概念包括项目对环境的作用和环境对项目或社会的反作用两个层次。环境影响有以下几种分类方法。

①按影响来源分类，可分为直接影响和间接影响，直接影响是项目对人类社会或环境造成的直接影响，由直接影响诱发的其他后续结果为间接影响。

②按影响效果分类，可分为有利影响和不利影响。这是一种从受影响的环境将产生的损失或收益的角度进行分类的方法。

③按影响程度分类，可分为可恢复影响和不可恢复影响，前者指项目造成的环境影响可逐步恢复并达到以前的局面的情况，后者指项目造成环境影响不可能恢复的情况。

（2）项目环境影响评估的含义

所谓项目环境评估或项目环境影响评估即在项目实施之前，在充分调查研究的基础上分析项目可能给环境带来的影响，然后做出全面的科学的定量预测，最终利用各种项目环境影响分析的结果指导项目的决策与实施的工作。项目环境影响分析是一项综合性很强的技术工作，它需要预测项目对大气、水质、生物、土壤等环境要素的影响，分析各种环境要素变化给人类带来的好处或对人类造成的危害，估算消除这些危害所需的代价，并就项目对环境的影响做出综合的分析。

（3）项目环境影响评估的意义和作用

项目的各方面决策都离不开对项目环境影响的评估。具体地说，项目环境影响评估的意义和作用主要包括如下几个方面。

①它有助于建设项目选址和布局的合理性。项目环境影响评估就是要从建设项目所在国家或地区的整体出发，考察建设项目的不同选址和布局对国家和区域整体的不同影响，并进行多方案的比较和取舍，然后选择最有利的方案，以保证建设项目选址和布局的合理性。

②它有利于提出和实施环境保护措施。一般来说，项目的开发建设和生产活动都会给环境带来一定的污染与破坏，因此必须采取相应的环境保护措施。项目环境影响评估要针对具体项目的建设和生产活动，综合考虑对项目环境污染治理设施的技术、经济和环境论证，从而得到相对合理的环境保护对策和措施。

③它为区域的社会经济发展提供必要的导向。项目环境影响评估可以通过分析掌握一个地区的资源、环境和社会承受能力等状况，从而对该地区发展方向、发展规模、产业结构和产业布局等做出科学的决策和规划，以指导该地区的区域经济活动，最终实现国家或地区的可持续发展。

④它会促进项目相关环境科学技术的发展。项目环境影响评估涉及自然和社会科学的广泛领域，包括基础理论研究和应用技术开发。项目环境影响评估工作中遇到的问题必然会对相关环境科学技术提出挑战，进而推动相关环境科学技术的发展。

（4）项目环境影响评估的内容和原则

总体而言，我国项目环境影响评估的内容包括以下几个方面。

①项目的地理和规模评估。这包括对项目影响到的国家和地区的地质、

地貌、大气、地表水、地下水、土壤、植物、动物等的识别和影响规模的总体分析。

②项目自然环境影响评估。包括对于地质、地貌、大气、地表水、地下水、土壤、植物、动物等影响的具体评估。这种评估中应该特别说明，哪些项目环境影响是可以恢复的，哪些项目环境影响是不可以恢复的。

③项目的自然环境影响的经济评估。这包括对于各种自然环境有利和不利影响的经济评价，着重应该做项目近期的及长远的自然环境影响的经济损益分析。

④项目环境影响的全面评价。这包括采取一定的综合评估模型，对未来项目环境影响的经济、技术、可持续发展等方面进行定性的、半定量的或定量的评估。

⑤提出项目应采取的环保或补救措施，这也包括提出项目可能采取的代替方案。

在进行项目环境影响评估的工作过程中，必须遵循一些基本原则，这些是指导项目环境影响评估工作的根本原则。

①目的性与主导性原则。在项目环境影响评估中必须有明确的目的性，并根据它去确定项目环境影响评估的内容和任务。我国项目环境评估的根本目的是充分保护国民生存环境的健康、生态平衡和可持续发展。在项目环境影响评估中必须抓住项目建设和运行可能引起的主要环境问题去进行评估，因为针对不同的项目人们没有办法按穷尽的方式去评估项目对各种环境因素的影响，而只能评估有主导作用的项目环境影响因素和方面，这就是所谓的主导性原则。

②整体性与相关性原则。在项目环境影响评估中应该注重项目对其所在区域的自然生态环境系统的整体影响。在分别就项目对各环境要素的影

响预测与分析之后，还应该着重分析项目对环境的综合影响，从而正确全面地分析项目对整个区域环境的整体影响，以便对各种建议或替代方案进行比较和选择，并做出科学的决策。在项目环境影响评估中应考虑项目影响的自然生态环境系统各要素之间的联系，通过研究各要素间关系的性质、联系方式及其紧密程度去判别项目环境影响的传递性，然后根据它们的相关性去研究整个项目对于环境系统的逐层、逐级的影响及其传递方式、速度、强度等。

③均衡性与动态性原则。在项目环境影响评估中一定要在重视整体效应和相关性的同时，还要充分注意各子系统的特性和对各子系统的影响评估工作的相对均衡。在项目环境影响评估中，项目环境影响的预测、分析和综合评估等都应该体现这种均衡性的原则。项目对于环境的影响是一个不断变化的动态过程，所以项目的环境评估也必须贯彻动态性的原则。在项目环境影响评估中必须研究环境的历史，及项目不同方案在不同阶段对于环境的影响大小和特征，并充分预测和分析项目不同阶段对于环境的直接与间接影响、短期与长期影响，最终能够科学地、动态地评估项目对于环境的影响。

④随机性与风险性原则。项目的环境影响评估是一个动态复杂多变的随机系统。在项目的实施和运行过程中可能发生各种各样的随机事件，而这些随机事件可能会带来严重的环境危害后果，因此，为了避免形成和产生严重的项目环境危害事件，人们必须根据项目的客观实际，分析和预测项目各项活动可能发生的对于环境造成的危害及其可能性。由于存在上述项目环境影响和危害的随机性，所以项目环境评估有必要开展项目环境影响的风险评估研究。这涉及对于项目各种活动（或叫事件）可能发生的环境危害的分析及对这类环境危害的严重程度、发生概率、影响范围、补救

措施等方面的全面分析与评估，从而给出一个项目对于环境影响的风险性分析和评价。

⑤社会经济性与公众参与原则。项目环境影响评估必须从系统性和整体性上对项目环境影响的经济价值进行分析和评估，并且根据社会、经济和环境可持续发展的目标对项目环境影响做出合理科学的经济价值判断。这就要求在对于项目环境影响信息的处理和表达上除了要使用物理数据之外，更主要的应该解释和说明这些数据的社会经济含义。项目的环境影响评估还必须坚持公众参与的原则。这要求项目的环境影响评估过程和内容都要公开和透明，项目的全体相关利益主体和公众都有权了解项目环境影响的相关信息。特别是对于环境有重大影响的项目，必须建立社会公众磋商制度，以确保项目环境影响评估的公众参与原则。

7.1.2 项目环境影响评估的程序

项目环境影响评估的程序可分为三个部分，具体如图 7-1 所示。

（1）评估的准备阶段

这一阶段的主要工作是研究有关管理法规与项目文件，进行初步的项目分析和环境现状调查，筛选出重点的项目评估方面和相关评估指标，确定出各单项环境影响评估的工作等级，并编制评估工作大纲。

（2）评估的正式工作阶段

这一阶段的主要工作是进行项目的工程分析和环境现状与影响调查，并进行项目环境影响的数据预测和评估项目对于环境的影响程度和范围等。

（3）评估报告书编制阶段

这一阶段的主要工作为汇总、分析项目环境影响评估工作所得到的各

种资料数据，并得出相应的评估结论，撰写完成项目环境影响报告书。

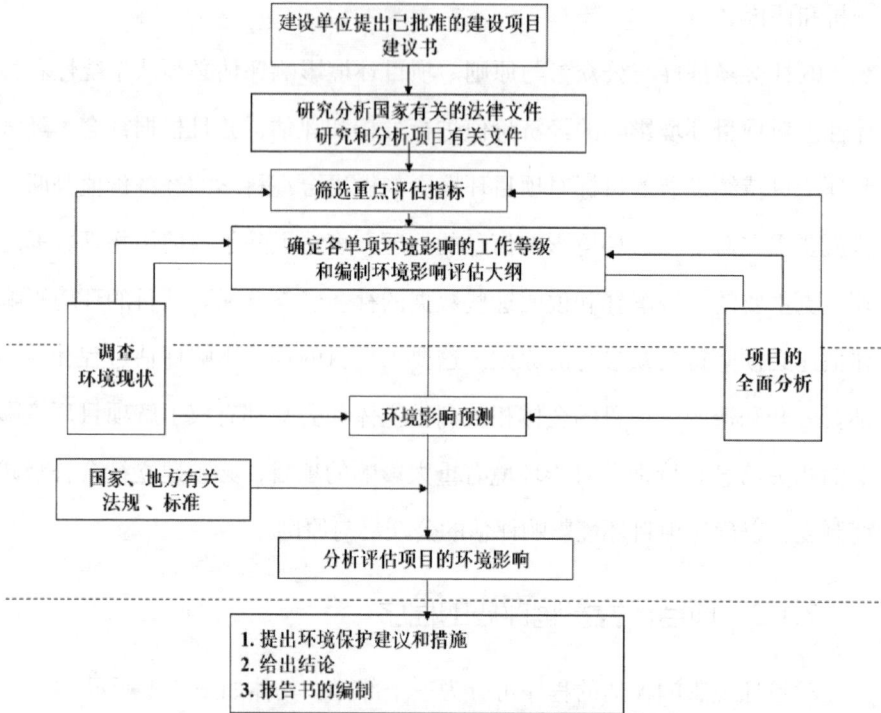

图 7-1　项目环境影响评估的程序

资料来源：戚安邦主编，《项目评估学》，科学出版社，2012.

项目环境影响评估结果可形成项目环境影响评估大纲，是整个项目环境影响评估的总体设计和行动指南。它既是具体指导环境影响评估的文件，也是检查这种评估的主要依据。包括以下几个方面。

第一，项目环境影响评估的总则。评估依据、环境保护目标、相关评估标准以及评估工作等级和重点等。

第二，项目概况和项目所处环境的简况分析。分析说明项目基本情况和项目所处环境情况并分析相互的影响。

第三，项目环境分析内容、方法与环境现状调查。确定评估工作内容和环境特点，详细规定评估调查的范围、方法等。

第四，项目环境影响预测与评估项目环境影响。规定预测方法、内容、范围及参数和环境综合评估的内容、方法等。

第五，项目环境影响评估工作成果清单。给出评估工作清单、评估结论内容要求和有关评估工作成果一览表。

第六，项目环境影响评估工作的组织和计划安排。有关评估人员、组织结构、工作方案、呈报程序、经费预算安排等。

7.1.3 项目环境影响评估中的环境标准

对项目环境影响评估而言，必须要有一定的依据，这就是所谓的项目环境影响评估的环境标准。

（1）环境标准的概念和作用

环境标准是为了保护人群健康和促进生态良性循环，在综合考虑自然环境特征、科学技术水平和经济条件的基础上，由国家按照法律和法规制定和批准的对环境结构和状态的要求等方面的相关规范。环境标准是开展项目环境影响评估的基本依据。

人们只有遵照环境标准才能做出对于项目环境影响的定量化分析、比较和评估，才能正确地判断项目所在区域的环境质量好坏，从而才能够控制项目所处环境的质量，并开展项目环境影响的综合治理。

（2）环境标准体系

按照环境标准的性质、功能和内在联系可以对环境标准进行必要的分级和分类，从而构成一个统一的有机整体，即环境标准体系。我国目前的环境标准体系分为两级和七种类别，并且还被划分为强制性标准和推荐性

标准两大类。现就我国主要的环境标准分述如下。

①环境质量标准。环境质量标准是指在一定时间和空间范围内，对各种环境介质（如大气、水、土壤等）中的有害物质和因素所规定的容许量和要求。环境质量标准主要包括：大气质量标准，水质质量标准，环境噪声及土壤、生物质量标准等。它是衡量环境是否受到污染的尺度，也是有关部门进行环境管理和制定污染排放标准的依据。环境质量标准又分为国家标准和地方标准两级。其中，国家环境质量标准是由国家按照环境要素和污染因素规定的环境质量标准，它适用于全国范围。地方环境质量标准是地方根据本地区的实际情况对某些标准的更严格的要求，是对国家标准的补充、完善和具体化。

②污染物排放标准。这是根据国家和地方环境质量要求，结合环境特点和社会、经济、技术条件，对污染源排入环境的有害物质和产生的有害因素所做的控制标准，或者说是排入环境的污染物和产生的有害因素的允许限值或排放量（浓度）。污染物排放标准按污染物的状态可分为气态污染物排放标准、液态污染物排放标准、固态污染物排放标准及物理污染控制标准。污染物排放标准也分为国家污染物排放标准和地方污染物排放标准两级。

③环境基础标准与环境方法标准。环境基础标准是指在环境保护工作范围内对具有指导意义的有关名词术语、符号、指南、导则等所做的统一的规定。环境方法标准是环境保护工作中以实验、分析、抽样、统计、计算等方法为对象而制定的标准，它是制定和执行环境质量标准、污染物排放标准和实现统一管理的基础。

④环境标准样品标准和环保仪器设备标准。环境标准样品标准是对环境标准样品必须达到的各种要求所做的正式规定。它是对环境保护工作中

用来标定仪器、验证测量方法、进行量值传递或质量控制的标准材料或物质必须达到的要求所做的规定。所以它相当于"标准的标准"。环保仪器设备标准指为了保证污染治理设备的效率及环境监测数据的可靠性和可比性，对环保仪器设备的技术要求所做的规定。

⑤强制性标准和推荐性标准。凡国家和地方环境保护法律、法规、条例和标准化方法上规定的强制执行的标准为强制性标准；凡是国家和地方环境保护法律、法规、条例和标准化方法上未做硬性规定而不强制执行的标准都属于推荐性标准。

总之，环境质量标准是制定污染物排放标准的主要依据；污染物排放标准是实现环境质量标准的主要手段和措施；环境基础标准是环境标准体系中的指导性标准，是制定其他各种环境标准的总则、程序和方法；而环境方法标准、环境标准样品标准和环保仪器设备标准是制定、执行环境质量标准和污染物排放标准的重要技术根据和方法。这些标准之间是既互相联系，又互相制约，共同能够形成一个体系的关系。

7.1.4 项目环境影响评估的方法

这类方法从功能上可划分为：环境影响识别方法、环境影响预测方法、环境影响评估中的风险评估和经济分析评估等方法。

（1）项目环境影响识别方法

项目环境影响识别方法是找出受项目影响的环境因素的方法，能使项目环境影响预测和项目环境影响综合分析具有可靠性，使项目污染防治的对策具有更大的针对性。项目对环境的影响可划分为有利影响与不利影响两大类。然后进一步又可以分为微弱、轻度、中等、大和特五个级别的有利和不利影响。

目前普遍使用的项目环境影响识别方法主要是核检法（check-list），这是将可能受项目影响的环境因素和可能产生的环境影响性质，通过核检的方法开列在一张清单表上的项目环境影响识别方法。这种方法又可进一步分为简单型清单、描述型清单、分级型清单等多种核检法。

（2）项目环境影响预测方法

现在普遍采用的项目环境影响预测方法主要有：数学模型法、物理模型法、类比调查法和专业判断法。

①数学模型法。人们通过对项目环境影响的观察总结出预测这种影响的半经验、半理论的方法，即数学模型法。建立项目环境影响数学模型时，要根据整个系统各变量之间存在的物理、化学、生物等过程和关系去建立起表述环境影响发展变化的模型，有时也叫参数估计法。

②物理模型法。物理模型法是应用物理、化学、生物等办法去直接模拟项目对于环境的影响问题，从而预测项目对于环境影响的方法，所以也叫物理模拟法。此方法定量化程度高，能较好地反映比较复杂的项目环境影响特征。

③类比调查法。一个未来项目对于环境的影响，可以通过对一个已完成的相似项目实际对环境的影响结果来给出未来项目的环境影响预测，这就是类比调查法。此法的预测结果可以是定量的，也可以是半定量的，这类方法的预测进度相对比较低。

④专家判断法。这是一种通过专家咨询和综合应用专家的专业理论知识和实践经验，从而分析和预测项目对于环境影响的结果。这一方法一般只能定性地反映项目对于环境的影响，而且相对的预测精度比较低。

（3）项目环境影响的风险评估方法

项目环境影响的风险评估是 20 世纪 70 年代发展起来的一种项目环境影响评估方法，它使项目环境影响评估的结论更能反映实际情况，最终为环境管理部门进行项目的平衡和取舍做出比较合理和实际的决策。通常环境风险有两个特点，即这种环境影响的不确定性和危害性。不确定性是指人们对于环境风险事件发生的时间、地点、强度等事先难以准确地预料；危害性是指环境风险事件的后果及其严重程度。

广义地讲，项目环境风险评估是对一个项目的建设和运行过程中对于项目所处区域引发的对人体健康、社会经济发展、生态系统等造成损失的全面评估。狭义地讲，项目环境风险评估是指对项目所产生的有毒有害物质危害人类和自然环境的可能程度所进行的概率估计和影响范围与影响程度的分析与评价。一般的项目环境风险评估必须包括以下三个紧密相关的步骤。

①项目环境风险的识别。指根据各种因素的关系分析把项目环境系统中可能给人类和生态系统带来环境风险的因素识别出来的工作和过程。通常的项目环境风险识别要求使用系统分析的方法去识别出各种风险事件。

②项目环境风险的度量。指对于项目环境风险的大小以及后果严重程度的全面估算，其主要的工作就是回答项目环境风险的大小和影响范围与程度，从而给出项目环境风险事件发生的概率，以及项目环境风险事件后果的性质、影响范围、影响的严重程度和影响的后果。

③项目环境风险应对措施的决策和管理。指根据项目环境风险的识别与度量结果，结合人们对于项目环境风险的承受能力，去确定根据具体情况应该采取哪些减少、消除和规避项目环境风险的应对措施及开展哪些项目环境风险管理活动。

（4）项目环境影响经济分析评估

项目环境影响评估经济分析的主要内容包括：项目污染物排放量的经济分析、项目环境保护措施的实施费用和逐年费用分析、项目所能产生的环境经济效益和环境经济损失的分析等。在这种分析中，需要采用"等效"原理和"价值替代"等原理来进行必要的价值转换，以便分析项目环境影响的经济效果。对项目环境影响的经济评估方法可以分为定性和定量两种不同的方法。

①定性的方法。主要是专家判断法，通过专家来定性描述项目对于环境所产生的各种影响的价值，这种方法主要用于项目对环境所产生的各种无形影响的评估。例如，项目对珍稀动植物的影响度量。

②定量的方法。主要是费用／效益分析法，人们可以把项目环境影响的费用和效益看作是对于社会经济福利的一种度量，从而将由项目环境影响引起的社会经济福利变化用等量商品的货币量来表示。具体就是使用净现值的计算方法去做项目环境影响评估中的经济分析。

7.1.5　项目环境影响的综合评估

项目对于环境的影响是多方面的，所以人们需要对项目的环境影响进行全面的综合评估。

（1）项目环境影响综合评估原则的确定

项目环境影响综合评估的基本原则有以下几个方面。

①分清主次关系的原则。指首先必须搞清楚项目实施与运行将会造成的各种环境影响问题的因果关系和主次关系，从而根据这些关系进行项目环境影响综合评估的原则。

②全面整体评估的原则。指一个项目对环境各方面造成的影响必须进行全面评估的原则，这种总体估计有时并不需要非常精确，但要给出正确的判断。

③一次性经济补偿的原则。项目对环境所造成的影响和损失有些是永久性的，有些是一次性的，有些是周期性的，它们之间无法直接比较或加总，因此在计算项目环境影响的经济损失时要求都按一次性补偿原则计算。

④贵极无价的原则。指在项目环境影响评估中对项目影响的少数稀世贵重之物（包括动植物）应该视为无价之宝，这类东西无法以价格来表示，因为它们是不可替代和无法复制的，所以项目对于这类东西的影响和损坏难以使用经济分析结果来衡量。因此这种东西只能用特殊的符号表示，而且是具有"一票否决权"的特殊符号。

（2）项目环境影响综合评估的方法

具有代表性的常用项目环境影响综合评估的方法有以下两个。

①单一指数法。一般的项目环境影响综合评估指数法是使用一个预先引入的项目环境质量标准值 Cs，然后根据项目环境影响评估结果处理所获得的项目环境影响综合评估预测值 C，将它与标准值 Cs 的比值作为指数，根据二者的比较指数给出综合评价结论。

其公式为：$P=C/Cs$

其中只有单一影响的指数法评估可分析该环境影响是否达标（$P_i<1$ 还是 $P_i>1$）以及其达标的程度，显然 P 值越小越好。

②综合指数法。在单一影响评估的基础上，要求出所有项目环境影响的综合评估就需要使用综合指数法。这种综合指数法是一种等权重的综合方法，即将项目环境影响各因素设置完全相等的区权重的方法。

（3）项目环境影响评估的有效性

项目环境影响评估的有效性是指分析和检验项目环境影响综合评估的信度和效度。这种项目环境影响综合评估的有效性检验主要包括如下几项工作。

第一，在项目酝酿和提出阶段就应考虑项目环境影响评估，以使其能与项目可行性研究和区域规划同步进行并相互协调。

第二，项目环境影响综合评估要用于对项目和项目方案进行筛选和界定，以保证将项目评估重点置于对环境影响的评估上。

第三，要恰当地识别和预测项目可能出现的对环境的负面影响和潜在的环境效益并提出避免和消减的环保措施。

第四，应该提出多个备选的项目位置和设计方案，以便对它们进行环境影响的比较和评估，并从中选出好的项目位置和项目方案。

第五，在项目的评审和批准的过程中必须要有避免、消除或补偿项目环境负面影响和获取正面环境效益的方案内容。

第六，必须要充分考虑受项目影响的个人和社区团体的意向和保证他们在项目环境影响中的损失补偿；必须强调项目环境影响评估的各个阶段都应该有公众参与（使全体相关利益主体满意）。

第七，必须实施适宜的项目环境影响警诫、监测和管理措施，以避免、控制和消除负面的项目环境影响，并且从长期来看要能够获得项目环境影响的效益。

第八，项目环境影响综合评估的结果应能经得起项目建设和运行活动过程中的现场监测和后评估的检验。

项目的环境影响评估是项目评估的一个重要内容，由于环境的唯一性决定了项目的建设和运行必须建立在不对项目环境造成负面影响的基础上。对于一些对环境危害不大但又必须实施的项目，一定要制定出对项目环境负面影响的环保补救措施，以减少项目建设和运行对于环境的危害。

7.2　项目社会效益评估

7.2.1　项目社会效益评估概述

（1）人类社会目标与项目社会效益评估

人类对自身的理想与幸福的追求是多层面的，是由低级到高级逐渐发展的，首先是衣、食、住、行等物质生活，而后才是更高级的文化精神生活。由于社会与自然资源以及生产能力总是有限的，而人们的需求和欲望却是不断扩大和无限的，所以很自然地就会出现不同个人、家族、集团乃至国家或地区在物质和文化利益的追求与维护中对于人们共同生存的社会与自然环境的保护和危害问题。如何在经济和社会发展问题上实现"可持续发展"的目标成为人们 20 世纪下半叶日益关注和重视的问题，由此也就产生了对于项目的社会影响评估。我国的项目国民经济评估中已部分地涵盖了有关项目社会效益评估的内容，但是仍然存在很多不足。

（2）项目社会效益评估的理论与方法沿革

20 世纪 50 年代以前，不论东西方国家均只进行项目的财务评估，20 世纪 50 年代开始有了项目国民经济评估，20 世纪 60 年代后期，随着福利经济学的产生，项目评估方法逐渐演化为对经济增长和收入分配的影响进行评估，但这只是狭义上的项目社会效益评估方法。经过五十多年的发展，现在有关项目社会效益评估与社会影响分析理论等已形成自己的理论框架，而且已经有了相对完整的体系和方法。

经过多年实践，国家的发展目标基本有两个：一个是经济增长，一个是公平分配。前者叫效率目标，后者叫公平目标，两者合称为国民福利目标，这是社会影响评估的关键内容。项目的效率目标要求项目能增加国民收入，项目公平目标要求项目所增加的国民收入能够在不同收入阶层、不同地区以及投资与消费之间进行合理分配。对于这两个目标的评估被称为项目社会效益评估。

20世纪70年代的这种评估从三个方面分析项目对宏观经济的影响，一是项目投入品对国民经济相关部门产生的影响；二是项目产出的新增价值的分配对国内各部门收入分配的影响；三是由于不同部门收入的变化所引起的消费变化而进一步引起的新需求的变化。

这些都被称为狭义的项目社会效益评估方法。自20世纪70年代以来，人们深入地开展了项目社会效益评估方法研究，英国将这种工作叫作项目的社会分析，美国将这种工作叫作项目的社会影响评估。这种项目社会效益评估主要评估项目对人文环境的影响，如分析项目对人们生活、人口、收入分配、健康、安全、教育、文化、风俗习惯、社区凝聚力等方面都会有什么影响。

世界银行的项目社会效益评估不仅用于项目前评估，还用于重要投资项目的后评估。世界银行在发展中国家推行的项目社会效益评估，被称为广义项目社会效益评估，虽其理论方法尚不成熟，但正在发展成项目社会效益评估主导方法。

我国对项目社会效益评估的系统性研究虽然是近年来开展的，但由于我国是社会主义国家，所以我国对项目的社会效益一直比较重视，当然我们在研究项目社会效益评估的理论和方法方面还有很大差距，还有待于进一步提高。

（3）项目社会效益评估的含义

从上述项目评估发展的历史沿革来看，有狭义的社会影响评估和广义的社会影响评估。各国的项目社会效益评估内容也不相同，美国的项目社会效益评估、英国与世界银行的项目社会分析都属于同一类，着重分析项目和项目所在地社会环境的相互影响。归纳起来，项目社会效益评估主要有四种：

其一是包含在项目国民经济评估中的社会效益分析；

其二是项目经济评估加项目收入分配分析；

其三是项目的国家宏观经济分析；

其四是引入社会学家参与评估的项目社会分析或社会影响评估。

前三种都属于经济分析的范畴，第四种是以社会学为基础的。

从理论上分析，项目的社会效益既有与经济活动有关的社会效益，也有与经济活动无关的社会效益；既有有形的社会效益，也有无形的社会效益。项目与经济活动有关的社会效益是指物质生产与流通领域对社会各部门、各地区，以及国家整体经济创造的社会效益。例如，项目建成投产的产品对其使用部门所产生的直接效益。项目与经济活动无关的社会效益是指项目为社会各领域创造的劳动条件和能力的提高以及劳动组织形式的改变等方面的社会效益。实际上项目社会效益评估就是对由于项目的建设与运行而对社会经济和社会环境等方面的正负社会效益与影响的分析与评价。

（4）我国开展项目社会效益评估的意义和作用

第一，开展项目社会效益评估有助于保证项目与其所处的环境协调匹配。近年来，世界银行开始推行项目的社会评估，在提升项目的社会效益

方面取得显著的效果。

第二，它有利于促进国家社会发展目标的顺利实现。现在我国规定要对项目进行社会效果评估，以促进国家社会发展目标的实现，同时也能够提高项目决策的科学水平。

第三，它有利于减少项目投资的短期行为和盲目建设。开展项目的社会影响评估最重要的是提倡全面评估一个项目的社会综合效益，这必将有助于克服各种项目投资中的短期行为和盲目建设的问题，提高整个国民经济运行的质量。

第四，它有利于资源的合理利用和社会环境保护。通过对项目社会影响的评估可以更好地规范人们在项目投资中的行为，使项目在资源合理利用和社会环境保护方面更为科学合理。

（5）项目社会效益评估的特点和原则

项目社会效益评估的特点体现在以下几个方面。

①宏观性。项目社会效益评估就是要评估项目对于国家社会发展目标贡献的大小，所以必须从全社会的宏观角度考察项目的存在给社会带来的贡献与影响。

②间接性。项目的社会影响虽然有直接的和间接的，但是项目在社会效益层面所产生的影响往往是间接的。人们更多地将项目的社会效益（如就业效益、节能效益、创汇效益、对教育的影响、对文化生活的影响等）看成是项目的间接效益。

③综合性与长期性。项目社会效益评估涉及社会生活各个领域的发展目标，考虑多种社会效益与影响，所以具有综合性的特征。项目的社会影响评估要考察项目与近期和远期社会发展目标的一致性，这些都是几十年，

甚至是几代人的问题，所以项目社会效益评估往往还具有长期性的特征。

④难以定量的特性。项目的社会影响多种多样，有许多不仅不能使用货币定量，也难使用实物量甚至劳动量去定量。

⑤差异性。因为项目不同，所以其社会效益就不同。因为各行业的项目对社会发展目标的贡献与影响有很大差异。因此项目社会效益评估就难以使用同样的指标去评估属于不同专业领域的项目的社会影响。

项目社会效益评估的基本原则包括以下几个。

①有利于国家社会发展目标的原则。项目社会效益评估必须贯彻为实现社会发展目标服务的原则，必须坚持项目社会效益评估严格遵守国家相关法律和法规的基本原则。

②突出评估重点和特点的原则。即要突出以国家发展的近期目标为重点，兼顾远期各项社会发展目标的原则，并要考虑项目与当地社会环境的关系特性，力求评估能全面反映该项目所引起的各项社会效益与影响特点的原则。

③客观性与可靠性的原则。即要坚持尊重客观规律、实事求是和采用科学评估方法的原则，还要坚持深入调查，搞准基础资料，使评估建立在可靠的基础上的可靠性原则。

④可比性与科学性的原则。这些原则要求在做项目社会效益评估中无论是定量还是定性分析均应注意具有可比性原则，而且评估指标的设置要坚持科学性的原则。

7.2.2　社会效益评估的内容与步骤

（1）项目社会效益评估的内容

一般情况下不同项目对于社会的影响是不同的，所以不同项目的社会

效益评估内容也是不同的。

项目社会效益评估所涉及的内容可以十分广泛，且不同的项目并不是都涉及所有的评估内容，具体的项目必须具体确定其项目社会效益评估的内容。项目社会效益评估的一般内容可参见图 7-2。

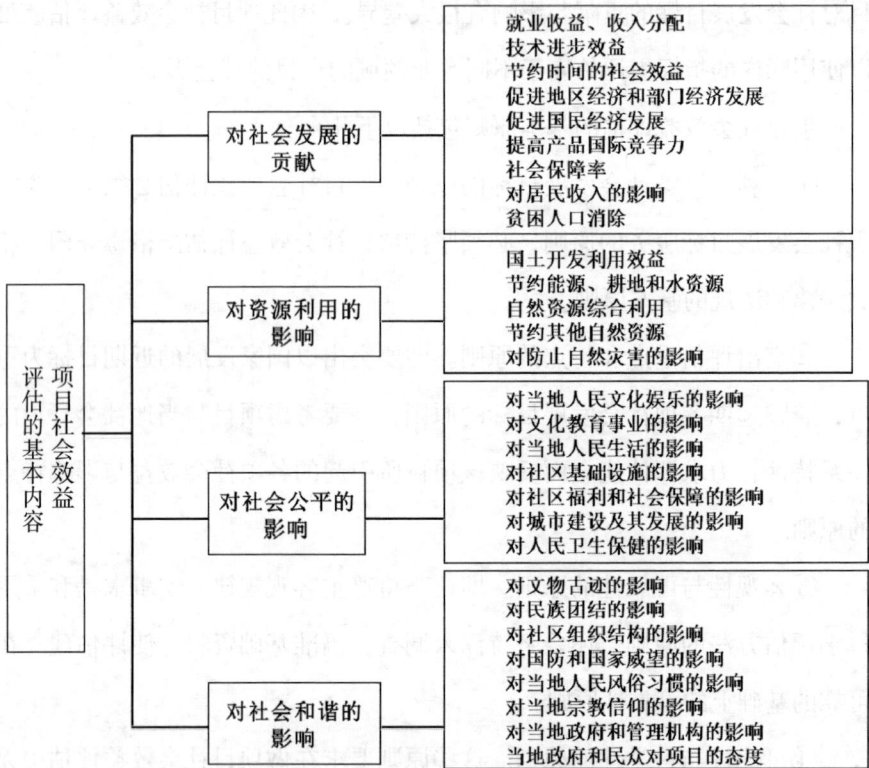

图 7-2　项目社会效益评估的内容

资料来源：戚安邦主编，《项目评估学》，科学出版社，2012.

项目社会效益评估的重点内容包括项目社会经济效益分析评估和项目社会环境影响的分析与评估两大方面。对于项目社会效益的评估又可以分为正效益和负效益的评估内容，而对于项目社会环境影响的评估又分为正面影响和负面影响的评估内容。

项目社会影响的评估必须立足于"突出重点"的基础之上，充分重视评估的重点内容。同时，这种评估要注重项目所属行业特点及其对于评估内容的要求。要根据项目社会效益评估指标的权重安排评估的内容，并且首先要对"一票否决"的评估内容进行评估，影响不大的评估指标或内容可以排除或留置不做评估。

（2）项目社会效益评估的步骤

项目社会效益评估的基本步骤包括如下几个方面。

①确定评估的目的与范围。根据项目建设的主要目标与功能和国家（地区）的社会发展目标，由项目评估人员对项目所涉及的主要社会影响因素进行分析研究，找出项目对这些社会方面可能产生的影响，选出项目应当评估的指标。

在分析项目应当评估的指标时要确定出哪些指标是主要的，哪些指标是次要的，项目的各种社会影响可能波及的空间范围与边界以及可能发生的时间范围。此处的空间范围一般是指项目建设所在的地区、社区以及相邻的社区。例如，有的水利项目就涉及很多省、市，地域较广阔。此处的时间范围一般是项目的寿命期或预测的项目可能造成社会影响的年限。

②选择评估的指标与指标体系。根据不同项目社会效益评估的范围，选择确定出项目社会效益评估的具体指标和指标体系。在这一指标体系中应该包括各种项目社会效益与社会影响的定量分析与定性分析指标，并且这些指标要构成一个统一的整体。

任何一个项目的社会影响评估指标体系都应该包括定量分析与定性分析的通用指标和项目独特的专用指标，只要是项目涉及的独特性指标均应纳入项目社会效益评估的范畴。

③确定评估的基准或参照指标值。应该通过收集项目可能影响的现有社会经济、资源利用、文化卫生、社会人文情况及其他一些社会环境因素的情况和项目在这些社会影响的时间与空间范围内可能发展变化的情况等社会基础情况，以及以前项目的社会效益评估的资料去确定一个项目社会效益评估的基准和参照指标值。

④审定被评估的项目备选方案。指提出、审查和确定将要被评估的项目备选方案，即在不同的建设地点，使用不同的资源，采用不同的工艺技术路线等特定条件，根据项目的目标提出若干可供选择的项目可替代方案，或者是项目社会效益评估中的备选项目方案。

⑤通过预测获得评估数据并进行评估。第一，对项目备选方案的社会效益与社会影响定量指标做数据预测。借用对社会发展历史统计资料的分析和项目所涉及的社会发展趋势的估量以及同类项目的历史资料分析，建立模型或选用适宜的预测方法进行预测，计算出项目社会效益评估各定量指标的预测数据。第二，对不能定量的项目社会效益与社会影响进行定性分析。对于项目涉及的各种不能定量的项目社会效益与社会影响，采用专家法、打分法等方法分析、预测和判断项目各种社会影响定性分析指标值，给出项目社会影响程度的定性分析结果。第三，分析各分析指标的重要性度并建立项目社会效益评估模型。根据重要性对上面两个步骤中给定的项目社会效益评估的定性与定量指标进行排序，找出各个评估指标在整个评估中的权重，然后研究各指标间的相互关系并建立供具体项目使用的社会影响评估模型。第四，开展专项和综合评估并选出满意的项目或项目方案。使用项目社会效益评估模型开展项目社会影响的专项评估和综合评估，求得各项目或项目备选方案的综合社会影响与效益，并比较各个项目或项目方案的综合社会影响，最终选出满意项目或方案。第五，专家论证和最终

批准。首先根据项目的社会影响评估结果召开不同规模的专家论证会，并将评估选出的项目或项目方案提交专家论证，必要时还需要根据专家意见对项目或项目方案进行必要的修改与调整。然后根据上述各步骤中得到的调查结果、预测分析、方案比选、专家论证等方面的情况写成项目社会效益评估报告，并给出项目社会效益评估是否可行的结论。最后上报给上级项目评估审批单位，由他们根据专家意见去分析、审查和批准报告（项目可行性报告审批）。

7.2.3　社会影响专项评估方法

一个项目的社会效益与社会影响可能比较广泛，而且有许多评估指标不能做定量分析只能进行定性分析，所以很难确定出通用的项目社会效益评估的方法。我国的项目社会效益评估多数采用定量分析与定性分析相结合的方法。

常用的项目社会效益评估方法有：调查确定评估基准线的方法、有无对比的分析比较方法、逻辑框架分析法、项目利益群体分析法、综合分析法等。以下将讨论各种具体的专项评估方法。

（1）项目对社会发展的影响的评估方法

项目对社会发展的影响的评估方法包括：项目对整个社会发展的影响的评估方法、项目对当地社会发展的影响的评估方法和项目对人民社会生活的影响的评估方法等。

①项目对整个社会发展的影响的评估方法。这主要是按照定量评估的方法去评估：项目对其所属国家经济部门的发展有哪些影响以及影响有多大，项目对相关国家经济部门的发展有何影响以及影响有多大，项目对全社会的发展有哪些影响以及影响有多大，项目对提高整个社会的

运行有哪些影响以及影响有多大，项目对提高全社会的公平有何影响以及影响有多大，等等。

②项目对当地社会发展的影响的评估方法。这主要包括：项目对地方社会发展有哪些影响以及这些影响有多大，项目对于增加当地国民收入的影响，项目对当地社会与经济结构改善的影响和这些影响有多大，项目是否带动了地方文化、教育、医疗、卫生条件的改善以及改善有多大，等等。

（2）项目对社会资源利用的影响的评估方法

①项目对各种社会资源利用的影响的评估方法。这主要是分析项目对社会各种基础设施、文化教育和卫生保健设施以及其他的各种社会资源的占用和利用情况进行评估。

②项目对国土开发利用效益的影响的评估方法。这主要是使用定量的方法评估项目是否占用过多的土地和有无浪费国土资源的情况，以及项目对国土资源开发利用的贡献情况。

③项目对各种能源利用影响的评估的方法。评估项目的能源利用情况，项目的各种能源（包括水资源）使用方案对当地能源和水资源供应以及对人民生活的近期和远期影响。

④项目对各种资源综合利用的影响的评估方法。这需要使用定性的方法去评估开展项目对各种资源综合利用的情况及影响等。

⑤项目对防止和造成自然灾害的影响的评估方法。大型项目还必须使用各种专业方法进行项目对防止自然灾害或造成自然灾害的评估。

（3）项目对社会公平的影响的评估方法

①项目对当地人民文化娱乐的影响的评估方法。这主要是评估项目是否增加了当地人民的闲暇时间和娱乐活动，评估项目是否建设新的文化娱

乐和体育设施，以及它们对繁荣当地人民文化娱乐生活有何影响。

　　②项目对当地教育事业的影响的评估方法。这主要是评估项目对当地普及义务教育有无影响和影响有多大，项目对当地扫除文盲和半文盲有无影响和影响有多大，项目是否需要建设新的教育设施以及建设这些设施的投入是多少，等等。

　　③项目对当地文化事业的影响的评估方法。这主要是对项目给当地人口的近期与长远的文化素质产生何种影响和影响有多大进行评估。这包括对于项目带来的新增文化设施的作用评估、项目对有关文化事业投入的评估等方面。

　　④项目对当地人民生活的影响的评估方法。同样，这也是使用定性和定量的方法去进行相应的评估。其中最主要的评估内容和方法包括：项目对人民生活质量的影响的评估，项目是否增加了当地的医疗保健设施和是否提高了当地的医疗保健条件，项目是否增加了当地的各种防疫设施，项目对增进人民健康和延长寿命有无影响，项目是否影响和改变了人民的卫生健康习惯以及影响大小，等等。

　　⑤项目对社区建设、社区福利和社区社会保障的影响的评估方法。这方面也要使用定性和定量相结合的方法去进行评估。主要的评估内容包括：项目对当地人民家庭收入有无影响，项目对当地人民改善衣食住行条件有无影响，项目在增加公共服务设施和方便人民生活方面的影响，项目对人民的社会福利和生活习惯的影响，项目对当地人民的生活供应和供应价格的影响，项目对职工的生活服务设施的影响，项目对社区基础设施和城市建设的影响等。

（4）项目对社会和谐的影响的评估方法

这方面的评估方法最主要的是针对以下几方面。

①项目对民族团结的影响的评估方法。这包括有关项目对社区组织结构的影响的评估，项目的建设是否尊重了当地习俗，项目的建设与实施对当地民族团结的影响，项目是否遵循了国家的民族政策等。这方面影响的评估大多采用定性评估的方法，有时也采取"一票否决"的评估方法。

②项目与当地政府和管理机构以及民众的相互影响的评估方法。这主要是评估项目取得地方政府与社区群众支持的程度，他们参与项目决策、设计与实施的程度，地方政府和民众对项目的支持程度，地方政府和管理机构（如当地公安、政法等机构）是否因项目建设而需要扩充，这类扩充是否得到了当地政府的同意、需要多少费用和人员等。这方面所采用的方法以定性分析为主。

③对当地人民风俗习惯和宗教信仰的影响评估方法。这包括项目对所在地人民的风俗习惯和宗教信仰的影响的全面评估。它所使用的方法包括对项目所在地人民风俗习惯和宗教信仰的调查方法、项目对这些正面和反面影响的定性分析方法和项目对这些影响大小的定量分析方法。

④项目对国防和国家威望的影响的评估方法。这方面的评估需要使用比较独特的评估方法去评估项目对加强国防建设的影响和项目对巩固国防的影响，以及项目对提高国家威望或降低国家威望的影响。这方面的独特性主要表现在只有很少的项目需要做这方面的评估，而且需要使用特殊的评估方法。

⑤项目对文物古迹的影响的评估方法。这方面主要使用定性评估的方法对项目给当地的风景、文物、古迹、旅游区等方面带来的影响进行必要的评估。这种评估在有些时候和地区甚至使用"一票否决"的评估方法。

案例及思考题

案例 1：某机场建设项目

某机场建设项目位于环境空气二类、噪声二类地区，所在地区地表水及地下水环境功能区划为Ⅲ类水体。项目主体工程由 1 条跑道、2 条平行滑行道、4 条快速出口滑行道及 6 条跑滑之间的垂直联络道组成。工程填方 $2.50 \times 10^6 \, m^3$、挖方 $4.45 \times 10^6 \, m^3$，堆载体土面区翻挖压实 $9.5 \times 10^5 \, m^3$，土面区绿化土方 $2.15 \times 10^6 \, m^3$。各类排水沟总长 31.6 km。围场路、消防车道和特种车道等道路总面积 108670 m^2。

请根据上述资料，简要回答下述问题。

①说明机场地区环境空气、噪声、地表水和地下水影响评价中应执行的环境标准。

②说明声环境现状调查与评价的范围、内容与方法。

③说明生态环境现状调查的内容与主要方法，生态环境影响分析的重点。

④简要说明该项目的评价重点和评价中应注意的问题。

案例 2：某污水处理厂项目

某污水处理厂及配套管网工程总投资 1 亿元，其中污水管道工程 5 千万元，工程占地面积 30000 m^2，全部为农田，拆迁量少，日处理 3 万吨污水，处理程度二级，采用氧化沟工艺。污水处理厂出水排入附近内河，该水体控制目标为Ⅲ类，处理后污泥可直接运往城市垃圾卫生填埋场或焚烧发电厂统一处理。

当地气候属亚热带季风气候，温和湿润，雨量充沛，四季分明。多年平均气温 15.4 ℃，绝对最低气温 −8.8 ℃。冬季主导风向 NW，夏季主导风向 SSE。

风向的符号：

E—东，NEE—东北偏东，NE—东北，NNE—东北偏北；

N—北，NNW—西北偏北，NW—西北，NWW—西北偏西；

W—西；SWW—西南偏西，SW—西南，SSW—西南偏南；

S—南，SSE—东南偏南，SE—东南，SEE—东南偏东。

回答以下问题。

①试进行施工期污染源分析。

②营运期主要有哪些污染源？

③本项目有哪些事故风险？

④营运期的环境影响分析。

案例 3：某高速公路项目

某城市规划建设的高速公路，4 车道，全长 80 km，设计行车速度 80 km/h，路基宽度 24.5 m。全程有互通式立交 5 处，跨河特大桥 1 座（1750 m），大桥 5 座（共 1640 m），隧道 4 座（共 3800 m），其中单洞长隧道 1 座（2400 m）。公路位于规划未建成区，起点接城市环路，沿线为山岭重丘区，相对高差 50m~300m，线路穿岭跨河，沿山谷行进，过山间盆地，有支线通向旅游区。该公路征用土地 640 hm^2，其中农田 150 hm^2，林地 300 hm^2，草坡和未利用土地 140 hm^2，其余为水塘、宅基地等，土石方量 $8640 \times 10^3 \ m^3$，有高填方段 2400 m。项目总投资 38 亿元。

该项目所在区域雨量充沛，夏季多暴雨。森林覆盖率约 40%，包括人工森林和天然林。公路沿线农业经济发达，村庄较密集，穿越 2 个村庄，附近有 2 个较大乡镇，另有山岳型风景名胜区和农业观光区各 1 处。

根据上述背景材料，回答以下问题。

①说明工程概况介绍部分有关生态环境影响的工程分析应包括的主要

内容。

②说明生态环境现状调查与评价的主要内容及生态环境现状调查主要采用的方法。

③简要说明该项目评价的重点和评价中需注意的问题。

第 8 章　项目实施后评估

正如本书在第 1 章中所描述的《西游记》中取经项目，在项目实施后，需要评估项目的实施绩效，并按照绩效结果"论功行赏"。因此，项目后评估包括项目实施绩效评估以及项目价值分享评估。

8.1　项目实施绩效评估

8.1.1　绩效管理概述

（1）绩效管理的概念与层次

绩效（performance）是具备一定能力的人或组织通过符合组织要求的行为实现组织目标的综合体现。如果将绩效看作一个系统，那么绩效事实上是在特定工作情境下，涵盖知识、技能、动机、行为等要素变量的函数。

$$performance = f_w（K \times S \times M \times B）$$

W：Work contexts/ 工作情境

K：Knowledge/ 知识

S：Skills/ 技能

M：Motivation/ 动机

B：Behaviors/ 行为

如表 8-1 所示，绩效可以分为三横三纵，即组织绩效、部门与团队绩效和个体绩效[①]。

表 8-1　绩效的三横三纵

	结果论	行为论	能力论
组织绩效	销售收入、利润	社会责任、研发投入	专利数、创新能力
部门与团队绩效	项目完成度、计划完成情况	合作行为、分享行为	团队成员匹配程度、团队沟通能力
个体绩效	任务完成情况、目标完成情况	符合规范行为、组织公民行为	知识、技能

（2）绩效管理循环

绩效管理是团队在目标共识和目标达成过程中，上下级之间沟通、反馈、指导和支持的持续活动。其关键行为是设定目标与衡量标准、总结、评估、沟通、激励与发展等。核心目的是不断提升个人和组织绩效，实现员工与企业共同发展的长期目标。

绩效管理不是简单的任务管理，它特别强调沟通、辅导及员工能力的提高。绩效管理是一个不断循环的过程，包括了绩效目标的制订与计划、绩效辅导与执行、绩效评估与反馈以及绩效激励与改进。绩效管理的核心在于不断提升企业和员工的绩效和能力。如图 8-1 所示，绩效管理循环按照 PDCA 原则共有四个要点。

第一，绩效结果应用与绩效改进。即根据项目所具备的环境、条件等，

---

① 彭剑锋 . 战略人力资源管理：理论、实践与前沿［M］. 北京：中国人民大学出版社，2014.

结合项目未来预期发展情况，形成项目的绩效目标、发展计划。

第二，绩效目标、标准与达成承诺。即与项目实施人员进行沟通，明确每个人的行动计划、行动难点，并充分沟通达成共识。

第三，绩效观察与监控纠偏。按照绩效考核工具定期对项目的实施情况进行绩效考核，明确与预期目标之间的差距，并形成绩效考核结果。

第四，绩效考评与绩效面谈。与项目实施人员沟通绩效考核结果，并制订绩效改进计划。

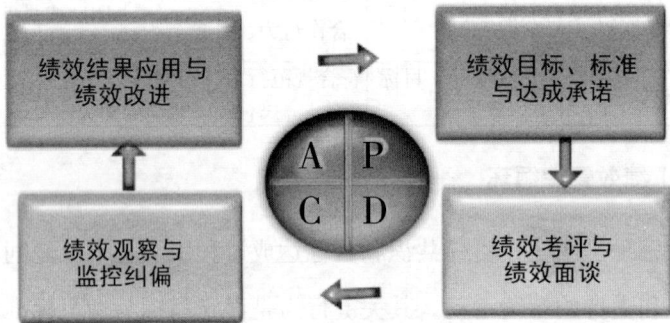

图 8-1　绩效管理循环

8.1.2　项目绩效目标确定

德鲁克所著《管理实践》一书中提出了目标管理（management by objective）理念，即组织的上下层人员一起辨别他们的共同目标，规定预想目标，并用这些标准来指导推进这个单位的工作，来评价它的每一个成员的贡献[①]。具体来说，是由下级与上级共同决定具体的绩效目标，并且定期检查目标的完成情况，而奖励也是根据目标的完成情况来确定的。

绩效管理目标的确定与分解是项目目标、期望和要求的压力传递过程，

---

① 彼得·德鲁克.管理实践［M］.北京：工人出版社，1989.

同时是牵引项目工作前进的关键。项目目标管理与目标制定需符合 SMART 原则：

Specific（具体的），即衡量内容和标准应尽量明确具体，引入具体工作量和质量要求；

Measurable（可测量的），比如质量、数量、时间安排或成本等具体考核内容；

Attainable（可实现的），即目标要有可行性，既有一定的挑战性，也是可以达成的；

Realistic（现实的），即目标应是实际工作所需要的，下级目标必须对上级目标的完成具有支持性；

Time-bound（有时限的），即目标应有时间期限，明确提出完成目标的时间。

按照 SMART 原则，某项目考核目标如表 8-2 所示。

表 8-2 项目考核目标示例

工作任务	考核指标	权重
方案推荐	本年度完成 80 份高质量的推荐报告。报告质量可以通过一定时期内推荐方案组合指数与大盘指数的对比以及通过推荐报告反馈表进行考核	50%
委托研究报告	在要求的时间内完成高质量的委托研究报告（包括基金经理委托研究项目和市场开发部委托研究项目），时间在委托书内确定，质量通过反馈表考核	15%
预算管理	预算执行误差不超过 5%，如果遇到特殊情况可以通过适当审批程序更改预算	10%
人员培养	按照本年度部门人员培养计划为本部门研究人员提供至少 40 小时的相关培训	10%
部门日常管理工作	认真负责地完成日常的计划、总结、任务分配、专业指导、人员考核、制度建设等方面部门管理工作，由主管副总进行考核	10%
基础研究	本年内完成投资组合风险评估分析方法的研究工作，能够初步投入使用	5%

8.1.3 项目绩效辅导与执行

绩效辅导与执行指考核者对项目人员完成绩效指标的过程随时予以关注和辅导，以保证顺利完成项目目标。在绩效管理中，绩效沟通并非只是一个考核周期结束后的程序性工作，而是始终贯穿整个绩效管理的过程。项目绩效辅导与执行的要点如表 8-3 所示。

表 8-3 项目绩效辅导与执行要点

绩效管理阶段	沟通目标	沟通内容	沟通方式
绩效目标与计划	确定项目实施者在考核期内应该完成什么工作和达到什么绩效目标	◎回顾有关信息 ◎设定具体目标 ◎确定关键绩效指标 ◎确定衡量标准 ◎讨论可能遇到的问题和困难 ◎明确项目实施者的权利	书面沟通 面谈沟通
绩效辅导与执行	对关键控制点、项目实施者工作问题以及行为偏差等进行预防和纠正，使管理者和项目实施者共同找到与达到目标有关的问题和答案	◎项目实施者的工作进展怎么样 ◎项目实施者和项目管理者是否在正确地达到目标和绩效标准的轨道上运行 ◎如果有偏差，应该如何扭转 ◎项目实施者在哪些方面遇到了困难 ◎管理者需要提供哪些指导	书面沟通 面谈沟通 非正式沟通
绩效评估与反馈	就项目实施者绩效结果、目标完成情况及原因进行分析，探讨改进措施和机会，提高项目实施者的能力和绩效水平	◎具体说明项目实施者在考核周期内的绩效状况 ◎与项目实施者探讨取得此绩效的原因，共同制定改进措施 ◎表明组织的期望和要求，了解项目实施者在下一个绩效周期内的打算和计划，并提供帮助和建议	书面沟通 面谈沟通 非正式通会议沟通

8.1.4 项目绩效考核

项目绩效考核的工具有两种，其一是利用 KPI 工具对项目实施者个体的绩效情况进行考核，其二是利用平衡积分卡对项目运营的整体情况进行考核。

（1）KPI 指标体系设计的思路与方法

关键业绩指标 KPI（key performance indicators）是对项目实施企业战略成功关键要素的提炼和归纳，并转化为可量化或可行为化的指标体系。其目的是以关键绩效指标为牵引，强化组织在某些关键绩效领域的资源配置与能力，使得组织全体成员的行为能够聚焦在成功的关键行为及经营管理重点与问题上。关键绩效指标设计步骤如下。

第一，明确关键成功要素（KSF），可以借助鱼刺图法明确项目的关键成功要素；关键成功要素是对项目擅长的、对成功起决定作用的某个战略要素的定性描述。KSF 由关键绩效指标（KPI）进行测定。

第二，建立项目实施整体的 KPI。明确项目的 KSF 后，找出项目的业务重点，再找出关键业务的 KPI。

第三，建立个体层次的 KPI。项目主管再将部门级 KPI 进一步分解到各个职位的 KPI，作为个体考核的要素和依据。

第四，设定指标评价标准。指标评价标准指的是在各个指标上分别应该达到什么样的水平，解决"被评价者怎样做，做多少的问题"。

链接：　　　　　　　　　　　　**某集团的 KPI 设定**

背景介绍

某集团企业成立于 1988 年，截至 2000 年，工业总产值已达 220 亿元，经过 8 年的快速发展，目前已经建立了良好的运营组织和技术平台，其中很多专利已经达到世界先进水准，目前在职人员 4000 余人，其中博士、硕士、高级工程师、高级管理人员已经占职工总人数的 40% 以上，主要研发队伍有 1200 人，已经连续 3 年在行业团队竞争排名中第一。

集团的战略目标或使命：成为专业行业的第二名，通过技术创新、低

成本制造为目标客户提供快速服务,采用市场领先形式,获得高利润与增长。

首先,进行战略研讨与目标明确,使团队中关键岗位人员认可团队使命与目标。经分析,提炼出组织目标要点为技术变革与创新、市场领先、客户服务、制造优秀;确定业务重点在通过技术变革与创新带动团队其他目标的实现。根据资源配给百分比拟定权重分别为30%,25%,10%,8%。

其次,围绕关键成功要素确定整体KPI。如图8-2所示。

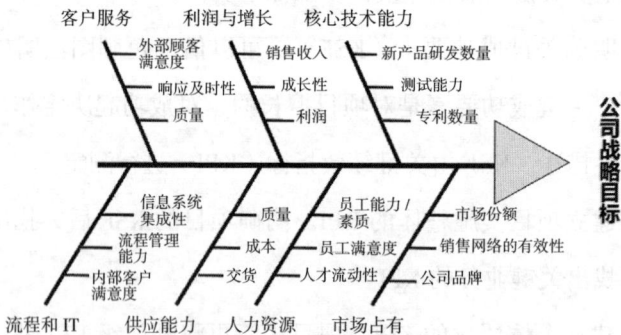

图8-2 关键成功要素

再次,确定关键业绩指标。确定原则包括:第一,重要性原则。对整个企业的整体价值和业务重点的影响。第二,可操作性原则。指标必须有明确的定义和计算方法,以及数据来源。第三,可控性原则。该指标有明确的责任人,并有较大控制力。第四,关联性原则。指标之间有一定的关联性。第五,量化管理原则。"不能衡量它,就不要管理它。"

指标的衡量要点包括:该指标可量化吗?是否有可信的衡量标准?该指标是否与战略有关联,是间接还是直接?该指标的责任人容易明确吗?该指标名称是否是量化的表现形式(比率、绝对数量等)?

关键业绩指标挑选依据(八问)。

一问:该指标是否容易被理解?即指标是否使用通用语言定义?是否有简单明了的语言说明?是否有可能被误解?

二问：该指标是否可控？即指标的结果是否有直接的责任归属？绩效结果是否能够被基本控制？

三问：该指标是否可以信任？即是否有稳定的数据来支持指标和数据构成？数据是否容易计算准确？

四问：该指标是否可以实施？即是否通过行动可以改变绩效结果？员工是否知道用什么行动来对指标结果产生正面结果？

五问：该指标是否可衡量？即指标可以量化吗？指标是否有可信的衡量标准？

六问：该指标是否可低成本获得？即有关指标是否可以从标准记录中获得？获取指标的成本是否高于其价值？

七问：指标是否与整体战略一致？即指标是否与整体战略目标手段一致？指标承担者是否已经清楚责任和实现方式？

八问：指标是否与整体指标一致？即指标与组织上一层指标是否联系？指标与组织下一层指标是否联系？指标提取名称是否规范化？指标标准是否要求量化？

最后，确定关键业绩指标体系。如表8-4所示。

表8-4　规范的关键业绩指标集

关键业绩指标	指标标准	说明与计算方法	评估频率	数据来源/负责部门
产品功能增加量	每年不少于30个新功能	每年不少于10个新功能	年度评估	科技部/研发部
新产品开发数量	10个，4个	3个	季度评估	研发部
研发周期	提前×天	提前×天	项目/季度评估	财务部/销售部
关键人员流失率	小于4%	小于10%	年度评估	人力资源部
新产品市场转化率	在60%—40%	30%—40%	年度评估	市场部/财务部
旧器件重复使用率	15%以上	2%—15%	季度评估/项目	研发部/财务部
MCE值	小于20天	小于30天	季度评估	市场部
员工满意度	指数3	指数2.6	年度评估	人力资源部

（2）综合平衡记分卡

综合平衡记分卡（the balanced score card）是美国哈佛商学院卡普兰与诺顿提出的，根据 Gartner Group 的调查资料显示，到目前为止，在《财富》杂志公布的世界前 1000 个企业中，有 40% 的企业采用了综合平衡记分卡，88% 的企业提出综合平衡记分卡对于员工绩效方案的设计和实施是有帮助的，目前综合平衡记分卡正在被我国部分企业接受并且逐渐开始实施。

之所以叫"综合平衡记分卡"，主要是这种方法通过财务与非财务考核手段之间的相互补充，不仅使绩效考核的地位上升到组织的战略层面，使之成为组织战略的实施工具，同时是在定量评价和定性评价之间、客观评价和主观评价之间、指标的前馈指导和反馈控制之间、组织的短期增长与长期增长之间、组织的各个利益相关者之间寻求"平衡"的基础上完成的绩效管理与战略实施过程。

平衡计分卡"平衡"什么？平衡计分卡的核心思想主要体现在指标之间的"平衡关系"，它能够在以下不同类型的指标之间取得平衡，从而驱动企业持续平稳地发展。

①外部衡量和内部衡量之间的平衡。平衡计分卡将评价的视线范围由传统上的只注重企业内部评价，扩大到企业外部，包括股东、顾客；同时以全新的眼光重新认识企业内部，将以往只看内部结果，扩展到不仅看结果，还注意企业内部流程及企业的学习和成长这种无形资产。

②财务指标和非财务指标之间的平衡。平衡计分卡改变了过去那种仅依靠财务指标的业绩评估方法，因为财务指标只是评估过去的业绩，而无法引导未来，平衡计分卡在关注财务指标的同时也关注非财务指标。

③引导指标和滞后指标之间的平衡。企业应当清楚其所追求的成果（如利润、市场占有率）和产生这些成果的原因——即动因（drivers，如新产

品开发投资、员工训练、信息更新）。只有正确地找到这些动因，企业才可能有效地获得所要的成果。平衡计分卡正是按照因果关系构建的，同时结合了指标间的相关性。

④强调定量衡量和强调定性衡量之间的平衡。定量指标（如利润、员工流动率、顾客抱怨次数）所具有的特点是比较准确，具有内在的客观性，但定量数据多为基于过去的事件而产生的，与它直接相联系的是过去。而定性指标由于其具有相当的主观性，甚至具有外部性，所以往往不具有准确性，有时还不容易获得，因而在应用中受到的重视不如定量指标。平衡计分卡正是借由引入定性的指标以弥补定量指标的缺陷，使评价体系具有新的实际应用价值。

⑤短期目标和长期目标之间的平衡。一个骑自行车的人，他的眼睛只需要看前方的 10 米处就可以了，而一个驾驶汽车的人，他的眼睛至少要盯住前方 100 米处，对于一个飞行员来说，则需要盯住前方 1000 米的地方甚至更远一些。同样的道理也适用于企业。

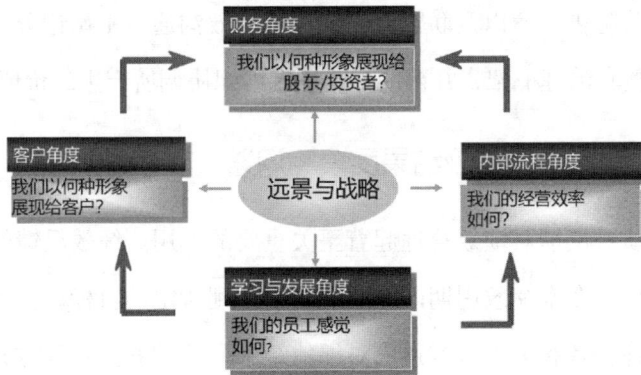

图 8-3　平衡积分卡的四个方面

自 20 世纪 80 年代末卡普兰和诺顿提出平衡计分卡的概念以来，平衡计分卡的理论和应用经历了如下四个发展阶段。

第一代平衡计分卡提出了四个角度的框架，认为企业单纯依靠财务指标存在很大的问题，建议应该从多个角度来审视企业（即财务角度、客户角度、内部流程角度和员工的学习与成长角度）。强调既要看结果，更要注重过程，设置均衡的衡量指标体系。这时候平衡计分卡是作为一个改进绩效评估的工具来使用的。

第二代平衡计分卡运用战略图工具，帮助企业解决了如何筛选和归类衡量指标的问题。强调衡量指标应该反映企业特有的战略意图，企业应设置具有战略意义的衡量指标体系。战略使指标体系有了灵魂和方向，而战略图是一个能够帮助企业明晰战略、沟通战略的有效工具。

第三代平衡计分卡已经上升为战略性绩效管理体系，作为战略执行的工具来使用。强调企业应建立基于平衡计分卡的战略管理体系，调动企业所有的人力、财力和物力等资源，集中起来协调一致地去达到企业的战略目标。

第四代平衡计分卡强调通过组织内外的协调创造合力，即用平衡计分卡帮助企业澄清战略，并把企业的战略重点和各业务与职能单位、董事会、关键客户、关键供应商以及联盟合作伙伴做有效沟通。平衡记分卡为企业高层提供一整套治理框架，并帮助企业挖掘组织协调所产生的价值。

8.1.5　项目绩效考核结果反馈与沟通

有效的绩效反馈对绩效管理起着至关重要的作用。绩效反馈的目的是让员工了解自己在本绩效周期内的业绩是否达到所定的目标，行为态度是否合格，让管理者和员工双方达成对评估结果一致的看法；双方共同探讨绩效未合格的原因所在并制订绩效改进计划；同时，管理者要向员工传达组织的期望，双方对绩效周期的目标进行探讨，最终形成一个绩效合约。

进行绩效反馈时，要有如下四项基本内容。

第一，谈工作业绩。工作业绩的综合完成情况是主管进行绩效面谈时最为重要的内容，在面谈时应该将评估结果及时反馈给下属，如果下属对绩效评估的结果有异议，则需要与下属一起回顾上一绩效周期的绩效计划和绩效标准，并详细地向下属解释绩效评估的理由。通过对绩效结果的反馈，结合绩效达成的经验，找出工作业绩未能达成的原因，为以后更好地完成工作打下基础。

第二，谈行为表现。除了绩效结果以外，还应关注下属的行为表现，比如工作态度、工作能力等，对工作态度和工作能力的关注可以帮助下属更好地完善自己，提高员工的技能，有助于帮助员工进行职业生涯规划。

第三，谈改进措施。绩效考核的最终目的是改善绩效。在面谈过程中，针对下属未能有效地完成绩效计划，主管应该和下属一起分析绩效不佳的原因，并帮助下属提出具体的绩效改进措施。

第四，谈新的目标。绩效面谈作为绩效管理流程中的最后环节，主管应在这个环节中结合上一绩效周期的绩效计划完成情况及下属新的工作任务，和下属一起提出下一绩效周期中新的工作目标和工作标准。这实际上是帮助下属一起制订新的绩效计划。

根据企业的实际情况，企业实施的绩效反馈应该遵循如下几个原则。

第一，经常性原则。绩效反馈应当是经常性的，这样做的原因有两点：首先，管理者一旦意识到员工在绩效中存在缺陷，就有责任立即去纠正；其次，绩效反馈过程有效性的一个重要决定因素是员工对于评价结果基本认同。

第二，对事不对人原则。在绩效反馈面谈中双方应该讨论和评估的是工作行为和工作绩效，也就是工作中的一些事实表现，而不是讨论员工的个性特点。

第三，多问少讲原则。我们在与员工进行绩效沟通时要遵循20/80法则：80%的时间留给员工，20%的时间留给自己，而自己在这20%的时间内，可以将80%的时间用来发问，20%的时间用来指导、建议，因为员工往往比经理更清楚本职工作中存在的问题。

第四，着眼未来原则。绩效反馈面谈中很大一部分内容是对过去的工作绩效进行回顾和评估，但这并不等于说绩效反馈面谈要集中于过去。谈论过去的目的并不是停留在过去，而是要从过去的事实中总结出一些对未来发展有用的东西。

第五，正面引导原则。不管员工的绩效考核结果是好是坏，我们都要坚持多给员工一些鼓励，至少让员工感觉到：虽然我的绩效考核成绩不理想，但我得到了一个客观认识自己的机会，我找到了应该努力的方向，并且在前行的过程中会得到主管人员的帮助，这样可以帮助员工把一种积极向上的态度带到工作中去。

第六，制度化原则。绩效反馈必须建立一套制度，只有将其制度化才能保证其持久地发挥作用。

8.2 项目价值分享评估

8.2.1 价值分享的概念与类型

价值分享，顾名思义就是分享价值，更确切地说是分享有价值的东西。现实中，从广义上来讲，被认定有价值的东西包括很多种：物化资产、经营成果、业务平台、企业文化以及企业可靠性和就业安全等。因此，面对如此丰富的"有价值的东西"，项目实施企业的价值分享可能包含巨大的范畴：不单指物质成果的分享，还有精神成果的分享；不是单指临时的权宜性分享，还存在贯穿成长过程的制度性分享；不是单指成功和快乐的分享，还可能包括风险和责任的分担；不是单指心血来潮的分享事项，还应包括长效的系统性分享。面对如此抽象复杂的概念，这里需要首先对"价值"和"分享"进行概念界定。

（1）价值的内涵界定

"价值"是经济学中备受争议的热点概念，因为人们对价值的理解具有极强的主观性，加之价值本身具有一定的抽象性，现有理论对价值的内涵界定也存在诸多典型代表学派。

劳动价值论的主要代表人物有亚当·斯密、李嘉图和马克思等人。该理论主要是将价值内涵定义为人类的劳动。亚当·斯密最早指出价值的双重属性即使用价值和交换价值，使用价值是商品的效用表示方式，而交换价值来自人类劳动中一种商品能与其他商品进行交换的属性。李嘉图将价值的内涵界定为人类劳动，并且将商品的交换价值定义为其生产所需的相对劳动量，而不是商品生产所需的劳动报酬。马克思认为"商品价值就是商品的交换关系或交换价值体现出来的共同东西"[1]。马克思指出，商品都是人类无差别劳动的产物，所以商品可以进行等价交换。而商品所有者之间进行交换的根本原因是商品使用价值的不同。庞巴维克作为效用价值论学派的代表，认为物品的价值体现在物品的效用和稀缺性上，物品要想具有价值，必须同时具备效用和稀缺性。生产要素价值论学派和创新价值论学派都没有具体区分价值和使用价值的概念定义，认为使用价值的内涵即价值的内涵。

---

① MARX K，AVELING E B，ENGLES F.Capital：a critique of political economy［M］.Chicago：Charles H.Kerr and Company，1907.

综上，价值主体是追求效能的人，价值客体为事物的经济效能，而价值则是事物经济效能是否满足人的需要、为人服务的一种社会关系。基于此，项目实施后所能分享的价值即为可以拿出来进行分享并且最终能给分享对象带来财富或其他形式的使经济效能增加的事物。

（2）分享的概念界定

本书首先通过"分配"与"分享"之间的概念对比，来帮助我们理解"分享"这一概念。通过查证《现代汉语词典》（第7版），可以得到三种关于"分配"的解释：按一定的标准或规定分（东西）；安排，分派；经济学上指把生产资料分给生产单位或把生活资料分给消费者。具体来看，第一种解释是基于分配的对象可以量化的视角，例如给员工发工资；第二种解释是基于分配对象是不可量化的视角，例如分配工作；第三种解释是第一种解释在经济学领域这一特定情境下的具体应用。在现代汉语词典（第7版）中，"分享"的解释只有一个：和别人共同享受（欢乐、幸福、好处等）。显而易见，可以用来分享的事物既可以是具体化的也可以是抽象的。虽然"分配"和"分享"都可以用来表示将某种东西分给具体的对象，但是二者背后蕴含的感情色彩有着明显的差异。"分配"一词有着很强的命令或者强制性情感表述基调，接受分配的一方只能无条件接受，并不积极主动；而"分享"带有快乐积极心态的传递特点，接受分享的一方比较主动欣喜地接受所得。

（3）价值分享的类型

价值分享的类型主要包括传统薪酬、股权与期权等权益性分享形式、利润分享、合伙人机制等。这里主要对实践中渐趋流行的员工持股计划、期权类收益分享计划等予以介绍。

8.2.2　员工持股计划（ESOP）

员工持股计划并非一个新鲜事物，其历史最早可追溯到 18 世纪末。比如阿伯特·加拉廷（Albert Gallatin）就曾提出过要将民主制度的伟大实践引入经济领域，他被后人称之为"美国雇员所有制之父"。到了 1916 年，西尔斯·罗巴克（Sears Roebuck）开始尝试用股票来代替员工的退休金计划。19 世纪 20 年代，在美国兴起了一场"新资本主义"运动，对传统的雇员所有制实践进行了颠覆。一直到 20 世纪 30 年代，全美共有 2.5% 的员工共计购买了总价值 10 亿美元的股票额。但是，不幸的是，这场运动后来遭遇了经济大危机而被迫停止。

员工持股计划属于一种特殊的报酬计划，是为了吸引、保留和激励员工，通过让员工持有股票，使员工享有剩余索取权的利益分享机制和拥有经营决策权的参与机制。员工持股计划的规范操作流程有以下几步。

①进行实施员工持股计划的可行性研究，涉及政策的允许程度、对项目实施企业预期激励效果的评价、财务计划、股东的意愿统一等。

②对项目实施企业进行全面的价值评估。员工持股计划涉及所有权的变化，因此合理的、公正的价值评估对于项目实施企业来说都是十分必要的。项目实施企业价值高估，显然员工不会愿意购买；而项目实施企业价值低估，则损害项目实施企业所有者的利益。

③聘请专业咨询顾问机构参与计划的制订。特别是对于员工持股计划这样一项需要综合技术、涉及多个部门和复杂关系界定的工程，聘请富有专业经验和有知识人才优势的咨询顾问机构的参与是必要的。

④确定员工持股的份额和分配比例。要根据员工在项目实施过程中所累积的劳动成果来确定员工所应得的报酬股份，另外，员工持股的比例也

要跟计划的动机相一致，既能够起到激励员工的目的，又不会损害项目实施企业原所有者的利益。

⑤明确员工持股的管理机构。在实践中，可以通过成立员工持股平台企业（有限合伙企业）的方式来实施，但要注意选择好普通合伙人（GP）和有限合伙人（LP）。

⑥解决实施计划的资金筹集问题。在国外，实施 ESOP 资金主要的渠道是金融机构的贷款，而我国现在的情况是仍然以员工自有资金为主，项目实施企业提供部分低息借款。对于金融机构目前在 ESOP 中的介入似乎还没有，但是不管从哪个方面讲，这样做都是有可行性的，并且对于解决银行贷款出路问题，启动投资和消费有一定的促进作用。

⑦制订详细的计划实施程序。实施 ESOP 详细的计划程序主要体现在员工持股的章程上面。章程应对计划的原则、参加者的资格、管理机构、财务政策、分配办法、员工责任、股份的回购等做出明确的规定。

⑧制作审批材料，提交审批并最终执行。

8.2.3 股票期权

1952 年，Pfizer 公司为了避税，在员工中推出了首个股票期权计划。Pfizer 公司发现，在高额的累进所得税制度下，该公司的高级管理人员不得不拿出薪酬中的一部分用以支付个人所得税。出于避税的目的，公司决定以股票期权来支付所有雇员的薪酬，以使雇员可以自主选择在未来某个较为有利的时期内兑换应得利益，以降低收入中应该纳税的部分。Pfizer 因此成为世界上第一个将股票期权引入员工的薪酬规划中的公司。1973 年芝加哥期权交易所的开业，以及员工持股计划得到美国联邦和州法律的认可，为股票期权计划的大范围推广提供了契机。1970 年以后，美国等西方国家对股票期权加以改造，将在市场内交易、面向任意投资者、可转让的期权合约改造成公司内部制定的、面向特定人的、不可转让的期权合约。

股票期权计划是指行权人在一定期限内按照事先确定的价格购买公司一定数量股票的权利。公司给予其经营者的既不是现金报酬，也不是股票本身，而是一种权利，经营者可以以某种优惠条件购买公司股票。

股票期权计划是通过行权人在比较低的行权价取得较高价格的股票后，要出售股票获利或继续持有股票获利以达到激励高级管理人员的目的，可见，股票期权计划可以把公司管理者的可能收益与对公司未来成绩的贡献联系起来，鼓励员工长久地为公司服务。

（1）股票期权中股票的来源

①公司的留存股票。上市公司在公司发行股票之初就留有相当数量的股票，这部分股票就形成了留存股票（treasury stock），成为日后股票期权行权的主要来源。

②增发新股。如果公司发展很快，原有的留存股票不足以满足需要，经证监会审核批准，部分公司可以增发新股，以解决留存股票不足的问题。

③回购股份。公司出资到证券市场上回购部分本公司的股票放入留存账户，用于股票期权计划，待将来股票期权行权时使用。

（2）股票期权中股票的数量

影响股票期权数量的因素：第一，公司的股本，这是确定股票期权的基数。一般来讲，公司授予股票期权的数量占总股本的份额不会超过10%。第二，公司的薪酬规划，即员工的总收入中由股票期权所带来的收入所占的比重。

（3）受益人范围

一般来说，传统的股票期权激励对象是以公司的经营管理层为主，所以股票期权也常称为经理人股票期权。但是，由于股票期权这种激励方式所产生的良好的激励效果，因此，这一激励方式的应用对象也由公司的高级管理人员向公司的核心技术人员、对公司有突出贡献的员工扩展，尤其是高新技术产业。目前，股票期权计划激励对象的范围大有继续扩大之势，不仅董事、监事、高级管理人员和核心技术人员是股票期权计划的主要受益人，就连很多普通员工也被逐步纳入股票期权计划的激励范围。

（4）股票期权的授权日

授权日是指上市公司向激励对象授予股票期权的日期，授权日必须为交易日。上市公司董事会可以根据股东大会审议批准的股票期权计划，决定一次性授出或分次授出股票期权，但累计授出的股票期权涉及的标的股票总额不得超过股票期权计划所涉及的标的股票总额。

在我国，上市公司在下列期间内不得向激励对象授予股票期权：

①定期报告公布前4个交易日；

②重大交易或重大事项决定过程中至该事项公告后4个交易日；

③其他可能影响股价的重大事件发生之日起至公告后4个交易日。

（5）行权价格的设定

行权价格是指上市公司向激励对象授予股票期权时所确定的、激励对象购买上市公司股份的价格，以公司与受益者签订股票期权合同当天的前一个交易日的股票的平均市价或前五天的交易日平均价中的较低价格为基准。对于新上市的公司，没有多少市场价格可以参考，可以以公司股票的发行价为行权价格，行权人可以行权，也可以不行权，放弃股票期权。如果行权时的公司股票价格低于行权价，行权人通常放弃股票期权。

8.2.4　股票增值权（虚拟期权）（stock appreciation rights，SARs）

对应于认股权计划中授予雇员的认股权，股票增值权计划授予雇员的股票增值权一般为公司高级管理人员和高级技术专家享有。

股票增值权不须实际购买股票，经理人直接就期末公司股票增值部分（期末公司股票增值部分＝期末股票市价－约定价格）得到一笔报酬，经理人可以选择增值的现金或购买公司股票。此外，由于经理人并未实际购买公司股票，故可避免"避险行为"的发生。

享有股票增值权的激励对象不实际拥有股票，也不拥有股东表决权、配股权、分红权。股票增值权不能转让和用于担保、偿还债务等。每一份股票增值权与一股股票挂钩。每一份股票增值权的收益＝股票市价－授予价格。其中，股票市价一般为股票增值权持有者签署行权申请书当日的前一个有效交易日的股票收市价。

股票增值权的有效期各公司长短不等，一般为授予之日起 6 ～ 10 年。股票增值权是指公司授予激励对象的一种权利，如果公司股价上升，激励对象可通过行权获得相应数量的股价升值收益，激励对象不用为行权付出现金，行权后获得现金或等值的公司股票。

股票增值权的授予及执行均不以真实股票为对象，不会影响公司股本总额及股权结构，不存在股权稀释效应。收益可以全额一次兑现，也可以部分递延兑现；收益可以支付现金，也可以折合成股票，还可以是现金和股票的组合。收益来源于公司税后利润，计划受益人分享了股东利益，因此该计划需要股东大会的批准；不和真实股票发生联系，不仅适合上市公

司采用，也适合非上市公司采用。

链接：   **万科的事业合伙人制度**

　　万科在 2014 年实行了事业合伙人制度。根据本书对价值分享的初步定义，事业合伙人制度中最具公司价值分享实践代表性的就是万科的事业跟投制度。项目跟投制度并不是万科的首创，而是私募投资行业的流行规矩：投资公司的合伙人或者项目经理必须跟投。万科 2012 年底进入美国市场后，受美国投资基金黑石集团和 KKR 集团（Kohlberg Kravis Roberts & Co.L.P.，简称 KKR）等机构的启发，万科开始尝试用跟投制度来优化公司的经营管理和解决职业经理人的激励问题。2014 年 4 月 1 日，万科的项目跟投制度开始全面推广。然而万科的项目跟投制度不是一蹴而就的，是在两次比较失败的股权激励计划和初显成效的经济利润（economic profit，简称 EP）奖金制度探索的基础上演化发展而来的。

　　在 2006 年万科公司推出了为期 3 年的限制性股票激励计划，然而这次股权激励计划并没有取得应有的激励效果。限制性股票激励计划其实是一种股票期权和业绩对赌的结合体，具体来看万科这次限制性股票激励计划的实施过程：2006 年万科管理层达成了股权激励中要求的业绩指标，并且万科的股价也处在适合行权的区间；2007 年，美国次贷危机引发的全球性金融危机让全球的股市崩溃瓦解，虽然万科管理层勉强达成了股权激励要求的业绩指标，但金融市场系统性风险让万科的股价拦腰折断，万科的股价远低于 2006 年度的同口径股价，导致当年度的股票激励并没有得以兑现；2008 年，金融危机的冲击尚在，国家对房地产行业进行了宏观调控，万科的业绩表现不甚乐观，显然 2008 年批次的股权激励也化为泡影。最后，万科在 2009 年底不得不对外发布公告宣称，为期三年的限制性股票激励计划到期结束，只有在 2006 年实现了阶段性的激励效果，总体上并未取得满意的结果。在 2010 年，万科公司经过深思熟虑之后，又推出了为期 5 年的定向增发形式的股票期权激励计划。然而定向增发的股权激励对于股权结构高度分散的万科来讲，激励效果杯水车薪，因为定向增发股票的方式在一段时间内，很难对万科这样的大盘蓝筹股起到提振市场的正向作用，公司高管很难找到合适的行权价格。反而从公司治理角度来看，定向增发稀释了大股东的股权，大大增加了公司被恶意收购的"野蛮人入侵"的风险。更严重的是，2013 年国家的宏观调控政策导致万科当年的业绩没有达到期权行权条件，股票期权计划尚未到期，已有超过三分之一的管理层人员选择离开万科，可见这次股票期权激励方案并没有起到稳定管理层团队的作用。两次股权激励计划的出发点都是价值分享，稳定团队，但失败的结果让万科一时间陷入了"激励危机"，甚至一度引发了严重的"人事危机"。

2009 年底，国务院国资委要求央企将 EVA 纳入考核范围。当时万科的第一大股东华润建议万科在设计新的奖励制度时，考虑 EVA 方法。经过与华润反复、深入探讨，万科最终决定采用与经济增加值具有相同含义的经济利润（EP）作为新奖金制度的基本框架之一。经济利润与经济增加值（EVA）的计算方法基本相同，等于公司净利润减去资本的机会成本，是公司超出社会平均要求的收益水平后，为股东创造的超额利润，即创造真实价值。EP 奖金制度的核心考核指标是净资产回报率，选择这一指标的核心逻辑在于，净资产其实就是股东权益。从股东的角度来看，净资产回报率（rate of return on common stockholders' equity，ROE）才是最重要的指标。只有当 ROE 高于社会平均水平的时候，公司才创造了真实价值。2010 年 10 月 21 日，万科第十五届董事会第十二次会议审议通过了《万科公司股份有限公司经济利润奖金方案》。议案的主要内容就是调低销售奖、

年终奖的计提比例，同时将砍掉的这部分奖金，用一种新的奖金形式来替代，那就是新推出的经济利润奖金。这个新的奖金制度，以鼓励创造更高的 ROE 水平作为目标，以万科创造的 EP 为唯一的计提基数。在新的奖金制度下，如果万科团队因为追求规模而牺牲了回报率，那么即使规模上升了，他们获得的奖金也会下降。和通常的 EVA 考核方案相比，万科 EP 奖金方案有以下三点特殊之处：第一，万科在计算 EP 的时候，采用的资本机会成本是实际成本，并根据资本市场浮动情况进行实时更新，并且万科聘请安永（中国）公司咨询有限公司作为万科经济利润的评估机构，由万科董事会批准计提经济利润奖金的额度。这使得万科在计算经济利润的时候，其标准较其他尝试 EVA 考核的公司更为严格。比如，国资委在对央企进行 EVA 考核的时候，所采用的资本成本率是固定的 4.1%—5.5%，而 2010—2015 年万科最终确定的资本成本率，要比这个水平高出一倍左右。第二，在国内所有尝试采用 EVA 考核的大型公司当中，万科可能是唯一包含奖金倒扣机制的。万科经济利润奖金制度规定，EP 奖金采用"双向调节机制"。所谓双向调节，其实就是带有倒扣的对赌机制。如果某年万科的 EP 为正数，则提取 10% 作为 EP 奖金；反之，如果当年 EP 为负数，那么奖励对象同样要按照 10% 的比例，把之前获得的奖金返还给公司。这种倒扣机制的存在，使得万科的管理团队不得不重视公司的长期发展和长期业绩。这也是万科经济利润奖金制度不同于其他奖金制度的核心地带。第三，万科的经济利润奖金制度从一开始就设计了递延机制，而且在实施的过程中，递延的比例越来越高，在 2014 年之后，就变成了所有奖金全部递延的"集体奖金"制度。从 2011 年开始，万科的 EP 奖金分为"集体奖金"和"个人奖金"。个人奖金明确到人，当期可以领走；而集体奖金需要统一管理，至少递延三年之后才能分配到个人。2011—2013 年，万科只有基层骨干获得的全部是个人奖金，可以即时兑现；中层管理者能获得部分个人奖金；而高管则全部只能等待未来的集体奖金分配。2014 年 3 月 28 日，万科第十七届董事会第一次会议对经济利润奖金制度做了最近一次的修订。根据最新的奖金制度和奖励对象签署的承诺函，未来所有的 EP 奖金都是集体奖金，且所有已经形成的集体奖金，也至少需要递延到 2017 年之后再做分配。这意味着，从 2011 年之后，万科高管没有从经济利润奖金中获得过任何现金收入，他们获得的，只是用于未来作为集体奖金分配依据的"年功积分"。年功积分，类似人民公社时代生产队的"工分制"。和生产队工分一样，这个积分不能直接变现。但在每一次集体财产分配的时候，某个人在分配当中获得的比例，等于那一刻他的累计积分，占所有人累计积分总和的比例。集体奖金和年功积分制度，从两个方面增加了万科管理人员的离职成本。其直接成本是，如果离职后加入万科的竞争对手，或者组建公司从事与万科竞争的业务，那么他最后三年获得的积分，可能被部分甚至全部扣除。倒扣机制、集体奖金递延和年功积分，是万科 EP 奖金制度的三大创新。这一系列安排环环相扣，将万科中高层管理者和骨干员工牢牢绑在了万科这艘大船上。即使他们中途离职，这家公司的未来依然与他们的利益休戚相关。万科推出 EP 奖金制度后，没有进行过任何股权融资，而利润分红比例，则由 2011 年的 14.85%，提高到了 2015 年的 43.87%。2011—2015 年，万科的加权平均净资产收益率连续 5 年都达到了 19% 以上，并且 2013 年底万科的 ROE 创造了 19.66% 的历史高点。可以说，万科的 EP 奖金制度取得了前所未有的成效，虽然万科的 EP 奖金制度是在传统薪酬管理方面做出了一定创新性的突破，但也为万科后续公司价值分享机制的推出奠定了充分的实践基础和制度自信。

案例及思考题

从《乔家大院》看股权激励

曾在中央电视台热播的电视连续剧《乔家大院》，讲述了我国晚清时期一代晋商的代表人物乔致庸以商富民、以商兴国的人生经历，表现了晋商节俭勤奋、明理诚信、精于管理的人文精神。剧中主人公乔致庸，生于嘉庆二十三年（1818），卒于光绪三十三年（1907），享年89岁。乔家商业从第一代乔贵发起家，到第三代乔致庸手上，事业突飞猛进，先有"复字号"称雄包头，后有大德恒、大德通两票号活跃于全国各大中城市，最终实现了"货通天下"和"汇通天下"。通过《乔家大院》，我们可以揭开其中的奥秘，其成功之道主要包括义、信、利的诚信理念，掌柜负责制的两权分立，严厉的号规制度和学徒制，利润分配上的激励机制等。笔者认为，其中最核心的是激励机制，而激励机制又主要体现在身股制。

乔致庸推出伙计顶身股

剧中乔家在平息包头"高粱霸盘"生意风波后，许多伙计特别是以马荀为代表的特别能干的伙计却纷纷向乔东家提交辞呈，要求辞号。乔非常纳闷，就问孙茂才。孙解释说这是惯例，商号徒弟进来4年出师后一般都要离开，能在原商号待上三五年的很少，能干上七八年的几乎没有。就是不让辞号，其他商号的大掌柜也会以高薪挖走。这表明，当时人才流失非常普遍，但没人去在意。伙计跳槽的根本原因是原商号待遇太低。这一点从马荀的话中更能得到证实。乔请马荀等人喝酒，欲劝其留下。其中有一个细节，有个叫高瑞的伙计一到饭桌旁就想坐下，马立刻阻止，乔于是让他们坐下，马说："这是店里的规矩，掌柜们吃饭，伙计们都得站着。"这一方面说明马个人素质高，熟记号规，一贯遵规守纪，礼数周到；另一方面也说明了伙计与掌柜、东家的身份尊卑有别，地位低下，这在一定程度上限制了伙计们积极性的发挥。

当乔问马辞职的原因时，马引用了《史记·货殖列传》中的"天下熙熙，皆为利来"一句，他说，东家出银子占的是银股，掌柜的以身为股占的是身股，掌柜的不愿意辞号的理由有两个：第一，掌柜的薪金比伙计多十几倍、几十倍；第二，更重要的是到了分红的账期，掌柜能跟东家一起分红利。乔又问他，如果让他顶一份身股，他应该顶多少合适。马说能在生意里顶二厘身股就满意了，去年到账期的时候一股分红1200两，两厘身股就可分红240两，比他4年的薪金加起来还多两倍。他说要是有了这些银子，一家老小吃饭就不愁了，而且还能买房子置地。从上述情节可以看出当时商号的分配制度的弊端。像马荀这么忠心能干的跑街伙计（相当于现在的业务员），在复字号当了4年学徒，又干了10年伙计，钱庄近几年的生意有八成都是他做的，其贡献不可谓不大，其功劳不可谓不高，但其年薪只有区区20两白银，连最基本的生活水准都达不到，甚至连一家老小都养活不了，难怪他去意坚决。乔反思后，力排众议，敢为天下先，打破常规修改号规。新号规第十一条规定，各号伙计出师后顶一份身股，身股由一厘起，每年按劳绩由东家和掌柜来决定是否添加。

何为身股制

一般认为，职工持股制度最早起源于美国。1958年美国经济学家路易斯·凯尔索提出了扩大资本所有权思想，1974年美国国会通过《美国职工退休收入保障法案》对其做出了法律规定。此后，德国、法国、英国等发达国家也相继推广。其实早在19世纪20年代，我国就已初步形成较为完善的股权激励制度，其典型代表就是由500年前的晋商首创的山西票号的身股制。以清朝道光三年（1823）"日升昌"票号的诞生为标志，山西商人实现了由商业资本向金融资本的转变。此后100年，山西票号称雄于中

国金融界，被西方誉为"山西银行（Shanxi Bank）"。

身股制萌芽于明代的贷金制、伙计制，发展和兴盛于清代及至民国初年，是晋商独创的一种劳资组织形式。徐珂在《清稗类钞》中指出："出资者为银股，出力者为身股。"银股也称财力股，是商号东家在开办商号时投入的资金，每股面值为 2000～10000 两白银不等。身股俗称"顶生意"，是商号的职员以个人劳力折成股份，并享有与银股等量分红的权利，且不必承担亏损责任。正所谓"有钱出钱，有力出力，出钱者为东家，出力者为伙计，东、伙共而商之"。这与西方的有限合伙制不同，有限合伙制的出资者承担有限责任，出力者需承担无限责任。相比之下，身股制的可操作性强，有一定的优越性。在创立身股制早期，只有掌柜才能以身入股（类似 MBO，管理层持股），一直到了乔致庸掌门乔家时，才规定伙计也能入身股（类似 ESOP，员工持股）。

持股主体资格及管理

剧中乔致庸在包头总号开会时对掌柜们说："不管是一国一家还是一店，要想兴旺，就得有人手，人手是咱们做生意的根本。"他把人才视为根本，"得人者昌，政界固然，商界何独不然！"他认为，天下的事总得有人第一个去做，只要能为复字号留住人才就可以做。掌柜的有身股，而伙计没有，公司效益也就不可能最大化。他在晋商里开了伙计顶身股的先例，打破了东家、掌柜和伙计的身份界限，把伙计也变成了东家，使伙计在内心里就和掌柜的甚至和东家平起平坐了（类似国企干部人事、劳动用工、工资分配的三项制度改革时打破干部、工人身份界限）。

但是，并非所有的员工都能顶身股，只有达到规定的工作年限和工作业绩的员工才有资格。如复字号号规就明确规定"各号伙计出师后顶一份身股"，也就是说学徒是没有资格的。长期以来，在山西票号中普遍实行学徒制，学徒只有经过考试合格后才能进入票号。据《山西票号史》记载："票号收练习生，以为培养人才的根基。欲为练习生，先托人向票号说项，票号先向保荐人询练习生的三代做何事业，再询其本人的履历，认为可试，再分口试和笔试两种。"学徒时间一般为 4 年，第一阶段是为掌柜"提三壶"（茶壶、水壶、尿壶）、干杂活，练习算盘和写字；第二阶段训练背记"平砝银色折"，做一些抄写或帮账之事；第三阶段就可以上柜台跟着师傅学习做生意。学徒出师后，经考核认可转为伙计，按照店规，由大掌柜推荐，东家决定是否顶身股，"推荐学成，身股入柜；已有奔头，双亲得慰"。身股的份额记入"万金账"（股本账），作为红利分配的依据。

身股数量的确定及增减

一定的工作年限是享有身股的前提，而其数量主要取决于工作业绩。票号员工顶上身股后，身份和地位也随之改变，但是如果在员工中不分层次，每个员工顶身股数一样，就会变成"吃大锅饭"，员工的积极性也调动不起来。人员级别不同，所顶股数也就不同：大掌柜（总经理）一般可顶一股（即 10 厘），二掌柜、三掌柜（副总、总经理助理）可顶七八厘，伙计大多可顶一至四厘。每逢账期（一般为 4 年）可增加一二厘，且份额的增加不一定完全循序渐进地"爬格子"，而是根据业绩或贡献大小来决定提升的幅度。如果业绩不佳，就会原地踏步甚至减少份额。掌柜的身股数量由东家确定，伙计的身股数量根据复字号店规"每年按劳绩由东家和掌柜的决定是否添加"。身股制等级层次分明、体系完整，从 1 厘至 10 厘有 10 个等级，从 1 厘半至 9 厘半有 9 个等级，一共有 19 个等级，这对于已有身股和没有顶上身股的员工来说，都具有极大的吸引力和诱惑力，员工为了登高位、多顶股份，无不努力工作。

随着票号规模的逐步壮大，身股越来越多，身股与银股的比例一般为

二八、三七，也有四六的。到 20 世纪初期，各票号的身股数普遍超过了银股数。如乔家大德通票号，1889 年银股为 20 股，身股为 9.7 股，到 1908 年时银股仍为 20 股，而身股增加到了 23.95 股。随着身股比例的增长，顶身股的员工越来越多，每个员工所顶的份额也越来越多，因此员工个人利益与票号整体利益的关系就更加紧密。

身股的分红及退出

顶身股人员没有年薪，只有到账期（一般 3 ～ 5 年）分红。但每年可领取每股 300 ～ 500 两左右的"应支银"，分四季支用，到账期分红时扣除。如果没有红利可分，则只能享受"应支银"。到账期时，身股与银股同股同权，按股份数平分利润。员工身股份额越多，分红与年薪之比也就越大。以《乔家大院》中马荀的收入为例，4 年年薪总额只有 80 两。按每股分红 1200 两算，若顶 1 厘身股，所分红利为 120 两，是薪金的 1.5 倍；若顶 5 厘身股，所分红利则为 600 两，是薪金的 30 倍。随着商号每股分红的不断增长，分红及年薪比例也越拉越大。与此同时，东家的收益也显著增加。以乔家大德通票号为例，从 1889 年到 1908 年 20 年间，虽然银股的比例变小了，但由于整个蛋糕做大了，东家最终分得利润还是大大增加了。1889 年大德通票号盈利约 2.5 万两白银，每股分红约 850 两，银股和身股（20 比 9.7）分别分得 1.7 万两和 0.8 万两；1908 年盈利达到 74 万两，每股分红约 1.7 万两，此时银股和身股（20 比 23.95）分得红利分别为 34 万两和 40 万两。虽然红利的一半以上分给了员工，但东家所分红利是 20 年前的 20 倍。

身股代表的是活劳动资本，不能转让，也不能继承，因此顶身股者离职或死亡后其股份随之终止。但是，为了防止大掌柜出现短期行为，规定大掌柜在退休后仍可享受若干年的身股分红权，但如果他举荐的接班人不称职，则要承担失察之责，身股红利要相应减少。《乔家大院》中，在高层人事震动后，为了不动摇其他大掌柜的队伍，乔致庸决定仍然保留原复字号大掌柜顾天顺（在复字号干了 40 多年，大掌柜也干了 10 多年）的薪俸和分红。随后，新任大掌柜马荀宣布新店规加的第二十一条："今后凡是在乔家复字号效力 30 年以上的掌柜，一律保留身股养老。"这等于给留任掌柜吃了颗定心丸，只要干得好且能留下来，复盛公就能养活他们一辈子。有这样的长期激励和保障机制，他们能不为商号殚精竭虑、创造最佳效益吗？

对当前股权激励的启示

乔致庸通过推出伙计身股制，以人为本，把东家利益、商号利益和员工利益有机结合起来，充分调动了员工的积极性。剧中有这么个情节，复盛公修改号规后，马荀去找乔致庸要回辞职信时说，不光是他一个人，大家伙都不愿意走了。乔问是什么原因，他说："我今年 28 岁了，出徒 10 年按新店规能顶两厘的身股，到了账期那是几百两银子的红利啊，那谁还愿意走呢。您让我留下吧，我保证以后好好给您跑街，给复盛公多赚银子，争取早日把我的身股提上去，一厘身股那就是 100 多两银子哪。我也不瞒您，我现在不仅是为您干，也是为我自家干。"瞧，这一新规，一下子让伙计树立了主人翁意识。这在 100 多年以前是多么难能可贵啊！

通过解析《乔家大院》中的股权激励，我们不难得出以下启示。

①管理层持股与员工持股结合。一个票号的经营业绩与全体员工，包括大掌柜、掌柜、伙计、学徒都有密切联系，要充分发挥每一个人的主观能动性。为了避免出现"平均主义"，在身股制引入了竞争机制，员工股份有多有少、能增能减，且份额主要由本人的能力和业绩来决定。公司要实现效益最大化，就必须想办法留住人才，制定合理的分配制度，包括让掌柜和伙计一起分享经营成果。随着经济全球化趋势的加剧，人才竞争日

益激烈，科学有效的激励制度就变得更加重要。但近年来，在有的公司中存在一种倾向，就是只注重管理层持股，而不重视职工持股。借鉴晋商的经验，我们可以知道，两者是相互促进、相互影响、互为条件的。

②激励与约束并举。产权清晰就是要明确财产的归属关系和不同主体间的权、责、利关系，实质上就包括了约束和激励机制。晋商通过明确东家与掌柜之间、掌柜与伙计之间的关系和职责，有效地激励和约束着掌柜和伙计。一方面通过以身股制为核心的激励机制激励员工，另一方面又通过掌柜负责制和严厉的号规等对其行为进行有效的约束和监督。如有违反号规者，无论身份职务，一律严加处理，直至开除出号。《乔家大院》中，通顺店胡掌柜放任伙计在胡麻油里掺棉籽油，义顺店梁掌柜常年嫖占妓女，两人有违店规均被清除出号，就是典型的例子。这一正一反、奖罚分明使得票号员工一般均能循规蹈矩。

③物质激励与精神激励结合。除了将身股的数量与分红挂钩之外，还将身股的数量和职位、贡献、权利挂钩。此外，每逢账期结束时，东家还会在总号设宴款待各分号掌柜，盈利多者坐上席，东家敬酒上菜，热情招待；盈利少或发生亏损者居下席，自斟自饮，受到冷遇。这样就较好地实现了物质激励与精神激励的有机结合。

④短期激励与长期激励并重。为了稳定职工队伍，防止短期行为，商号除保留大掌柜退休后一定期限的分红外，还在每年决算后，依据各分号纯利润的预定比例计提一定金额的损失赔偿准备基金，称为"花红"。花红要积存在号中，并支付一定的利息，一旦出现事故，以此作为补偿。如果分号掌柜任期内不出现过失，此项基金在其离任时可连本带利一次性取得，等于是领取了一笔不菲的退休补助（类似于西方国家所谓的"金色降落伞"）。随着分号掌柜工作年限的增长，其积存的花红也越来越多，这

将加大其跳槽的机会成本，有利于保持稳定。这些即使对于现在的公司来说，也是很少见的。

参考资料：

张宝娟.乔家大院浓缩晋商辉煌与梦想［J］.品牌研究，2006（2）：54-59.

思考题：

推行员工持股制有什么好处？应当注意哪些问题？

第9章　创新创业项目评估

"大众创业、万众创新"出自 2014 年 9 月夏季达沃斯论坛上李克强总理的讲话，李克强提出，要在 960 万平方公里土地上掀起"大众创业""草根创业"的新浪潮，形成"万众创新""人人创新"的新势态。此后，他在首届世界互联网大会、国务院常务会议和 2015 年政府工作报告中频频阐释这一关键词。每到一地考察，他几乎都要与当地年轻的"创客"会面。2018 年 9 月 18 日，国务院下发《关于推动创新创业高质量发展打造"双创"升级版的意见》。同年，"双创"当选为 2018 年度经济类十大流行语。本章将对创新创业项目的评估要点进行概述。

9.1　创新与创业概述

9.1.1　创新的含义

项目评估中的创新类型包括以下几种形式。

①采用一种新的产品，也就是消费者还不熟悉的产品或某种产品的一种新的特性。

②采用一种新的生产方法，也就是在有关的制造部门中尚未通过经验检定的方法，这种新的方法不需要建立在科学新发现基础上，但却可以作为一种商业上处理新产品的方式。

③开辟一个新的市场，也就是有关国家的某一制造部门以前不曾进入的市场，不管这个市场以前是否存在过。

④掠取或控制原材料或半制成品的一种新的供应来源，也不问这种来源是已经存在的，还是第一次创造出来的。

⑤实现任何一种工业的新的组织，比如造成一种垄断地位（例如通过"托拉斯化"），或打破一种垄断地位。

后来人们将以上这一段话归纳为五个创新，依次对应产品创新、技术创新、市场创新、资源配置创新、组织创新，而这里的"组织创新"也可以看成是部分的制度创新，当然仅仅是初期的狭义的制度创新。

9.1.2　创业的含义

创业是创业者对自己拥有的资源或通过努力对能够拥有的资源进行优化整合，从而创造出更大的经济或社会价值的过程。根据杰夫里·提蒙斯（Jeffry A.Timmons）所著的创业教育领域的经典教科书《创业创造》（*New Venture Creation*）中的定义：创业是一种思考、品行素质、杰出才干的行为方式，需要在方法上全盘考虑并拥有和谐的领导能力。

创业致力于发现创造新事物（新产品、新市场、新生产过程或原材料、组织现有技术的新方法）的机会。创业者有效组织运用各种方法去利用、开发这些新机会，然后产生各种成果，创业包括领导者创业、×××家创业、技术人员创业。

链接： 　　　　　　**测验——你是否适合创业？**

（1）你希望克服受雇于人的烦恼吗？

（2）你是否能够弄到足够资金来支付开业前1—3年的支出呢？

（3）在开业阶段，你非常需要一笔稳定的收入吗？

（4）假如没有一笔稳定的收入，你能生活吗？

（5）你现在能否利用业余时间开办一项事业，以便检验自己的兴趣与特长？

（6）在你的专业或业务领域里，你有专精吗？

（7）你能否做一个书面的营业计划，并对第一年的盈亏做预算吗？

（8）你能否延迟满足自己的需要，以至推迟3—5年等待着成功吗？

（9）在你所在的学校、村社或社区，你为大家所熟悉吗？

（10）当你感觉疲劳或烦恼的时候，你能够耐着性子听从同事或下属的批评与建议吗？

（11）你的计算机能力足以处理你的营业额、税务和工作记录吗？

（12）你有兴趣并有实力投资于技术革新与业务改进吗？

（13）社会上有会计、中介机构或个人等专业资源可用来经营你的事业吗？

（14）你有一个可用作你事业经营的参谋的专业人才网络吗？

（15）你倾向于自我激励，并对自己有着极强的洞察力和自信心来追求成功吗？

（16）你喜欢变革并乐于做决策吗？

9.2　创新创业项目市场营销评估

9.2.1　市场环境评估

从传统意义上来看，市场是具体的，指商品交换的场所，是买者和卖者聚集在一起进行商品交换的空间和地点。我国古代《易·系辞下》中有"日中为市，致天下之民，聚天下之货，交易而退，各得其所"的记载，就是对一定时间和地点进行商品交易的市场的描述。但是，随着信息技术的发展，出现了各种无场所的交易方式和活动，因此，这种以空间场所对市场的界定就存在一定的局限性。

从经济学角度来看，市场是广义而抽象的，市场是社会分工的产物，是商品交换关系的总和。可以说，只要有商品生产和商品交换，就会有市场存在。在社会分工和商品生产的条件下，各自独立而又相互依赖的商品生产者和商品需求者，为了满足各自的需要，不断地通过买卖方式实现着商品和货币的相互转让，市场正是体现了并行发生或彼此连接的买卖双方的这种交换关系。

从营销角度来看，卖方集合构成行业，买方集合则构成市场。简单的市场营销系统如图 9-1 所示。系统中的买方和卖方通过 4 条流程连接起来。内圈表示商品和货币的交换，外圈表示信息的交换。为了实现有效的买卖交换，卖方首先应该进行市场调研，了解掌握消费者对需求的相关信息，然后通过对信息的分析，生产或采购市场所需求的商品／服务，再把这样的商品／服务送达市场，并与市场进行信息沟通（促销）；买方得到商品／服务的同时，交付货币，并表达复购的信息（态度、意见等）。由图进一步分析可知，市场就是顾客，就是项目实施者所服务的潜在的和现实的顾客。项目实施者是因顾客而存在的。如果这些现实的或潜在

的顾客，对项目实施者的产品或服务有购买欲望，愿意购买并且有能力购买，就构成了项目实施者的市场。正如美国著名市场营销学家菲利普·科特勒（Philip Kotler）所指出："市场是由一切具有特定欲望和需求并且愿意和能够以交换来满足这些需求的潜在的顾客所组成。"因此，"市场规模的大小就取决于那些表示有某种需要，并拥有使别人所感兴趣的资源，而愿意以这种资源来换取其所需要的东西的人数。"[①] 也就是说，市场是由人数、购买力和购买欲望构成的统一体，这三者缺一不可。

市场的本质是顾客对商品或服务的需求，如果顾客没有购买商品的欲望，市场就不存在，开发市场就是开发顾客对商品或服务的需求，进行市场定位实质上就是顾客对需求的定位，或者就是发现应以何种产品或服务满足于顾客对特定的商品或服务的需求。

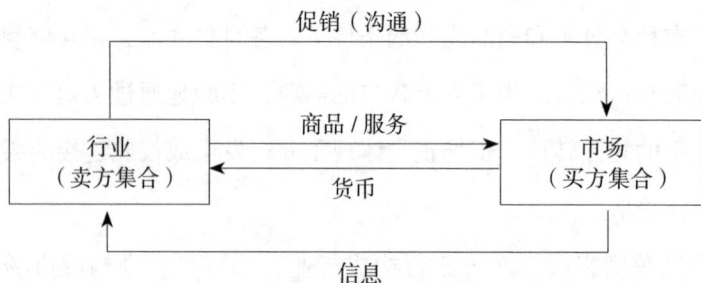

图 9-1　简单的市场营销系统

9.2.2　顾客需求

顾客的各种需要和欲望是项目实施或组织市场营销活动的出发点。顾客需要是指顾客没有得到某些基本满足的感受状态，存在于顾客自身生理要求和社会活动及社会交往中，如解渴、交友、学习等。市场营销者可以

[①]　菲利普·科特勒.营销管理［M］.上海：上海人民出版社，2003.

用不同产品和服务满足顾客的这些需要。顾客欲望是指顾客对具体满足品的愿望和渴求。顾客的欲望比需要多得多，它受各种社会力量和环境，包括家庭、工作环境、社会时尚、商业广告及项目实施者市场营销因素的影响而被激发产生。顾客需求是指顾客有能力购买并且愿意购买某个具体产品或服务的愿望。当顾客有购买能力时，欲望就转化成需求。

面对顾客对商品或服务的需要、欲望和需求，项目实施者营销的任务在于立足顾客对商品或服务的需要，努力地适应顾客对商品或服务的需要，努力创造顾客对商品或服务的欲望，并最大限度地满足顾客的需求。通过对市场调查研究分析，并能预测目标顾客对商品或服务的需求趋势，据此研制产品，使其富有吸引力和容易买得到，从而能够影响目标顾客对商品或服务的需求。或者说对于一种能适应顾客潜在需求的新产品，通过项目实施者的富有影响力的营销活动和措施，可以诱发顾客的购买欲望，促成其购买行为的产生。

一个整体市场之所以可以细分，是因为不同顾客对产品或服务的需求有明显的差异。而引起顾客对产品或服务产生差异的是各种内部的和外部的影响因素。因此，可以将这些影响因素作为细分市场的标准或依据。由于市场类型不同，对消费者市场细分和产业市场细分的标准也有所不同。

9.2.3 消费者市场细分标准

（1）地理变量

即项目实施者可以按照消费者所处的地理位置、自然环境来细分市场。具体变量包括：国家、地理区域、城镇规模、不同地区的气候及人口密度等。处于不同地理位置的消费者，对同一类产品往往呈现出差别较大的需求特征，对产品的价格、销售地点和场所、广告宣传等营销措施的反应也存在

较大的差别。

一般来说，与其他因素相比，地理因素具有较大的稳定性，也容易辨别和分析。然而，生活在同一地理区域的消费者对产品的需求仍然会存在很大的差异。因此，项目实施者在进行市场细分时，还必须综合考虑其他因素，方能选择目标市场。

（2）人口统计变量

人口统计变量，具体包括：年龄、婚姻、职业、性别、收入、受教育程度、家庭生命周期、国籍、民族、宗教、社会阶层等。即项目实施者可以按照这些人口统计变量来细分市场。消费者因年龄不同、受教育程度不同、收入不同等，在消费的价值观念、生活情趣、审美观念和消费方式等方面会有很大的差异。例如，按照消费者年龄不同，可以将市场细分为少儿市场、青年市场、中老年市场。那么，项目实施者就可以根据自身资源条件选择适合自己发展的细分市场。

（3）心理变量

根据消费者的心理特征将购买者分成不同的群体。这里的心理特征主要指生活方式、个性、购买动机、爱好、兴趣、价值观等。属于同一人文统计群体的人可能表现出差异极大的心理特性，所以采用心理变量细分市场是非常必要的。

生活方式是指人们对消费、娱乐等特定习惯和方式的倾向性。按照生活方式不同，可将消费者细分为传统型、新潮型、追求社会地位型、奢侈型等群体。追求不同生活方式的消费者对产品的爱好和需求有很大的差异。这一点从消费者喜欢的包装就可以看出，传统型的消费者喜欢风格古朴的包装，新潮型的消费者则偏好时尚、自然的包装，追求社会地位型的消费者会选择典雅高贵风格的包装，奢侈型的消费者追求豪华精贵的包装。

个性指每一个人所表现出来的性格，一般个性可分为内向——文静、保守，外向——活泼、自由时尚。项目实施者可借用个性多样化的特点来细分市场，给自己的产品或品牌赋予个性，以符合相对应的消费者个性。营销者非要设法将适合外向者的产品卖给内向者，这往往会事倍功半，甚至彻底失败。

价值观是比生活方式和个性影响更大的心理变量。它是指一个消费者所认可的最基本的消费信念。消费者的所有消费行为几乎都体现了自己的消费价值观。一个"物质幸福"观的人可能会对自己拥有的东西越高价越高兴。而一个"精神幸福"观的人并不会在意价格的高低，他在意的是产品与服务带来的精神享受。

态度包括观点、情感与行为倾向。可以根据态度将消费者分为热情、肯定、中间、否定、敌视等不同群体。项目实施者对消费热情和肯定者应该积极维护，对中间者积极争取，对否定和敌视者一般应放弃。

动机是驱使消费者消费购买的内在动力，可分为求实动机、求名动机、求便动机、求新动机等。不同消费者因其自身心理、生理或其他外在条件的不同会对产品的消费产生不同的动机，进而会产生不同的购买消费行为。

（4）行为变量

行为变量，即按照消费者的购买行为细分市场，包括消费者进入市场程度、使用频率、偏好程度、追求的利益等变量。如按照消费者进入市场程度，通常可以将消费者划分为常规消费者、初次消费者和潜在消费者。一般而言，财力雄厚、市场占有率较高的项目实施者，特别重视吸引潜在消费者，争取通过营销战略，把潜在消费者变为初次消费者，进而再变为

常规消费者。对于已经了解产品或项目实施者品牌的消费者，项目实施者可以加强品牌促销增强其购买信心，即可使消费者逐渐产生购买行为，最终成为其产品的购买者。按购买行为背后所追求的利益：可将消费者归入经济型、方便型、保健型、审美型等各群体。在准确判断每个群体所追求的利益之后可以根据他们的具体需要研制相关产品。

当然，项目实施者在进行市场细分时，为了使每一个细分的市场的规模、需求特征可以衡量，更多则是同时利用上述多个变量进行综合细分。

9.2.4 产业者市场细分标准

当购买者不是一般的产品最终消费者，而是各个不同行业的组织购买者，比如各酒楼饭店、宾馆、商场超市，或者是企事业单位等。那么，项目实施者在进行这些产业者市场细分时，除可采取一般的消费者市场细分标准外，还宜采取产业者市场细分标准。要根据客户行业、客户规模、客户地理位置、其他变量等对产业者市场进行细分。

（1）客户行业

客户行业就是项目实施者的产品购买者所属的行业。客户行业是产业市场细分最通用的标准。根据商品或服务的用途，项目实施者现有或未来可能的客户行业可分为商贸业，如进出口项目实施者、批发项目实施者、超市、商场等；住宿和餐饮业，如各酒楼饭店、宾馆等；食品制造业，包括面条面包、糖果糕点等加工业；饮料加工业，如固体饮料、果类饮料等；纺织业；日用化学产品制造业，如口腔清洁用品制造、香料制造、化妆品制造等；医药制造业等。在产业者市场上，不同客户行业对产品的使用往往不尽相同，对产品的需求也就不同。一种客户行业的要求便可成为项目

实施者的一个细分市场。项目实施者应该应用客户行业的细分标准，不断
寻找市场机会。

（2）客户规模

客户规模也是产业市场细分的主要标准。即按照客户对产品购买量多
少进行市场细分。在产业市场上，按客户规模可细分为大客户、中客户、
小客户、非用客户。客户规模不同，其购买力不同，对项目实施者的贡献
就不同。项目实施者应根据客户规模不同，采取不同的市场营销组合策略。
对于个体数量较少的大客户，宜由销售经理负责，采取直接联系、直接销
售的渠道；对于个体数量众多的小客户，宜由指定推销员负责，通过上门
推广、展销、广告等手段推销其产品；对于有实力的项目实施者应关注非
用客户的发展趋势，一旦发现其可能有用自己的产品意愿时，即可在最短
的时间里将其发展为自己的客户。

（3）客户地理位置

与消费者同理，由于产业市场的客户地理位置受资源条件、地形气候、
产业布局、社会经济环境、历史传承等因素的影响，不同地理位置的客户
对产品的需求也是有差异的。而且，项目实施者以不同地理位置作为目标
市场，营销费用是有差异的。比如，细分市场距离项目实施者较近，就可
以大大降低运输、仓储等费用，还可以便于对该市场深入了解，信息反馈快；
客户较为集中的地区，项目实施者能集中销售力量，还便于规划运输路线。
因此，项目实施者可以根据客户地理位置细分市场，选择客户较为集中的
地区作为目标市场，可以集中销售力量，便于产品运输，节省运输费用，
降低生产成本。

（4）其他变量

客户行业、客户规模、客户地理位置是产业市场细分的三个最主要的标准。此外，在产业市场，项目实施者还可以根据客户能力（需要很多服务、需要一些服务、需要很少服务）、客户采购标准类型（追求价格型、追求服务型、追求质量型）、客户忠诚度（坚定忠诚者、动摇忠诚者、喜新厌旧者、无固定偏好者）等变量细分市场。

9.3　创新创业项目商业模式评估

9.3.1　商业模式的概念

诚如管理大师德鲁克所阐述的："当今企业之间的竞争，不是产品之间的竞争，而是商业模式之间的竞争。"跨入 21 世纪之后，信息技术、互联网技术得到迅速发展，尤其是电子商务、移动互联网、大数据、云计算等新兴技术的兴起，使得企业面临着变化多端的市场环境，企业的运作方式不再亘古不变，需要随着环境的变化而调整，此背景下，企业必须仔细理解各种复杂的运作模式，并且考虑如何在多种运作模式中进行选择。一个更为重要的问题是，如何借助这些外界中有利的新兴技术，革新自己的商业模式。这一切就使得商业模式这一概念从过去一直隐藏在企业当中而变得需要用一个专门术语来明确表达。

互联网行业的兴起，带来完全不同于传统产业的产业特点，最典型的特点是，互联网将传统的经济从原子经济带到比特经济，从短缺经济过渡到丰饶经济，将工业经济过渡到服务经济。短短十多年时间，互联网领域涌现出十几种商业模式（包括 B2B、B2C、C2C、C2B、O2O、BNC 等），催生出几十家上市公司（阿里巴巴、百度、腾讯等）。并且到如今，互联网领域新的商业模式依然每天都在出现，商业实践的种群繁多和生态多样，直接推动了商业模式概念体系的快速传播和极大兴盛。

现今，随着经营环境的变化，越来越多的传统产业企业家意识到，必须清晰地梳理出自己的商业模式，以应对快速变化的市场环境、多变的客户需求及激烈的市场竞争，尤其是当竞争使得"利润薄得像刀锋一样"的时候，企业就必须再次重新思考自己要创造怎样的价值、怎么创造价值以及创造的价值怎么传递等问题。因此新商业模式的变革和演绎在传统行业显得更为重要也更具有挑战性。商业模式创新，成为企业家创新精神的集中表现。

从词汇学的角度讲，商业模式是一个合成词，它由"商业"和"模式"两个语素构成。《现代汉语词典》（第 7 版）中，"商业"解释为"以买卖方式使商品流通的经济活动"，即商业与价值创造和从价值获得收益等活动紧密相关。"模式"解释为"某种事物的标准形式或使人可以照着做的标准样式，如模式图、模式化"。

模式实质上是对现实的一种理性化的定义和展现。在此可用种差界定法对商业模式进行界定。种差界定法是管理研究方法论中下定义的一种基本方法，其规定定义的语法结构行为为：被定义之物 = 种差 + 属名。属名相当于现代汉语中的中心词，而种差则相当于中心词的修饰词，包括定语、状语、补语。基于此，对上述观点按照这种方法进行提炼，可以很明了地看出它们之间的区别和联系。商业模式隐含有系统化、层次化、标准化以及反复检验、相互支持、逻辑上相互统一的特点，故将其在定义法中的"属名"归结为逻辑框架、思维方法，而将组合、集合、中介、手段、设计、认知等作为其外在表现。同时，我们认为"商业模式"的目的和归宿是企业资源、能力的价值实现，故将其在定义法中的"种差"归结为企业如何

发现价值、创造价值、传递价值以及获取价值。

本书还将现有的研究中对商业模式的定义进行了梳理，如表9-1所示。

表9-1　商业模式定义梳理

作者	定义	特点
Hawkins（2001）	企业向市场提供的产品和服务之间的商业关系	把商业模式描述为企业的经济模式，其本质内涵为企业获取利润的逻辑。与此相关的变量包括收入来源、定价方法、成本结构、最优产量等
Elliot（2002）	明确商业投资中不同的参与者之间的关系，参与者各自的利益、成本状况以及收入流	
Rappa（2003）	企业通过创造收入而维持自身生存的商业方式	
Afuah（2003）	是企业在给定的行业中，运用其资源执行什么样的活动，如何执行这些活动以及什么时候执行这些活动的集合	
Rappa（2004）	指做生意的方法，是一个企业赖以生存的模式——一种能够为企业带来收益的模式。商业模式规定了企业在价值链中的位置，并指导其如何赚钱	

基于此，本书将商业模式可界定为，企业发现客户价值、进行价值创造、价值传递以获取自身价值的核心逻辑和思维方法。

9.3.2　商业模式的类型

本书基于对商业模式要素的解构，梳理出近几年来比较流行的商业模式予以详细介绍，以期从中发现在不同的驱动因素下，商业模式要素的整合所带来的商业模式的创新路径。

（1）平台式商业模式

平台式商业模式是指同时满足多边市场客户细分的不同需求，实现自身最大利益及最小成本的网络平台，包括B2B，B2C，C2C，O2O，BNC等，各种模式比较如表9-2所示。

表 9-2　平台式商业模式比较

模式	定义	优势	劣势	案例
B2B	企业对企业的电子商务	（1）节约成本 （2）带来商业机会 （3）推动中小企业发展	（1）企业间竞争激烈 （2）广告费用 （3）诚信问题	福特、通用、阿里巴巴等
B2C	企业对个人的电子商务	（1）方便顾客可得 （2）节约商家成本	诚信问题	天猫
C2C	个人对个人的电子商务	（1）方便顾客可得 （2）产品服务多样化 （3）节约成本	（1）店铺竞争激烈 （2）诚信问题	淘宝
O2O	线上支付、线下消费、实体经营与互联网结合的商业模式	（1）信息的推广 （2）体验式销售，为一些服务行业打开网络通道	成本高于纯电子商务	美团网等团购网站、多拿网

① B2B 模式。B2B（business-to-business）模式，是指互联网市场领域的一种企业对企业之间的营销模式。这种模式的运作路径如图 9-2 所示。这种模式是过去商务关系和商务活动的延续，它是构筑在高度信任和商务合同基础上的，而且在企业对企业的大宗交易方面能够更大限度地发挥出潜在效益，并通过供应的集中、采购的自动实现、供应配送系统的高效率而得以实现。按照企业参与方式不同，B2B 网站的主要模式可分为 4 类：企业 B2B 网站、B2B 交易场、垂直型的 B2B 网站、第三方经营的综合 B2B 网站。

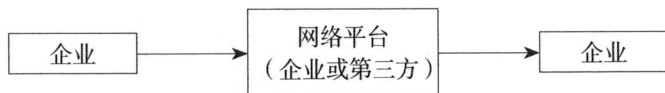

图 9-2　B2B 商业模式运作路径

互联网的飞速发展促进了 B2B 电子商务的飞速发展。最早的 B2B 销售模式来源于两大汽车制造商福特和通用，他们先后宣布将他们庞大的采购部门转移到互联网上。从此，这两家企业的采购部门将通过互联网与世界各地的供应商、商业合作伙伴以及顾客取得联系。几年后，通过福特网

站进行的交易金额将达到 2000 亿美元。福特企业建立的网站将向通过它所达成的每笔交易收取一定的手续费。此外，广告收入也将成为它的主要利润来源。预计一年后其年经营收入即可达到 10 亿美元，在 4 年之内，这一数字将上升到 50 亿美元。通用企业的网站，其年经营收入预计与福特企业的网站基本持平。在 1996 年，通用电气企业的信息服务部开发了一个在线采购系统（TPN），使通用企业当天就可以收到供应商的电子标书。使用该系统以后，给企业带来了明显的经济效益：解放了采购部员工的烦琐工作，采购范围扩大，采购成本降低等。到 2000 年，通用电气企业所有的采购都通过网络进行，采购零部件和 MRO 产品，总额达 50 亿美元，仅此一项就为企业节约 5 亿 ~ 7 亿美元。

②B2C 模式。B2C（business-to-customer）即企业对个人的电子商务模式，也就是通常说的商业零售，直接面向消费者销售产品和服务。这种模式的运作路径如图 9-3 所示。这种形式的电子商务一般以网络零售业为主，主要借助于互联网开展在线销售活动。B2C 即企业通过互联网为消费者提供一个新型的购物环境——网上商店，消费者通过网络在网上购物并支付。由于这种模式节省了客户和企业的时间和空间，大大提高了交易效率。

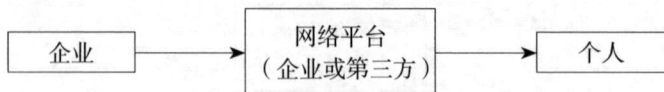

图 9-3 B2C 商业模式运作路径

目前国内市场上最大的 B2C 网站当属天猫商城。天猫在经历了淘宝分拆、十月围城，更名为天猫。天猫商城的模式是做网络销售平台，卖家可以通过这个平台卖各种商品，这种模式类似于现实生活中的购物商城，主要是给商家提供卖东西的平台。这种模式的优势是：平台足够大，商城负责维护这个平台, 而商户只管做自己的生意, 自负盈亏; 可以随着市场变动, 商户自行对市场做出反应; 市场自由没有太多的限制, 扩充性强。

③ C2C 模式。C2C (customer-to-customer) 是个人对个人的电子商务。它是从 B2B, B2C 的电子商务模式发展而来的, 主要服务于个体经营者和顾客的直接交易。这种模式的运作路径如图 9-4 所示。C2C 开辟了新的市场, 创造了无数的工作机会, 同时也创造和满足了广大顾客的消费需求。当然, C2C 的模式也存在着一定的弊端, 比如诚信信誉问题, 以及售后服务等问题。

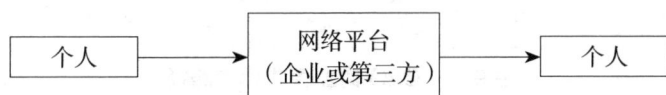

个人 ───▶ 网络平台（企业或第三方）───▶ 个人

图 9-4　C2C 商业模式运作路径

以淘宝为例, 因其平台网店的开店成本低, 吸引了很多个体在网上开店, 正是他们创造了在淘宝没有买不到的东西的神话, 购物的便利性和商品的齐全性也创造了消费者的很多新需求。同时, 诚信信誉等问题也在困扰着淘宝, 尽管淘宝用了很多办法, 比如信用评级、七天退货、诚信通等来保证消费者的利益, 但是失败的购物体验损失的不只是金钱, 还有时间、精力和心情, 其中只有金钱是最容易弥补的。因此, 这在很大程度上限制了 C2C 的发展, 同时, 这些损失的客户往往会转向 B2C, 因为企业拥有更好的信誉。

④ O2O 模式。O2O (online-to-offline) 是指把线上的消费者带到线下的实体店中实现消费, 一般是线上付费线下消费, 即消费者通过网上支付费用, 到实体店中得到商品或服务。O2O 的核心是通过团购、打折等优惠活动吸引消费者从而达到传递信息的功能, 把线下实体店的促销信息传达给更多的网络用户, 并能通过网上付费的便利条件, 让优惠带来的冲动性

购买即刻发生。这样就把线下实体店的业务与互联网结合起来，依靠线上推广带动线下消费，它的特点是只把信息流和资金流放在线上，物流和商流仍然在线下。O2O 模式在餐饮服务行业早已是屡见不鲜，即使在零售行业与 B2C 相比也有其独特的优势，那就是顾客能实实在在体验到商品或服务，这是纯电子商务不能企及的优势。O2O 模式的运作路径如图 9-5 所示。

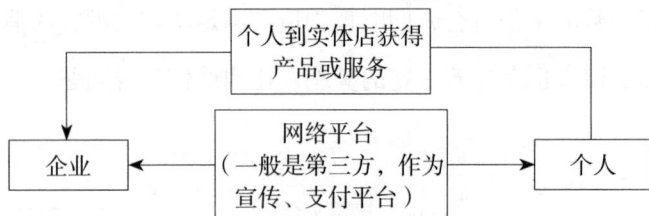

图 9-5　O2O 商业模式运作路径

O2O 首先要解决的是，线上订购的商品或者服务，如何到线下领取？这是 O2O 实现的一个核心问题。用得比较多的方式是上海翼码的电子凭证，比如淘宝聚划算等电商以及团购网站都采用了这一模式。即线上订购后，购买者可以收到一条包含二维码的短彩信，购买者可以凭借这条短彩信到服务网点经专业设备验证通过后，即可享受对应的服务。这一模式很好地解决了线上到线下的验证问题，安全可靠，且可以后台统计服务的使用情况，方便了消费者的同时，也方便了商家。

采用 O2O 模式经营的网站已经有很多，团购网就是其中一类，如中团网、篱笆网、齐家网等大众商品团购网站，美团网、58 团购、窝窝团、拉手网、多拿网等生活信息团购网站，另外还有一种为消费者提供信息和服务的网站，如赶集网、爱邦客等。如多拿网是一种全新的 O2O 社区化消费综合平台，与团购的线上订单支付，线下实体店体验消费的模式有所不同，多拿网创造了全新的线上查看商家或活动，线下体验消费再买单的新型 O2O 消费模式。这种消费模式有效规避了网购所存在的不确定性，及线上订单与线下实际消费不对应的情况，并依托二维码识别技术应用于所有地面联盟商家，锁定消费终端，打通消费通路。最大化地实现信息与实物之间、线上与线下之间、实体店与实体店之间的无缝衔接，创建了一个全新的、共赢的商业模式。多拿网涵盖了休闲娱乐、美容美发、时尚购物、生活服务、餐饮美食等多种品类。旨在打造一个绿色、便捷、低价的O2O购物平台，为用户提供诚信、安全、实惠的网购新体验。

（2）免费商业模式

从吉列剃须刀的发明者坎普·吉列以廉价或免费的方式出售刀架从而开创了免费商业模式到免费经营大行其道的今天，免费商业模式已经存在了近110年，但直到近年来，这种免费的商业模式才真正成为一种主流商业模式，从通讯企业赠送的免费手机以及服务项目到诸多生活用品甚至奢侈品的免费试用，再到大型商场和购物网站的限时折扣以及免费赠送，免费产品已经走进了每个人的生活。而在网络产业中，免费经营方式以及产品更是令人眼花缭乱、目不暇接：免费软件下载、免费聊天工具、免费电影、免费游戏、免费网络电话等，许多以往收费甚至价格不菲的商品和服务现在却以免费的方式提供给消费者，给消费者带来了极大的物质和精神满足。

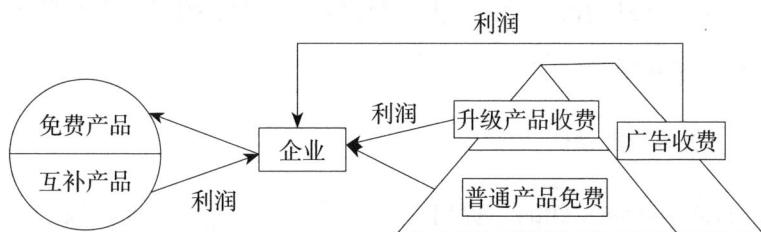

图9-6 免费商业模式的盈利方式

免费商业模式的盈利方式如图9-6所示。免费商业模式从其本质上可

以划分为不完全免费方式和完全免费方式。不完全免费方式下免费提供的产品往往只是互补产品之一，而对于免费产品的互补品进行收费，即所谓的交叉补贴商业模式。在这种模式下，提供免费产品的厂商的真正利润来源则是通过其互补品的销售，例如免费刀架所带来的刀片销售以及免费打印机带来的墨盒销售，之所以称之为不完全免费，是因为消费者无法通过不付费实现产品功能的使用。而完全免费则真正实现了消费者不付一分钱即可实现产品和服务所带来的效用满足。近年来兴起的以网络型产业为主导的免费运营模式，大都突破了交叉补贴的传统模式而实现了真正意义上的完全免费。免费商业的迅速发展在逐渐改变大众传统消费观念的同时，也改变甚至颠覆了企业传统的盈利机制。

2005年底，"盛大"以宣布其3款主打网络游戏免费运营为标志，开创了国内网游市场免费运营模式的先河，"盛大"也迅速成为国内市场免费运营模式的最大受益者。而紧随其后的巨人集团也迅速凭借其于2006年4月推出的免费运营网络游戏"征途"一度创造了在线万家纪录的商业神话，作为后来者的巨人集团也迅速在巨头林立的国内网游市场中占据了一席之地。而2010年第一季度易观国际数据显示，占据国内网游市场份额25.13%的第一大鳄——腾讯也同样是免费运营模式的践行者。免费运营模式展示了强劲的盈利能力，并且已经成为网络游戏产业乃至整个网络产业发展的主导趋势。

（3）长尾商业模式

Chris Anderson（2004）提出了"长尾理论"，这一理论核心主要包括热卖品向非热卖品的转变、贫困经济向富足经济转变及许许多多小市场聚合成一个大市场三个部分。他认为只要存储和流通的渠道足够大，需求不旺或销量不佳的产品共同占据的市场（"长尾"市场）份额就可以和那些数量不多的热卖品所占据的市场（"大头"市场）份额相匹敌甚至更大。长尾商业模式原理如图 9-7 所示

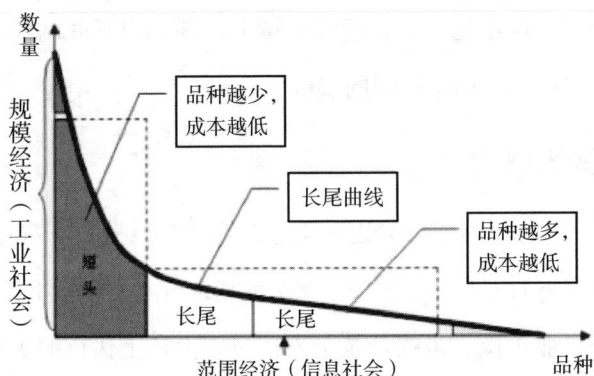

图 9-7　长尾商业模式原理

　　例如，据 Adage 报道，北美广播巨头纷纷对过去的商业经营模式进行了彻底性的改革并取得了前所未有的成绩。他们一方面利用 RSS 技术让受众能够轻松地将想听的内容下载到便携式音乐设备，方便随时收听；另一方面，又利用卫星广播推出订阅服务，将一些更具价值的内容、更个性化的访问作为自己获取利润的收费服务，从而一改过去的面向大众化的商业运营模式，而走向了一种崭新的面向固定细分市场的、个性化的互联网商业经营模式，从而使整个行业从危机中复苏并呈现出一派繁荣气象。北美广播行业在经营个性化的"非热点流行服务"市场上成功了，这与传统的观点"不是'热点'不赚钱"的经营理念相矛盾。除此之外，Amazon 的在线书店、Apple 的 iTunes 在线音乐商店，以及 Google 的搜索引擎，它们也都一改过去的面向大众化的商业运营模式，都在经营个性化的"非热点流行服务"市场上成功赚了钱。

　　"长尾理论"作为一种新的理论形态，还不是很完善和成熟，但它的

主要思想却对构筑互联网商业模式具有很大的启发作用，具体表现在以下3个方面：在运营理念上，须正视"二八定律"在"富足经济"中的局限；在运营模式上，须正视互联网支撑下的互联网商业运营模式的自身特点，开发有价值的"长尾市场"；在运营决策上，须正视互联网商业运营环境的变化，规避"长尾市场"运营的误区。

（4）众包型商业模式

"众包"（crowdsourcing）这一概念是由美国《连线》杂志的记者杰夫·豪在2006年6月提出的。杰夫·豪在维基百科上为众包下了一个定义：众包指的是企事业单位、机构乃至个人把过去由员工执行的工作任务，以自由自愿的形式外包给非特定的社会大众群体解决或承担的做法。实际上，企业原本需要花钱雇人去做的事，现在利用大众的创意智慧来解决企业面临的各种商业难题就是"众包"。众包的任务通常是由个人来承担，但如果涉及需要多人协作完成的任务，也可能以依靠开源的个体生产的形式出现。众包不仅是提高经济效率的一种商业可能，更是一种商业的未来模式。众包型商业模式运作路径如图9-8所示。

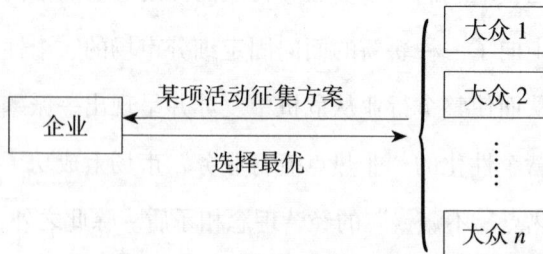

图9-8　众包商业模式运作路径

越来越多的企业正认识到众包的重要价值。例如：IBM投入10亿美元开发众包模型；亚马逊推出了提供众包服务平台——土耳其机器人网站；

标致汽车通过举办标致设计大赛来发动人们设计自己梦想中的汽车；宝马汽车在德国通过开设客户创新实验室，为用户提供在线的工具帮助他们参与宝马汽车的设计；乐高玩具企业鼓励和资助用户们参与企业从机器人操纵系统到积木套装产品的各项设计任务；宜家通过举办"天才设计"大赛，吸引顾客参加多媒体家居方案的设计，将获奖的作品投入生产和市场；麦当劳、万事达卡、欧莱雅等企业推出让用户参与广告设计的活动；吉利汽车为使其 logo 更美观且更符合国际潮流，面向全球喜爱吉利汽车的创意设计人员征集车标设计；通过众包，搜狗输入法已有 19354 种皮肤和 12008 个词库，并且这个数字还会增长，如果不是采用众包模式，任何一家企业也无法设计出如此多的输入法皮肤和词库。

众包影响和改变着传统商业模式；众包蕴含"携手用户协同创新"的理念和有效降低新产品风险的做法；众包模糊了员工和消费者之间的界限，延伸了创新边界；"草根"的创新愈发成为主流；众包改变了组织的架构，颠覆了传统的组织边界；众包改变了传统的创新模式；众包打破了专业化的门槛，加速了竞争。

（5）一体化商业模式

在产品的生产和分销过程中，一家厂商如果参与了其中两个以上的相继阶段，就称为纵向一体化（vertical integration），也称为垂直一体化，它包括后向（上游）一体化和前向（下游）一体化。一体化的商业模式是指从产品设计、生产到销售都由一家企业承担，其运作路径如图 9-9 所示。

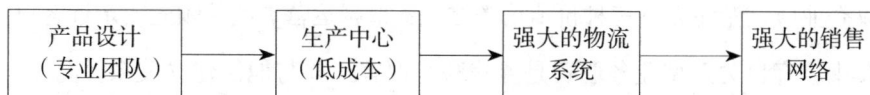

产品设计（专业团队）→ 生产中心（低成本）→ 强大的物流系统 → 强大的销售网络

图 9-9　一体化商业模式运作路径

以 ZARA 服装企业为例。它集设计、生产、销售于一身,用西班牙、葡萄牙廉价的生产资源以及邻近欧洲的地缘优势,大幅降低产品制造与运输成本,提升货品上架时效并掌握 JIT 的及时流行趋势,打造平民买得起的时尚。

纵向一体化有其优势。它能够增强企业对原材料的供应、产品的制造、分销和销售全过程的控制,最终达到提高各个环节的利润。它能够降低企业交易成本,建立稳定的经济关系,形成防御性市场力量。但是它也减弱了企业的灵活性,增加了其协调成本。

(6)非绑定式商业模式

非绑定式商业模式是指几套不同的商业逻辑同时运作。非绑定式商业模式基于以下三种理论基础:一是存在着三种不同的基本业务类型,分别是客户关系型业务、产品创新型业务、基础设施型业务。二是三种业务类型有不同的经济驱动因素、竞争驱动因素、文化因素,专注的价值信条不同。客户关系型业务以亲近客户为价值信条,以范围经济为关键,寡头占领市场,保证"客户至上"的文化氛围。产品创新型业务专注产品领先,速度是关键,以员工为中心,鼓励创新文化。基础设施型业务关注于卓越运行,规模是关键,寡头占领市场,特别关注成本。三是这三种业务类型可能同时存在于一家企业里,但理论上这三种业务要"分离"成独立的实体。如表 9-3 所示。

约翰·哈格尔和马克·辛格提出了"非绑定式企业"的概念。他们建议企业应该专注以下三种价值信条之一:卓越运营、产品领先或亲近客户。其中,客户关系型业务职责是寻找和获取客户并与他们建立关系。同样,产品创新型业务的职责是开发新的和有吸引力的产品和服务,而基础设施型业务的职责是构建和管理平台，以支持大量重复性工作。

中国邮政集团企业是在原国家邮政局所属的经营性资产和部分企事业单位基础上组建的大型国有独资企业，具有国家邮政信件专营权，占据国内物流主导地位。很多年以前，中国只有一个邮电局，主管邮寄、电话、电报等业务。业务重组以后，分为中国电信、中国邮政这两个单位，其目的是让电信业务尽快发展起来，摆脱原先冗杂机构。随后，中国电信的移动业务独立出来，组建成为中国移动，成为全国较好的国企之一。中国电信、中国移动都是"非绑定"式商业模式成功的案例，而中国邮政确实是一个"绑定"商业模式引发冲突和不利权衡冲突的典型案例，它不得不直面转型升级的境况。

表9-3 三种核心的业务类型

	产品创新型	客户关系型	基础设施型
经济	更早地进入市场可以保证索要溢价价格，并获取巨大的市场份额；速度是关键	获取客户的固定成本决定了通过大规模生产达到单位成本降低的必要性；规模是关键	高昂的成本决定了通过大规模生产达到单位成本降低的必要性；规模是关键
竞争	针对人才而竞争；进入门槛低；许多小企业繁旺兴荣	针对范围而竞争；快速巩固；寡头占领市场	针对规模而竞争；快速巩固，寡头占领市场
文化	以员工为中心；鼓励创新	高度面向服务；客户至上心态	关注成本；统一标准；可预测和有效性

企业实施非绑定式商业模式，首先是构建扁平化的组织。扁平化管理包括三个方面的内容：信息的扁平化、组织结构的扁平化和业务流程的扁平化。组织结构的扁平化只是为扁平化管理提供了一个平台，在这个平台上要不断地进行业务流程的优化，从而为信息的扁平化提供物质载体。其次是构建企业内部的信息网络。企业内部信息的畅通是保证一个组织高效运转的必要条件之一。目前，企业的组织一般都是基于职能设立的，因此不可避免地会出现各部门为了自身的利益而各自为战，失去了协同作战的

能力。所以，企业在进行组织结构调整的同时，需要建立相应的制度来保证信息网络的畅通。最后是构建企业外部的信息网络。随着互联网络的发展，外部信息的获得多数是通过网络来完成的，信息的获得越来越具有同质性的特点，关键在于谁能及时获得信息，谁就能领先进入市场。

（7）体验式商业模式

体验式营销起源于国外。早在 20 世纪，美国未来学家托夫勒在《未来的冲击》一书中就提出了"服务业最终会超过制造业，体验生产又会超过服务业"的观点。他接着预言：农业经济、工业经济、服务经济的下一步是走向体验经济，人们会创造越来越多的跟体验有关的经济活动，商家将靠提供体验服务取胜（托夫勒，2006）。战略地平线顾问企业的 Joseph 和 James 则进一步发展了他的观点，对体验经济做了详尽的论述。他们指出，体验式营销就是站在消费者的感官、情感、思考、行动和关联五个方面，来重新定义、设计营销的思考方式。

体验式商业模式突破了传统上的"理性消费者"假设，认为消费者在消费时是理性与感性兼具的，消费者在消费前、消费时、消费后的体验，才是购买行为的关键。企业的产品、服务赢得消费者青睐的关键在于他们能够创造出值得消费者回忆、难忘的经历。以宜家为例，宜家之所以成功远远不仅是因为其产品质量值得信赖，更为重要的是它带给消费者的体验。在宜家店面，消费者可以把那里当作自己家，随意体验各种家具用品，不仅如此，消费者还可以选择如何组装自己的家具，让这种购物体验充满了刺激与个性，深受年轻人的喜欢。

（8）众筹商业模式

众筹商业模式，又被称为大众集资，是众包商业模式的变体。即创意者或项目发起人（筹资人）通过众筹平台（中介结构）的身份审核后，就可以在众筹平台的网站上建立自己的页面，向公众（潜在出资人）介绍项目的详细情况，以向公众募集小额资金或者寻求其他的物质支持。所筹集资金一开始由众筹平台掌握，而不是直接到达筹资人的手中。如果项目能在预定期限内达到目标募资金额，项目筹资宣告成功，则所筹资金就会被众筹平台划拨到筹资人的账户，项目就可以启动。等项目成功实施后，筹资人就可以将项目所得的物质或非物质成果反馈给出资人。而众筹平台则通过从所筹集资金中抽取一定比例的服务费作为收益。它在整个过程中所承担的角色是接受和审核项目创意，整理出资人的信息，监督项目人对所筹资金的使用，辅导筹资人运营项目，并公开项目的成果等。如果在预定期限内没有达到目标募资金额，则所筹资金就会被退还给出资人，项目发起人需要开始新一轮筹资活动或宣告筹资失败。

众筹商业模式最早起源于美国，已有 10 余年的历史。但近几年，该模式才迎来了黄金发展期，其发展的速度不断加快，不仅在欧美，欧美以外的国家和地区也迅速散播。2012 年，美国的一家研究机构 Massolution 在全球范围对众筹领域展开了一项调查，调查结果显示，2012 年全球众筹平台筹资金额高达 28 亿美元。2012 年 12 月 27 日，美国福布斯网站发布了一项关于众筹的报告，该报告预测：未来，众筹模式将成为项目融资的主要方式。

目前国内有多家众筹企业，像点名时间、JUE.SO、淘梦网、积木等各种侧重不同方向和特色的众筹平台。上线于 2011 年的点名时间，目前共接收逾 7000 个项目筹资申请，有 700 多个项目经过内部审核后上线。而这其中又有接近 50% 的项目集资成功，所筹资金超过 500 万元。

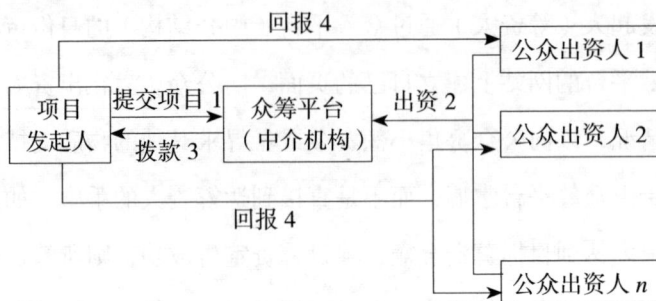

图 9-10　众筹模式的运作流程

　　相对于传统的融资方式，众筹商业模式更为开放，它将能否获得资金的标准不再局限于项目的商业价值。只要是公众喜欢的项目，愿意支持的项目，都可以获得启动项目的第一笔资金。由于首次筹资的规模一般不会很大，使得筹资变得更容易，为更多小本经营或有创意的人提供了无限的可能。

　　尽管这种商业模式具有诸多好处，但是也有其弊端。一是投资的风险性，由于项目一般是比较新的，即使筹到资金，运营也有一定的风险性，而且临时需要追加投资的情况不好解决。除此之外，知识产权保护问题也比较难保证。但给予一定的管控和严厉的监管，众筹仍然是具有潜力的商业模式。

9.3.3　商业模式分析工具：商业模式画布

　　商业画布是用来描述和分析企业、组织和个人如何创造价值、传递价值、获得价值的基本原理和工具。它能够帮助企业和个人看清楚自己的商业游戏规则和个人职业发展路径。

（1）商业模式画布概述

　　商业画布指一种能够帮助团队催生创意、降低猜测、确保他们找对了目标用户、合理解决问题的工具。商业画布具有可视化、语言统一化、计划灵活化、元素间关系分明化、计划灵活化等重要特征。更重要的是，它可以将商业模式中的元素标准化，并强调元素间的相互作用[①]。

工作中或者生活中，我们时常不能够非常深刻地体会到一件事物或者企业的战略或者自己所在部门的项目的价值所在，而导致不能够非常清晰有条理地对其进行介绍和传播。商业画布的基本目标就是帮助我们能够通过可视化工具，在短短的 150 秒以内将一件事情非常有条理有逻辑地传达给客户。

（2）商业画布九宫格

九宫格在工作和生活中的应用我们耳熟能详，同样在商业画布中，九宫格模块分析同样能够帮你理清思路，分析商业模式或个人定位。如图 9-11 所示，下面我们就针对商业画布的每一个模块做一下介绍以及对应的案例分享。

图 9-11　商业画布九宫格

---

① OSTERWALDER A，PIGNELIR Y，CLARK T. Business model generation［M］.New Jersey：John Wiley and Sons，2010.

①价值主张。在《商业模式创新白皮书》中，商业模式被概括为三个具体的要素，即"客户价值主张""资源和生产过程"和"盈利公式"。其中首要的就是"客户价值主张"。总的来说，客户价值主张的内涵可以从两个角度理解：首先是客户的角度，这一角度又分为两个层次，第一个层次是企业提供的产品或者服务要建立在顾客实际需求的基础上；第二个层次是企业的产品或服务能够向顾客提供额外的价值。其次是竞争者的角度，即企业提供的服务或者产品能有效地区别于竞争者，为客户创造出独特的价值。因此，价值主张要解决以下三个问题。

第一，企业是否能解决客户的实际需求。苹果企业就很好地做到了这一点，从 MacBook，Nano 到 iPods，iPhone，iTouch，每一个产品都不脱离其基本的功能，尽量给用户带来更舒适的体验。如 iPod 设计精巧，方便携带，适用于不同的场合。

第二，企业能不能为客户提供额外的价值。苹果企业在 MP3 市场上依靠 iPod+iTunes 组合大获成功后，紧接着在手机市场上用 iPhone & APP store 组合，通过在产品、性能、操作系统等方面的差异化，一举击溃其他竞争对手。iPhone 与对手们最大的差异性体现在操作系统上。苹果在 iPhone 上采用了经过界面优化的桌面电脑操作系统 Mac OS X，使这一高配置的智能手机拥有了 Mac OS X 的所有优点：运转迅速、界面华丽、操作简便。iPhone 的配置也远远高于竞争对手。128MB 的内存 + 专用图形芯片（一般不会在智能手机上出现）+4~8GB 储存空间，使 iPhone 成为一台超小型电脑。

第三，企业能否使其产品、服务有效地区别于与它类似的竞争者。苹果把手机不仅做成了一种功能强大的电子产品，更做成了一块美观别致的工艺品。苹果在设计产品时使用大量的圆弧，更加符合人机原理，也使产品变得更加精致。现代主义的简约、富于朝气的色彩、圆滑的转角、充满理性的银灰色和线条，无一不感染着时尚的潮流。

②核心资源。核心资源可以是实体资产、金融资产、知识资产或人力资源。核心资源既可以是自有资源，也可以是企业租赁或者从重要伙伴那里获得的外部资源。

第一，实体资源。诸如生产设施、不动产、机器、系统、销售网点和分销网络等。一些零售企业，如超市等，其核心资产就是实体资产。以苏果超市为例，就具有庞大的店面网络和配套的物流基础设施，以及大规模的 IT 系统、仓库和物流体系。

第二，知识资源。包括品牌、专有知识、专利和版权、合作关系和客户数据库，这类资产日益成为强健商业模式中的重要组成部分。知识资产的开发很难，但成功建立后可以带来巨大价值。事实上在金字塔底层市场的贫穷消费者也很有品牌意识，且具有价值意识。这已经被一些在低收入群体市场上销售电视机、洗衣机等零售企业的经验所证实。

第三，人力资源。人力资源是任何一家企业所必需的，但是在一些金字塔底层商业模式中，人力资源更加重要。如大连某企业就是完全雇佣残疾人为社会提供呼叫服务和数据录入服务，以解决残疾人的就业问题，那么人力资源便是该企业的核心资源。

第四，金融资源。有些商业模式需要金融资源或者财务担保，例如先进、信贷额度或用来雇佣关键雇员的股票期权池。例如小额贷款企业，金融资产便是其核心资源。

③关键业务。关键业务是为了确保商业模式可行，企业必须做的最重要的事情。任何商业模式都需要多种关键业务活动。这些业务是企业得以成功运营所必须实施的最重要的动作。如核心资源一样，关键业务也是创

造和提供价值主张、接触市场、维系客户关系并获取收入的基础。关键业务会因商业模式的不同而有所区别。例如对居于手机行业核心位置的联发科企业而言，其关键业务是手机芯片设计和软件开发，而一般的手机厂家的关键业务则是供应链管理。关键业务可以分为制造产品、解决问题和提供平台等。制造产品活动涉及生产一定数量或满足一定质量的产品，与设计、制造以及传递产品有关。对这类企业而言，制造产品就是其商业模式的核心。解决问题业务指的是为个别客户的问题提供新的解决方案。咨询企业、医疗机构和其他服务机构的关键业务是解决问题。它们的商业模式需要知识管理以及持续培训等业务。提供平台是以平台为核心资源的商业模式的关键业务。这一类商业模式的关键业务都是与平台或者网络有关。市场、交易平台、系统都可以看成是平台。面向为中小创业者提供 B2C 服务的淘宝网的商业模式决定了其必须持续发展和维护其平台网站。而像蔬菜生产基地所提供的蔬菜交易所则需要为客户提供相关的业务活动。

④合作伙伴。企业会基于多种原因打造合作关系，合作关系正日益成为许多商业模式的基石。很多企业创建联盟来优化其商业模式、降低风险或获取资源。合作关系可以分为以下四种类型：与非竞争者之间的战略联盟关系、在竞争者之间的战略合作关系、为开发新业务而构建的合资关系和为确保可靠供应的购买方—供应商关系。

企业创建合作关系的目的主要是商业模式的优化和规模经济的运用，降低风险和不确定性以及获取特定资源和业务。伙伴关系或购买方—供应商关系的最基本形式是设计用来优化资源和业务的配置。企业拥有所有资源或自己执行每项业务活动是不合逻辑的。优化的伙伴关系和规模经济伙伴关系通常会降低成本，而且往往涉及外包或基础设施共享。伙伴关系可以帮助减少以不确定性为特征的竞争环境的风险。竞争对手在某一领域形成了战略联盟而在另外一个领域展开竞争的现象很常见。很少有企业拥有所有的资源或执行所有其商业模式所要求的业务活动。相反，它们依靠其他企业提供特定资源或执行某些业务活动来扩展自身能力。制造商可以为它的手机获得一套操作系统授权而不用自己开发。这种伙伴关系可以根据需要，主动地获取知识、许可或接触客户。

⑤客户细分。客户细分是现代营销理念的产物，是第二次世界大战后西方发达国家市场营销理论和战略的新发展。这个概念是由美国著名的市场学家温德尔·史密斯在1958年发表的《市场营销策略中的产品差异化与客户细分》一文中首先提出来的。经过60多年的发展，其理论和方法不断完善，而且被广泛地应用于营销实践。所谓客户细分就是指按照消费者欲望与需求把一个总体市场划分成若干个具有共同特征的子市场的过程。因此，分属于同一细分市场的消费者，他们的需要和欲望极为相似；分属于不同细分市场的消费者对同一产品的需要和欲望存在着明显的差别。客户细分理论的提出和应用是具有一定的客观基础的，它是商品经济发展和市场竞争日益激烈的产物，被认为是关键的营销概念和营销研究文献中一个极为重要的核心部分。

客户细分的主要理论依据有两个：第一，顾客需求的异质性。也就是说，并不是所有的顾客需求都是相同的，只要存在两个以上的顾客，需求就会不同。由于顾客需求欲望及购买行为是多元的，所以顾客需求满足呈现差异。顾客需求的异质性是客户细分的重要依据。第二，企业资源的有限性和为了进行有效的市场竞争。现代企业由于受到自身实力的限制，不可能向市场提供能够满足一切需求的产品或服务。而且任何一个企业都不可能在市场营销全过程中占绝对优势。为了进行有效竞争，企业必须进行客户细分，选择最有利可图的目标细分市场，集中企业资源，制定有效的竞争

策略，以取得和增强竞争优势。所以，企业资源的有限性和进行有效竞争是对市场进行细分的外在要求。

⑥渠道通路。渠道通路用来描述企业是如何沟通、接触其客户细分而传递其价值主张。沟通、分销和销售这些渠道构成了企业相对客户的接口界面。渠道是客户接触点，它在客户体验中扮演着重要角色。渠道的主要功能有：提升企业产品和服务在客户中的认知；帮助客户评估企业价值主张；协助客户购买特定产品和服务；向客户传递价值主张；提供售后客户支持等。

渠道可分为直销渠道和非直销渠道，也可以区分自有渠道和合作伙伴渠道。企业组织可以选择通过其自有渠道、合作伙伴渠道或者两者混合来接触客户。自有渠道可以是直销的，例如内部销售团队或网站；也可以是间接的，例如团体组织拥有或运营的零售商店渠道。合作伙伴渠道是间接的，同时在很大范围上可供选择，例如分销批发、零售或者合作伙伴的网站。

虽然合作伙伴渠道导致利润更低，但允许企业凭借合作伙伴的强项，扩展企业接触客户的范围和收益。自有渠道和部分直销渠道有更高的利润，但是其建立和运营成本都很高。渠道管理的诀窍是在不同类型渠道之间找到适当的平衡，并整合它们来创造令人满意的客户体验，同时使收入最大化。

⑦客户关系。客户关系管理（CRM）是一种旨在改善企业与客户之间关系的新型管理机制，它实施于企业的市场营销、销售、服务与技术支持等与客户相关的领域。CRM 的目标是一方面通过提供更快速和周到的优质服务来吸引和保持更多的客户，另一方面通过对业务流程的全面管理来降低企业的成本。

本书提取出以下 6 种客户关系管理的手段。

• 个人助理。这种关系类型基于人与人之间的互动，在销售过程中或者售后阶段，客户可以与客户代表交流并获取帮助。在销售地点，可以通过呼叫中心、电子邮件或其他销售方式等个人助理手段来进行。

•专用个人助理。这种关系类型包含了为单一客户安排的专门的客户代表，它是层次最深、最亲密的关系类型，通常需要较长时间来建立。例如，私人银行服务会指派银行经理向高净值个人客户提供服务。在其他商业领域也能看到类似的关系类型，关键客户经理与重要客户保持着私人联系。

•资助服务。在这种关系类型中，一家企业与客户之间不存在直接的关系，而是为客户提供自助服务所需要的所有条件。

•自动化服务。这种关系类型整合了更加精细的自动化过程，用于实现客户的自助服务。例如，客户可以通过在线档案来定制个性化服务。自动化服务可以识别不同客户及其特点，并提供与客户订单或交易相关的信息。最佳情况下，良好的自动化服务可以模拟个人助理服务的体验。

•社区。目前各企业正越来越多地利用用户社区与客户、潜在客户建立更为深入的联系，并促进社区成员之间的互动。许多企业都建立了在线社区，让其用户交流知识和经验，解决彼此的问题。社区还可以帮助企业更好地理解客户需求。

•共同创造。许多企业超越了与客户之间传统的客户—供应商关系，而倾向于和客户共同创造价值。有的企业还鼓励客户参与到创新产品的设计过程中来。

⑧成本结构。成本结构是描述运营一个商业模式所引发的所有成本，特别是特定的商业模式下所引发的最重要的成本。创造价值、提供价值、维系客户关系以及产生收入都会引发成本。这些成本在确定关键资源、关键业务以后便可以计算出来。有一些商业模式是成本驱动的，这在金字塔底层市场上尤为常见，由成本驱动的企业往往完全围绕低成本结构来构建

其商业模式。理所当然，每一个商业模式都应该实现成本最小化。但是相对而言，有些商业模式对低成本结构的诉求更为强烈。从这个角度出发，本书将商业模式区分为成本驱动和价值驱动两种类型。

成本驱动的商业模式侧重于在每一个地方都尽可能地降低成本。这样做的目的是创造和维持最经济的成本结构，采用低价的价值主张、最大限度自动化和广泛外包。经济型酒店，像如家、7天假日酒店等就是以成本驱动的商业模式为特征的。相对而言，有些企业不太关注特定商业模式设计对成本的影响，更多的是专注于创造价值。这类商业模式是价值驱动的，其特征主要是增值型的价值主张和高度个性化服务。在金字塔底层，市场价值驱动型的商业模式较为少见。

除了一般的成本控制之外，通常影响成本结构的两个重要因素是规模经济和范围经济。一般而言，企业可以通过享有产量扩充和经营范围扩大而带来成本优势。例如，规模较大的企业从更低的大宗购买费用中受益。随着产量的提升，可以引发平均单位成本下降。而在大型企业中，同样的营销活动或者经销渠道可以支持多种产品，从而降低每一条产品线的平均成本。另一个控制成本的方法就是采用低成本的人工和原材料。服装巨头ZARA通过与西班牙以及葡萄牙的小工厂签约来降低制造成本。

⑨收入来源。收入来源描述的是企业从每个客户群体中获取的现金收入。企业必须清楚，什么样的价值能够让客户真正愿意付款，从而在细分客户群体上发掘更多的收入来源。每个收入来源的定价机制可能不同，例如固定标价、谈判议价、拍卖定价、市场定价、数量定价或收益管理定价等。获取收入的来源有下面几种方式。

•资产销售。最常见的收入来源方式，销售实体产品的所有权。

•使用收费。这种收入来源于通过特定的服务收费。客户使用的服务越多，付费越多。如提供小灵通服务的电信运营商可以按照客户通话时长来计费，还可以通过按短信收发数量进行收费；如家酒店等可以按照客户入住天数来计取费用。

•订阅收费。这种收入来自销售重复使用的服务。江门移动企业面向农户提供的农信通服务允许用户按月订阅付费，也可以包年付费。

•租赁收费。这种收入来源针对某个特定资产在固定时间内的暂时性排他使用权的授权。对于出借方而言，一方面，租赁收费可以带来经常性收入的优势；另一方面，租用方或承租方可以仅支付限时租期内的费用，而无须承担购买所有权的全部费用。在农村提供大型农业机械租赁的企业往往按小时或按地亩收取机器租赁费用。

•授权收费。这种收入来自将受保护的知识产权授权给客户使用，并换取授权费用。金字塔底层市场上的加盟经营是典型的授权收费模式。

•经纪收费。这种收入来自为了双方或多方之间的利益所提供的中介服务而收取的佣金。常见的如股票经纪人和房地产经纪人通过成功匹配卖家和买家来赚取佣金。金字塔底层市场上，有时因为卖家和卖家之间的信息不对称，使得经纪人成为一种普遍存在的现象。比如，农村集市上大牲畜的买卖一直都是由经纪人协助完成的。

•广告收费。这种收入来源于为特定的产品、服务或品牌提供广告宣传服务。传统上媒体行业和会展行业均以此作为主要的收入来源。

每种收入来源都可以有不同的定价方法，不同定价方法类型的选择对产生收益而言有很大差异。定价机制有两种主要的形式，即根据静态变量而预设价格的固定定价和根据市场情况变化而调整的动态定价。

案例及思考题

拼多多——从营销手段到商业模式完成逆袭

关于拼多多

拼多多成立于 2015 年 9 月，是一家专注于 C2B 拼团的第三方社交电商平台。用户通过发起和朋友、家人、邻居等的拼团，可以以更低的价格拼团购买优质商品。其中，通过沟通分享形成的社交理念，形成了拼多多独特的新社交电商思维。上线一年时间，拼多多的单日成交额即突破 1000 万元，付费用户数突破 1 亿。用不到 10 个月的时间就走完了老牌电商三四年走的路。

拼团的历史

团购的鼻祖是 Groupon，它创造了通过多人拼团来实现优惠的、将线上与线下打通的购物方式。早期国内的拉手网等团购平台都借鉴了这种模式，后来美团干脆去掉了多人团，从而摆脱了束缚，拓展了消费场景，进而在所有团购平台中脱颖而出。

C2B 电商到目前为止诞生了两种比较成功的模式：众筹和团购。众筹更多的是解决了金融问题，而拼团更多的是解决了买家的优惠问题以及卖家的流量问题。目前的美团等平台发展到最后成本地生活服务平台，而拼多多成了真正意义的团购。

拼多多解决的行业问题

2015 年 10 月，当时拼多多上线一个月，朋友圈里有人在用拼多多拼榴莲，当时感觉拼多多可能不会发展太大，因为它满足的场景有限，再后来到 12 月份，听好多朋友在讨论拼多多、拼好货，拼团模式突然火了，这时候才觉得这样的产品未来可能会火。因为拼多多的模式经过了用户的验证与认可，而且它也确实解决了用户买便宜好货的问题。

拼多多最初的时候只是一种营销手段，随着它的逐步发展，渐渐成为一种商业模式。

拼多多解决了用户的什么问题？

有人说拼多多解决了用户参与的问题，其实参与只是行动而不是用户的需求，如果不是因为参与了之后可以便宜谁愿意费那么多劲儿去参与呢？

拼多多的参与感，让廉价变得合理。人们普遍认为一分钱一分货，如果价格便宜往往都没有好货。小米手机的每一款单品花费了很大功夫去教育客户，更不用说一个多品类的综合电商平台了。如果让用户觉得占了便宜，那就需要让廉价变得合理，比如买一赠一、秒杀、折扣、满减等都是在解决廉价合理的问题。

购买与支付方式的便捷性，亚马逊的一个一键下单功能为亚马逊贡献了无数的 GMV 增长，足以见得便捷是多么重要。四五六线城市以及广大农村地区的很多用户早期并没有接触过淘宝、天猫、京东这些，没有经历过 PC 互联网就进入了移动互联网，他们中很多人没有支付宝，但是却很有可能有微信支付，因为经常在群里抢红包，而且抢到的钱都可以在拼多多上面购买商品。

交易的信任转变，从信任平台到信任亲友。有了亲友的背书，让用户变得更加放心购买。拼多多解决了商家的什么问题？电商流量与销量问题。目前淘宝、天猫、京东等平台的获客成本越来越高，订单开始逐步往头部集中，因而需要新的平台来满足新的商家的获客需求。

拼多多的成功，更多的是因为解决了这个行业的问题，还有很多用户是淘宝没有渗透的，以广大的四五六线地区以及广大的农村地区为主。拼多多的诞生，解决了这些问题。因此，这些都是拼多多快速扩张的基础。

拼多多用户画像分析

性别上，女性用户比例占据绝对优势，占比达到了 72.3%，男性用户偏少，仅占 27.7%。这与女性用户更偏爱网购有关，同时，女性购物相比男性更细致，更有耐心，所以在选择商品的时候更愿意在购物平台上精挑细选，希望能淘到更多低价好货，也更愿意和自己的闺蜜、好友分享，而在拼多多上既可以淘到好货又可以"晒"出好货，所以拼多多更受女性用户喜爱也不难理解。

年龄上，25—30 岁用户占比最多，达到 30.08%，其次是 31—35 岁用户，占比达到 27.65%。由此可见，一方面"80 后"是目前社会上的主要劳动力，消费能力较强，对网购的态度也比较乐观；另一方面，这类用户往往亲戚朋友较多，所以更容易受到他人影响，一传十，十传百，所以，拼多多的拼团购在这类人群中更容易实现。

使用区域上，中部地区、沿海城市都是使用人群最多的地带，东北、西南、西北等地区使用人数较少。拼多多的总部在上海，所以相应的在上海以及东部沿海地区的市场推广做得更多，知名度也更高。同时，这些区域的人群购买力也更强。

根据上面的用户特征分析，我们可以构建出三个用户模型。

第一个用户模型特征是：青年、女性、未婚、收入中等、生活品质较高；第二个用户模型特征是：中年、女性、已婚、收入中等偏下、空闲时间较多、爱网购；第三个用户模型特征是：学生、女性、无收入、消费能力不高、爱网购。

拼多多产品分析

特色功能——拼团。站在开团者的角度，在购物过程中有交流、互动的需求，分享给朋友、熟人，一方面可以对该商品进行筛选和甄别，另一方面双方都可以获得优惠的产品价格。站在被分享者的角度，如果这件商品拼团后确实非常优惠，可以和朋友一起买，还顺便帮朋友一把。

特色功能——海淘。海淘是拼多多主打的一项业务，在 APP 菜单最中间的位置，特点是"正品保障，包税包邮，极速发货"，选择海淘作为核心功能可能与网易考拉、丰趣海淘等多家知名海淘品牌的入驻有关，除了价格上的优势外，海淘产品的质量有保障。

拼多多有一个特色：每次有人开团，在 APP 界面左上角的位置都会显示"XXX 1 秒前开团了"的通知，这样实时的显示开团信息可以营造团购气氛，增加买家剁手的欲望。

产品逻辑

拼多多的购物逻辑主要围绕拼团模式设计，用户可以选择一件开团也可以单独购买，单独购买优惠力度肯定没有拼团大，价格上的对比鼓励用户选择拼团模式。下单成功以后可以将拼团信息发布到你的朋友圈、微博等社交圈子，也可以由 APP 内有同样购买需求的陌生用户组团。一旦达到拼团人数的条件，就被认定为拼团成功，各个买家将获得优惠的拼团价格，且商品将分别发货。若无法满足拼团要求，则拼团失败，付款金额将返回给用户。

社交电商，顾名思义，社交属于定语，电商才是主语，社交电商的本质依然是电商，既然是电商，其本质并没有变，用户在意的不是购买媒介，而是产品品质，用户消费需求倒逼电商品质升级是必然选择。

在产品品质这一点上，拼多多做得尤为可圈可点。首先从货源上，各大品牌商家均有入驻，如强生集团、德运旗舰店、好奇官方旗舰店、BLACKMORES 官方旗舰店、Nestle 雀巢官方海外舰店、妮维雅旗舰店、惠氏官方旗舰店、百事食品官方旗舰店、高洁丝官方旗舰店等。

其次，拼多多拥有严格且谨慎的商家监管机制和专门品控团队，用双

保险来确保商品质量，力求让用户买得放心。电商作为开放式平台，为了避免出现假货，成立之初，信奉"不打假无未来"的拼多多，将打假上升到战略层面，拼多多CEO黄峥本人拿出三分之一的精力在打假上。此外，截至2020年4月，拼多多700人的团队中也有三分之一的人在打假。截至2020年，拼多多的多个部门涉及打假业务，如商家管理、风控、平台治理等，并且这些部门仍在不断地招兵买马，原有的一层楼已经没有工位，如今准备再开一层。拼多多内部认为，在假货治理上，拼多多投入了比别的平台高数倍的精力。

拼多多另一大核心优势是有温度。"购物不全都是目的型的。很多时候，你就是想约上三两好友，去大悦城、去沃尔玛逛逛。购物是社交，是娱乐，是生活的一部分。"拼多多CEO黄峥将这样的购物行为称为"有温度的购物"，而拼多多的运营理念即是如此，通过"社交＋电商"的模式让更多的用户享受到购物的乐趣，将线下生活中的购物场景移植到线上。体验到更多"有温度的购物"，拼多多的出现让整个行业看到了电商"高效冰冷"外的另一种可能。

在商家和用户利益之间进行选择时，拼多多毫无疑问站在用户利益的立场上，当部分商家出现假冒伪劣商品的情况时，拼多多不会手软。在未来的商业角逐中，能否获得满足用户在品质上的不懈要求，会成为判断企业增长势头的重要标准，而拼多多作为社交电商行业的领跑者，通过正确的市场策略不断超出市场预期的表现便是对这个标准最好的佐证。

拼多多盈利模式

（1）抽成＋账期

抽成＋账期是很常见的模式了，从天猫到美团、饿了么再到滴滴，曾经的O2O创业风口几乎所有产品的盈利模式都是佣金＋账期。

（2）广告（CPC、CPM等）

阿里妈妈，淘宝直通车、搜索排名、首页广告位展示等都是电商的盈利模式。互联网思维这个词曾红极一时，代表性观点便是"让羊毛出在猪身上"，说白了就是通过免费将商家或者是用户吸引进来，然后通过广告等形式来变现。百度、淘宝早期都是如此。

（3）品牌曝光广告

与品牌商合作进行"一元夺宝"类活动，参与者需要完成拼团才能够进行抽奖，在这个过程中品牌得到了大量曝光。同时拼多多低成本获取了大量用户，也因为拼多多获得了腾讯的投资，因此这类链接并没有被微信封杀，这也使得拼多多能够快速成长起来。

（4）商家保证金

特殊类店铺比如像海淘馆、母婴馆等店铺缴纳商家保证金也将成为未来盈利模式之一。

资料来源：从营销手段到商业模式，拼多多是如何完成逆袭的？（https：//baijiahao.baidu.com/s?id=1593643110959897356&wfr=spider&for=pc）

第 10 章　项目整合评估模拟

10.1　项目整合评估模拟简介

项目整合评估涉及企业经营管理的方方面面,需要综合统筹考虑人、财、物等多种资源。本书借鉴中国人民大学商学院杨杜教授团队所开发的 BEST 沙盘模拟课程,将其重新设计,打造成为"项目整合评估模拟"课程。

10.1.1　学习目标

该模拟将以真实项目情景再现的方式,通过情景模拟、互动式教学、体验式学习等方式,让学生真切感受项目实施的情形,并达到以下要求:

如何有效把握一个项目的评估指标体系?

如何做好项目评估的统筹管理?

如何协同好一个项目运行的人、财、物等方方面面?

如何按照结果导向和目标导向实现项目的最终目标?

10.1.2　模拟要求

操作形式：分成若干团队，各团队是一个模拟的工程技术公司；

道具材料：乐高积木；

操作要求：讲师作为项目招标方，要求使用一定数量的模块材料，设计并建造一座电视塔；

评标要求：计划性、电视塔的牢固度、完工时间、所用材料数量、建造成本、建筑高度、推介效果等；

讲师根据"工程评标得分表"（如表 10-1 所示）给各团队设计打分；

业绩评价：团队业绩由各团队得分高低决定，得分最高者中标。

表 10-1　工程评标得分表

名次	第一	第二	第三	第四
标书时间	10	8	6	2
交工时间	10	8	6	2
塔身高度	16	12	8	4
模块数量	10	8	6	2
建造成本	10	8	6	2
推介效果	10	8	6	2
牢固度	12（完整）	4（剩 2/3 以上）	2（剩 1/2 以上）	0（剩 1/2 以下）
计划性 / 实际与计划差异值	差异区间	塔身高度	模块数量	建造成本
	0	3	3	3
	10% 以内	2	2	2
	10%~20%	1	1	1
	超过 20%	0	0	0

10.2　宏观流程与规则说明

10.2.1　整体流程

预计用时：100 分钟

•规则说明（10 分钟）

- 内部研讨和成立团队（10+10 分钟）

- 设计与预算（30 分钟）

- 样板间建造（15 分钟）

- 项目推介（10 分钟）

- 吹测与验收（15 分钟）

- 团队总结

10.2.2 规则说明

（1）使用材料说明

每个团队最多有一袋材料可供使用，各团队不能交换、交易材料；材料放在材料袋中，每个袋子中总共有模块 140 块。

（2）客户需求

设计时间（决策效率）：时间越短越好，最长不超过 35 分钟；

建造时间（执行效果）：时间越短越好，最长不超过 15 分钟；

模块数量（资源投入）：模块用量越少越好，不得少于 50 块；

建造成本（投入产出比）：建造成本越低越好；

塔身高度（功能性）：塔身要求越高越好，不得低于 30 cm；

牢固性（质量）：25 cm 距离，用嘴吹不倒；

计划性（计划和执行吻合度）：实际模型与设计误差越小越好（模块数量、成本、塔身高度、建造时间、形状）；

推介效果（品牌推广）：由投票决定。

（3）组建团队

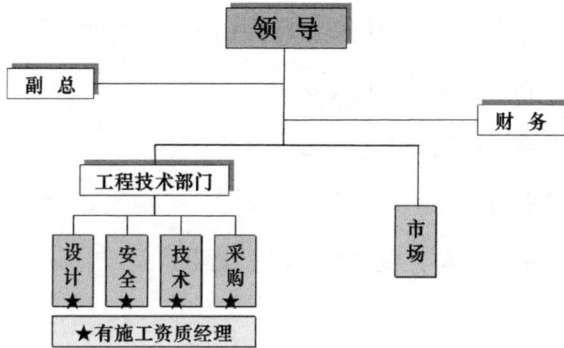

图 10-1　团队配置表

团队成员配置规则必须设有施工资质的设计、安全、技术和采购经理4人。4人时其中1人兼任团队领导（总经理）。

5 名成员时，单设团队领导 1 人；

6 名成员时，再设市场经理 1 人；

7 名成员时，再设财务经理 1 人；

8 名成员时，再设副总经理 1 人。如图 10-1 所示。

①团队领导（总经理）职责：

主持投标会议，启发和集中团队成员的知识、经验和创意；

分析本团队和其他团队特点，制定相应的目标和方针；

总结团队业绩，分析和归纳问题，制定改进措施；

制定规则，统一认识，发挥团结成员、圆满开展活动的领导作用。

②副总经理职责：

营造团队积极氛围，鼓励团队成员；

协助总经理做好时间、流程管理；

了解竞争对手的情报，及时调整方案。

③市场经理职责：

掌握客户信息和市场活动信息，并向团队成员通报；

负责准备好必要的文件，提交标书；

负责客户关系，产品交工。

④财务经理职责：

分析应有的成本策略，在标书会议上说明；

确定最优成本。

⑤设计经理职责：

研究客户要求；

绘制工程设计图；

负责工程质量检验。

⑥采购经理职责：

以工程设计图为依据，填写购料单，根据购料单，购买材料；

管理本团队的材料和各种工具，计算实际使用材料和保管剩余材料；

研究物料的有效利用方法。

⑦安全经理职责：

通过试制，考虑最理想的高度和结构；

负责检测本团队设计的牢固性；

负责吹测其他团队电视塔。

⑧技术经理职责：

通过试制和研究开发，确定施工方法和分工；

确定施工前的材料配备计划；

研究降低成本和提高效率的方法。

（4）质量管理规定

环保事故；

材料或产品掉落在地上；

以上每出现一次，在团队总分基础上扣 1 分。

10.3　项目整合评估模拟实施

10.3.1　内部研讨和成立团队

时间：研讨 10 分钟 + 成立团队 10 分钟

团队每个人先进行自我介绍及对沙盘规则的理解，讨论确定团队名称、公司 logo、文化口号，并完成"我们的团队"表格。

完成团队分工，被选举为总经理的要做"就职演讲"。

10.3.2　设计与预算

时间：30 分钟

要求团队成员先用 5 分钟每人做出自己的创意和设计图，然后团队讨论，统一意见，并完成标书（工程设计及预算标书、工程设计图纸、工程购料单）；标书填完后由市场主管交给讲师，标书提交的时间以讲师确认标书合格为准；讲师按提交的先后顺序打分；30 分钟内完不成任务者，每超过 0 ~ 5 分钟罚 1 分。超过 5 ~ 10 分钟罚 2 分，最长不超过 10 分钟；只有设计与预算标书合格者，才能参与下一阶段的样板工程的制作；提前提交标书的团队可以领取材料进行试制；正式建造开始前还原成材料状态；注意防范安全事故；提交标书时同时上交桌上的模块；样板间建造时要求各团队统一时间开始。

10.3.3　样板间建造

时间：15 分钟

客户有了临时要求：安装门、窗。

各个模拟团队样板间完成后马上举手并告知讲师，确认不再修改后插上样板间的标牌；15 分钟内完不成任务者，超过 0 ~ 5 分钟罚 1 分，超过 5 分钟罚 2 分，且强制停止；讲师按确认完成的先后顺序打分。

10.3.4　项目推介

时间：10 分钟

各团队先用 5 分钟时间设计项目推介方案，然后每个团队用 2 分钟展示（形式不限）；先由专家打分（10 分制），最能吸引和打动专家的推介展示得分最高，然后再按各位专家给分之和进行排序，得出"推介效果"指标分值。

10.3.5　吹测与验收

时间：15 分钟

所有学员请在座位上安静等待，由每个团队的安全主管到讲师指定的其他团队进行吹测；吹测顺序为：第 1 组安全主管吹第 2 组产品，以此类推；讲师根据吹测后剩余塔高给定牢固度分数。

10.3.6　团队总结环节（视时间情况可有可无）

时间：讨论 20 分钟 + 总结演讲

先由各个小组成员自由发言、讨论，总经理做总结，并做"述职演讲"。讨论问题包括但不限于：

客户的需求到底是什么?

项目计划做得如何? 有无更好的计划方案?

出现什么问题没有? 为什么会有这些问题?

团队成员是否意见不一致? 如何有效解决?

对其他团队的情报掌握如何?

项目中标的关键因素是什么?

如何做一个有效的团队领导者（指在团队活动中有效影响成员, 不仅仅是 "领导" 职位 ）?